D1662995

Kathrin Röggla

Nichts sagen.
Nichts hören.
Nichts sehen.

Essays

S. FISCHER

Erschienen bei S. FISCHER

© 2025 S. Fischer Verlag GmbH,
Hedderichstr. 114, 60596 Frankfurt am Main
Die Nutzung unserer Werke für Text- und Data-Mining
im Sinne von § 44b UrhG behalten wir uns explizit vor.
Satz: Dörlemann Satz, Lemförde
Druck und Bindung: GGP Media GmbH, Pößneck
ISBN 978-3-10-397639-7

Kontaktadresse nach EU-Produktsicherheitsverordnung:
produktsicherheit@fischerverlage.de

»Ich habe mich daran gewöhnt dasz
die meisten Menschen
  mich
  nicht zu Ende hören wollen.«

      Friederike Mayröcker

Die drei Affen stellen sich vor

Nichts hören, nichts sehen, nichts sagen. Ich glaube, diese Reihenfolge war es. Die drei saßen zusammen, angeblich gab es einen vierten, einen, der nicht handelt, der war aber nicht zu sehen, nicht in meiner Erinnerung und auch nicht in den zahlreichen Abbildungen, die ich mir angesehen habe. Auf dem Regal meiner Großmutter waren sie streng nebeneinander platziert, eine figürliche Gruppe. Oder gab es da nur den einen Affen, der sich den Mund zuhielt? Nein, in meiner Erinnerung sitzen immer die drei in einem Verbund. Sie stellen einen Zusammenhang dar, in dem einer nichts sieht, der zweite nichts hört und der dritte nichts sagt. Oder andersrum. Gibt es eine Abfolge? Von links nach rechts, wie wir lesen, oder von rechts nach links, wie in anderen Schriftsprachen gelesen wird. Ist es: zuerst nichts zu hören, dann nichts zu sehen und schlussendlich nichts zu sagen? Oder ist es: Zuerst nichts zu sagen, dann nichts zu hören und letztendlich nichts mehr zu sehen, wie ich von links nach rechts lesend entdecke? Die Dramaturgie spielt jedenfalls eine große Rolle. Aber egal, wie rum ich es lese, immer verharrt das Nichthören in der Mitte, und das Handeln fällt stets aus dem Bild heraus.

Das mit dem Hören interessiert mich seit Jahren. Über das Hören nachzudenken ist uns nicht so vertraut wie die Reflexion über das Sehen. Wir wissen darüber schlicht weniger als über das Sehen, gemessen an der Literatur, die es über Blick, Perspektive, Überwachung und Sehsinn gibt. Dabei fällt uns gerade das Hören schwer, wobei »uns« zu sagen in dieser Fragestellung etwas waghalsig ist. Klar ist, wir leben in einer Zeit der kommunikativen Verwirrung und der gesellschaftlichen Wahrnehmungsstörung, bedingt auch durch Digitalisierung und KI, die wiederum Trollfabriken, hysterisch sich überschlagende Diskurse, gefakte Kommunikation ermöglichen – wir haben ein Problem mit dem Zuhören im übertragenen Sinn. Vielleicht erwächst auch daraus die Orientierungslosigkeit, die wir einem größeren historischen Zusammenhang zurechnen. Das globale Erstarken autoritärer Systeme inmitten der vielen Krisen, ökologischen, ökonomischen, weltpolitischen, die immer weniger beherrschbar wirken, die Retrotopien, die plötzlich massiv auftauchen, Sehnsüchte nach einer Zeit, die es niemals gab, wie der Soziologe Zygmunt Bauman sie beschrieben hat – die Flucht in eine fiktive Vergangenheit anstelle der Zuwendung an eine Zukunft als Möglichkeitsraum. Wie soll man da noch zuhören können?

Die Reparatur der Sinne als eine gesamtgesellschaftliche Aufgabe zu verstehen, der wir uns stellen müssen, haben so unterschiedliche Menschen wie Joseph Beuys, Friederike Mayröcker oder Alexander Kluge unternommen, und dass die Künste, ja auch die Literatur, wesentlich daran beteiligt sind, versteht sich wie die Tatsache, dass das Konzept der Heilung auch ihre Schattenseite hat. Dies Reparatur-Unternehmen ist in den letzten zwanzig Jahren nach zahlreichen medialen und gesellschaftlichen Umbrüchen allerdings unendlich schwieriger geworden.

Angeblich drücken die drei Affen einen Gedanken von Konfuzius aus: Nichts Böses hören, nichts Böses sehen, nichts Böses sagen. Sie halten sich ja aktiv durch Handgesten von diesen sinnlichen Eindrücken fern. Warum sind sie aber in einer Linie nach vorne ausgerichtet? Kommt das Böse von vorne, von unserer Seite? Und warum sprechen die drei Affen nicht miteinander? Sie könnten sich vom Geschehen ja abwenden und miteinander beraten. Sie könnten sich zumindest ansehen, sich vergewissern, wie es den anderen damit geht. Warum wollen sie nicht gemeinsam hören, was los ist? Hier sind die Hände wirklich von Nöten, denn Hören kann man im Gegenteil zu anderen Wahrnehmungsformen nicht ohne Hilfsmittel unterdrücken. Man kann es einfach nicht ausschalten, wie alle die wissen, die an verkehrsreichen Straßen oder über einem Nachtlokal wohnen.

Während ich das schreibe, erreichen mich zahlreiche Werbemails für Hörgeräte, die anzeigen, dass es mittlerweile mehr als nur soziale und psychologische Widerstände sind, die uns am Hören hindern, sondern auch handfest physiologische. Die Schwerhörigkeit, bisher ein Problem der Älteren, muss sich in jüngere Altersgruppen ausgebreitet haben. Vielleicht liegt es an der Tatsache, dass unsere Ohren technisch überlastet sind, dass wir in einem Lärmkrieg stecken, und der kommt bekanntermaßen nicht von einer Seite, sondern nicht selten von allen. Aber jemandem nicht zuhören zu können oder zu wollen, das ist stets gerichtet. Und genau davon berichtet dieser eine Affe, dem ich zunächst in Mexiko begegnen werde, doch einzeln, in einer Vitrine für Touristen, die nicht einmal wissen, dass man alle drei auf einmal nehmen muss.

Ja, ich möchte mit dem Hören anfangen, dem Zuhören, von dem wir gesellschaftlich so wenig wissen, nicht einmal, ob man es eigentlich sieht, können wir mit Sicherheit feststellen. Sie mögen jetzt denken, das mit dem Nichthören versteht sich von selbst, und dass es weniger ein Nichthören als ein Nicht-Zuhören sei. Mal sehen, ob ich mich mit ihm befreunden kann.

Lucha Libre

Wer einmal in der Arena de México gesessen hat, hat erfahren, dass es mit dem Zuhören manchmal nicht so einfach ist. Es ist dort dazu auch einfach zu laut. Selbst an einem Dienstagabend ist die Arena in der mexikanischen Hauptstadt mit knapp 10 000 Menschen gut besetzt, ganze Familien kommen dort hin, Menschen aus der Stadt, Geschäftsleute, Freunde und natürlich Touristinnen wie wir. Ähnlich wie bei anderen Sportereignissen geht man dort immer in Gruppen oder zu zweit hin, niemals alleine. Die Akustik ist hallig, sämtliche Geräusche hochgetuned. Es ist der Sound der Präsentation von Stars, des spektakulären Auftritts, in dem das einzelne Wort zur Klanggeste verkommt. Die einzelnen Kämpferinnen und Kämpfer, bereits durch riesige Banner angekündigt, schreiten die glitzernde Treppe herunter, steigen in den Ring und zeigen mit ausladenden Gesten, welche Rolle sie einnehmen wollen. Auftrumpfend, mit übersteigertem Selbstbewusstsein springen sie auch gerne auf die elastische Absperrung in Richtung Publikum und reißen die Arme hoch. Dieser Vorgang wiederholt sich sehr oft, denn es treten in den zwei bis drei Stunden der Kämpfe ungefähr sechs Teams auf, meist mit sechs Kämpfenden, die alle maskiert sind, ihre Rollen haben, wie sich dies in ihren teilweise mythischen Namen wie Bárbario Cavernario, Zeuxis, Mistico, Volador Jr., Blue Puma ausdrückt. Sie sind Stars oder Neuzugänge, und mit ihnen treten noch kleinwüchsige Maskottchen auf, die zwischen Tier und Comicfigur changieren und auch mal zuschlagen dürfen. Nein, es muss nicht verstanden werden, was gesprochen wird, es zählt das Wort nicht viel in diesem Kampf zwischen Gut und Böse, als den man die einzelnen Kämpfe immer wieder lesen kann. Dies antagonistische Prinzip wird sich durch den ganzen Abend ziehen, allerdings nicht als statisches Prinzip, sondern dynamisch. Im Ring steht bereits der Schiedsrichter, dessen Aufgabe es ist, die Kämpfer anzukündigen, während Showgirls den Weg weisen und Schilder hochhalten. Er wird ziemlich schnell zu der Figur werden, die mich am meisten fasziniert und beschäftigt. Wie spielt er sein Entsetzen? Wie schafft er es, seine Rolle souverän zu behaupten, auch wenn sie in Wirklichkeit überhaupt kein Gewicht hat und eigentlich eher lächerlich gemacht wird. Denn im Grunde bestehen die Kämpfe aus lauter Regelübertretungen, mehr noch, es geht um die Regelübertretung, auf die sowohl Publikum als auch Schiedsrichter mit gespieltem Entsetzen reagieren. Daumen runter! Pfiffe, Rufe, Schreien. Der Schiedsrichter, oder bei den Frauenkämpfen die Schiedsrichterin, kniet sich nicht selten dann direkt neben das Prügelgeschehen und ruft hinein, aber es ist klar, dass er oder sie sich nicht durchsetzen wird. Niemals greift er oder sie wirklich ein. Zumindest nicht an meinem Abend, der trotz abgekartetem Spiel oder gerade aufgrund seiner Gespieltheit erstaunlich spannend blieb. Wrestling ist auch ein äußerst theatrales Ereignis, alle wissen, dass die Kämpfenden sich nicht wirklich derartig schlagen (in die Geschlechtsteile treten, auf den Brustkorb springen, ins Gesicht schlagen etc., wie man annehmen könnte), und auch wenn Formen des authentischen Sichverprügelns wie im Ultrawrestling bereits existieren, ist diese Theatralität Reiz und Erleichterung für Zuschauende zugleich. Das Schauspiel besteht zu einem nicht unwesentlichen Teil in dem sich auflösenden Regelwerk und in der Aufkündigung von

Fairness (man schlägt noch zu, wenn jemand bereits am Boden liegt), und die tragische Figur in ihm ist tatsächlich der Mensch, der zuständig ist für die Regeln, eine Richterfigur auf verlorenem Posten. Denn sein Kampf ist stets schon verloren, er ist von einer übergeordneten Macht – griechische Götter? – bereits verdammt zu dieser Sisyphusarbeit, und seine Anwesenheit erinnert nur daran, dass es einmal eine Zeit gab, in der Regeln Regeln waren, aber dieser Zustand ist längst vorbei, jetzt leben wir in einer Epoche des verdammten Krieges. Man kann sich natürlich fragen, warum diese Kämpfe nicht nur in Mexiko so eine derartige Beliebtheit haben, man könnte sie ja auch als nur entsetzlich beschreiben. Aber vielleicht kondensiert sich in ihnen eine kollektive Erfahrung der Auflösung oder Bedrohung eines Spiels, das wir als Demokratie beschreiben und in dem »Legitimation durch Verfahren«[1] angesagt ist. Recht verliert hier gegen das Prinzip der puren Willkür, der Machtgeste, man könnte es auch übersetzen in: Rechtsstaatlichkeit gegen Autokratie.

Es hat mich insofern kaum erstaunt, dass im amerikanischen Wahlkampf die demokratische Kandidatin von Popstars wie Taylor Swift oder Talkshowhosts wie Oprah Winfrey unterstützt wird, der republikanische Kandidat hingegen von Wrestlern, so etwa dem legendären »Undertaker«, in dessen Podcast Donald Trump auch tatsächlich aufgetreten ist.[2] Letzteres entspricht einfach seinem Prinzip der Polarisierung, der Inszenierung von

Gut und Böse, mit dauernd changierenden Positionen, dem Spektakel der Überlegenheit und Unterlegenheit, dem Entertaining als politischem Prinzip. Das Wort bzw. die Sprache ist ihm unterworfen, niemals dient es dem Gespräch, der Aushandlung oder Kommunikation. Insofern muss man auch nicht so genau verstehen, was gesagt wird. Es entgeht einem nichts. Während im Gericht jedes Wort auf die Waagschale gelegt wird, ist hier Inszenierung, Lautstärke, Überraschung bzw. überraschende Volte alles. Oder Camouflage. Wir haben das in den letzten Monaten erlebt. Wertesysteme können einfach behauptet werden, ein hasserfüllter Auftritt zum »Fest der Liebe« umerklärt. Die Worte müssen nicht mehr so genau treffen und dienen alleine der Überspitzung und Emotionalisierung, es geht um die Nennung von Gegnern und Feinden, nicht um die praktischen politischen Fragen. So erklärte Kamala Harris auf ihrer Abschlusskundgebung treffend, dass ihr Gegner mit einer Feindesliste in das Weiße Haus einziehen würde, sie allerdings mit einer To-Do-Liste. Ich beginne diesen Text im Moment der Wahl, nicht ahnend, was sich in zwei Monaten vollziehen wird. Im damaligen Moment der Hoffnung, dass nicht der Lärm gewinnt.

Es heißt, man kann etwas nicht hören, weil es zu leise ist, aber genau das Gegenteil lässt sich auch behaupten. Ist etwas zu laut, verlieren sich die Semantiken. Worte werden ununterscheidbar, wer schreit, hat auch aus diesem Grund bereits unrecht, hieß es früher, heute bin ich

mir da nicht mehr so sicher. Man könnte die Mensch-
heitsgeschichte als eine Geschichte des Lärms beschreiben, wie es auch schon geschehen ist.[3] Der populisti-
sche Lärm klingt anders als eine heftige demokratische
Geräuschkulisse. Die Bezeichnung Lärm ist, das muss
ich zugeben, immer abwertend gemeint. Und eine
Aufwertung dieser Vokabel ist selbst in diesen Tagen
nicht zu erwarten, wenn sich auch seine Realität Macht
verschafft hat. »Hier ist es so laut, wunderbar«, würde
kaum jemand sagen. Und dennoch wird er gesucht. Es
wird Lärm und vor allem Rauschen produziert, um uns
abzulenken. Auch, um das einzelne Wort abzuwerten.
Sprache gilt nichts mehr, sie ist nichts als Budenzau-
ber, könnte man meinen. Was ich heute sage, gilt morgen nicht mehr. Es wird Lärm erzeugt, um in seinem
Hintergrundrauschen einiges zu versenken. Sein Ge-
genprinzip liegt in der Rechtsprechung. Hier wird das
Wort auf die Waagschale gelegt, aber es kann natürlich
auch hier missbraucht werden, unter dem Schein der
genauen Wortbetrachtung.

Derzeit bin ich in meiner Heimat Österreich mit einer
radikalen Entwicklung konfrontiert, die sich in Wellen-
bewegungen über die letzten 25 Jahre bereits vollzieht.
Sie als rechtsradikale Wende zu bezeichnen wäre insofern verkehrt. Ein Regierungsauftrag wird zwar der zah-
lenstärksten Partei, der FPÖ, nicht erteilt – niemand
will mit ihnen zusammenarbeiten –, aber es mutet
schon irrwitzig an, dass dies die Partei mit den meisten

Wählerstimmen betrifft, was nicht heißt, dass sie eine Mehrheit vertritt. Es entsteht auch hier ein verstecktes antagonistisches Prinzip. Die demokratischen Parteien fungieren darin als eine Seite, die rechtsextreme Partei als die andere, politisch betrachtet ein falscher Antagonismus. Auf Sportarten übersetzt hieße das, es gibt nicht mehr die verschiedenen Vereine, die gegeneinander antreten, sondern aus allen Vereinen treten die gemeinsam an, die sich noch an die Regeln halten, gegen die, die darauf pfeifen. Kommt so noch ein Spiel zustande?

Klar ist, jemanden als rechtsextrem zu bezeichnen, ist leergelaufen. »Man nennt uns Nazis«, sagen die Nazis, und man glaubt, die Sache hat sich erledigt. Aber sie hat sich nicht erledigt. Die Nennung reicht nicht mehr. Das Wort genügt nicht mehr. Es ist auch hier das Auftrumpfende, Polarisierende, Entertainende, das erfolgreich ist. Wenn wir nach Deutschland blicken, fragen wir uns, was wird sich in diesem Jahr ereignen. Im Prinzip stellt sich diese Frage in allen mitteleuropäischen Ländern: Wie können demokratische Parteien noch Politik machen, wenn sie zu einer Front gegen den rechtsextremen Feind der Demokratie zusammengeschlossen werden? Werden sie nicht dazu verdammt, sich gegenseitig zu nivellieren? Wird daraus nicht wirklich eine technokratische Verwaltung der Politik, die gegen ein rechtsautoritäres Agieren steht, ein Zustand, aus dem sich eine unheilvolle Wellenbewegung ergibt, die der Soziologe Pierre Bourdieu schon in den 90er Jahren beschrieben hat, und auch, wenn derzeit es so aussieht, dass aus der letzten Welle der Sieger Autokratie heißt, ist der wirkliche Sieger immer trotz allem nationalstaatlichen Protektionismus der neoliberale Kurs, gegen den keine Seite etwas einzuwenden hat.

Oft wird mir gesagt, dass Rechtsextreme so viel Power hätten, so geschult wären und so schlagkräftig seien, aus ihrer Oppositionshaltung heraus. Nie wird beschrieben, warum vielleicht die ebenso geschulten demokratischen Positionen nicht mehr die gleiche Kraft dagegen haben. Sie sind die bereits Erschöpften. Ihre Stimme können sie nicht immer erheben, weil sie es manchmal nicht schaffen, gerade in der demokratischen Zivilgesellschaft, der ich mich zurechne und schon einige Ehrenämter innehatte. Burnout der Demokratie? Der Lärm war zu groß. Der Lärm der Prekarisierung und Kurzfristverträge, der Überlastung durch zahlreiche Ämter und Anfragen, der Lärm der Bürokratie, der allzu langsamen Aushandlungen und der vielen Gleichzeitigkeiten. Das ist kein Lärm, sagen Sie? Es gibt Momente, da nimmt man das so wahr. Zudem vollzieht sich andauernd ein identitätspolitisches Gewitter um uns. Wer etwas äußern darf und wer nicht, wird auf der einen Seite penibel abgefragt, die andere schert sich um gar nichts mehr. Es dürfen sich nur starke Männer äußern, oder sie müssen sich gar nicht äußern, weil allein ihr Wille zählt. Beides sind sehr unterschiedliche Zustände, nicht auf ein Einerseits-Andererseits zu bringen, wie es im Lärmgebiet gerne geschieht. Symmetrien zwischen Positionen herzustellen, die kategorial was völlig anderes sind. Auch das ist Lärm, weil es Unsinn ist. Die Arena mit ihren konstruierten antagonistischen Positionen zieht sich durch alle Bereiche. Gut gegen Böse, linksextrem vs. rechtsextrem, Klimawandel oder kein Klimawandel, und diese fake Antagonismen oder Alternativen sind so was wie Lärm. Sie werden gebraucht, um das Spektakel durchzuführen.

Hintergrundrauschen ist in diesen Zeiten beliebt, weil sich in ihm Dinge unterbringen lassen, an die man nicht gerne denkt. Die Kriegssituationen, die näher rücken, die Toten im Mittelmeer, die Deadstreams und kalten Tropfen des Klimawandels. Und wieder die Situation in Gaza, die vergessenen Geiseln, wieder die Toten des Mittelmeers, wieder die ökologisch bedingten Katastrophen in Spanien. Das, was bedrohlich näher rückt. Dieses Hintergrundrauschen ist insofern funktional. Viele haben zu viel um die Ohren, da benötigen wir ein ordentliches Rauschen, das sie nach innen klappen lässt.

In Mexiko saß ich, bewaffnet mit einem riesigen Plastikbecher Bier mit süßem Chilipastenrand, noch etwas gefasster und blickte über das große Familien- und Pärchenfest, das sich hier auch vollzog und durchaus in die Show miteinbezogen wurde. Ich versuchte gerade, die merkwürdige Rolle des Maskottchens einzuordnen, das so gar nicht dem chauvinistischen Körperbild entspricht, eine Gegenfigur, nicht wirklich ein Kind, eher ein Zwischenwesen, das den Kontrast zu der Männlichkeit herstellen soll und diese aufwerten, da fällt mir auf, wie laut wir selber sind. Am lautesten sind vermutlich die Schreie, die aus der massiven Menge kommen. Wir sind vielleicht nicht wirklich lauter als die Performance, aber sie muss sich auch gegen uns behaupten, es ist ein Ringen darum, wer akustisch das Sagen hat.

Tagsüber habe ich in einer Begegnung mit Studierenden und Künstler:innen gerade einiges erfahren über die Probleme der Hauptstadtregion, massive Umwelt- und Immobilienprobleme, der Region fehlt Wasser und saubere Luft, die letzten Naturrefugien verschwinden, werden vermarktet, angesichts von Drogenmafia und Korruption breitet sich ein Gefühl großer Machtlosigkeit aus, gleichzeitig gibt es zahlreiche Initiativen, die versuchen, etwas zu verbessern oder auch nur der Hunderttausenden Verschwundenen zu gedenken, mit denen man es in diesem Land zu tun hat.

In der mexikanischen Hauptstadt sind auch spontane Demonstrationen erlaubt. Das Demonstrationsrecht wird rechtlich höher gewertet als das Recht auf freie Bewegung. Insofern ist es angesichts der zahlreichen Manifestationen schwierig, von Punkt A nach Punkt B zu kommen, bewegt man sich mit dem Auto durch die Stadt, was so ungefähr die einzige Möglichkeit ist, auch wenn vereinzelte todesmutige Radfahrende immer wieder auftauchen. Man steht sich sozusagen im Auto durch die Stadt, die auch tatsächlich fast überall nach Benzin stinkt. Das Verkehrsrauschen ist das unaufhörliche Tages- und Nachtgeräusch, Teil jener Hintergrundkulisse, die alles verschluckt, was sich im Stadtraum akustisch äußern möchte. Kaum zu glauben, dass diese Verkehrsstadt auch Platz für Geister bietet. Aber in meiner Begegnung mit den Stadtbewohner:innen war auch die Geisterwelt sehr präsent – gerade begannen die Vorbereitungen der Feierlichkeiten zum Dia de los Muertos, die auch hier mit den typischen Accessoires von Halloween angereichert werden. Dass die Geister hier einfach die Wiederkehr der Toten bedeuten, dass sie sich unerkannt unter die Lebenden mischen können, als wäre nichts, hat auch der berühmte Roman von Juan Rulfo *Pedro Páramo* gezeigt, der mehr Volksethymologie ist, als mir vorher bewusst war. Auch die Toten sprechen nicht oder wenig, sie äußern sich im Gegensatz zu den Lebenden nie zu viel.

Am Ende meines Wrestlingerlebnisses kommt es zu einem finalen Showdown, das Böse gewinnt diesmal, das Maskottchen wird auf die Schultern eines Kämpfers gesetzt und reckt die Arme nach oben. Während ich rausgehe, gibt es tatsächlich diesen einen Moment, wo ich gar nichts mehr höre. Meine Ohren sind für einen Augenblick wie ausgeschaltet, man könnte sagen, eines der Veranstaltungsziele wurde momenthaft erreicht.

Ganz Ohr

Geht es Ihnen auch so: Sie können das nicht mehr hören. Nein, es fällt Ihnen zunehmend schwerer zuzuhören. Die Ohren bleiben einfach nicht offen, Sie schalten immer mehr ab. Zumindest mir geht es derzeit so. Da stehe ich beispielsweise mitten in einer ethnologischen Sammlung in Köln und finde eine künstlerische Installation, in die man hineingehen kann, einen white cube. Außen steht, dass sie sich dem Thema »Vorurteil und Kolonialismus« widmet. Drinnen sehe ich Schrift und Bild, aber ich nehme vor allem eine Stimme wahr. Eine junge Frauenstimme, die über das angekündigte Thema spricht, und die mich sofort in eine Falle bugsiert. Ich frage mich, wem höre ich mehr zu? Der Stimme, die betont leise und zurückhaltend etwas vorträgt, oder ihrem Vortrag, der eine Kritik neokolonialer Haltungen ist, eine Fürsprache der Unterdrückten. Eben gerade weil ich dieser Stimme und ihrem Duktus so viel zuschreiben möchte, in sie alles Mögliche hineinlegen – da sehe ich eine behütete junge, gebildete Frau vor mir –, gerade weil die Stimme mir in ihrer Materialität mehr Bildlichkeit gibt als der Inhalt, gehe ich sofort in die Vorurteilsrichtung: Sicher biodeutsch, sicher aus wohlhabendem Haus, denke ich mir. Der Inhalt des Gesagten wirkt wie auswendig vorgetragen, er ist ihr und mir wohlbekannt. Und es sind nicht wenige Auswendigkeiten, die uns gerade umgeben, gerade bei den brennendsten Themen. Unklar bleibt für mich, ob es eine persönliche Neuralgie ist oder eine sozial übergreifende. Und warum will ich eigentlich, dass man die Dinge immer neu überlegt, damit ich zuhören kann?

Ein anderes Mal passiert es in jenem verdunkelten Theaterraum, der pandemiebedingt zu einem Fernsehstudio umgebaut wurde. Auf der Bühne sehe ich neben mir dem Regisseur Milo Rau beim Zuhören zu. Ich ahne, er hört präziser und deutlicher zu, als ich das je könnte. Er ist sozusagen ganz Ohr. Er scheint auch alles zu verstehen, was gesagt wird, immer wieder nickt er zustimmend. Dann stellt er seine Fragen. Sie wirken stets relevant. Sein Gegenüber muss überlegen. Die Antwort wird vermutlich erstaunlich sein. Obwohl klar ist, dass der Regisseur seine Fragen schon sehr oft gestellt haben muss, dass ihm das überhaupt nicht neu sein kann, was da formuliert wird, wirkt es in jedem seiner Gespräche verblüffend erfrischend und anders. Man kann nun wirklich nicht sagen, er ist ein Zuhörerdarsteller. Doch gibt es so jemanden überhaupt? Denken Sie an gewisse Fernsehmoderator:innen, deren Professionalität schon etwas abgeschliffen ist. An Gegenüber in Interviews, die schon zu lange auf Sendung sind, Behördenmitarbeiter, die das Gehörte gleich wegordnen. Es gibt die Konkurrenz der Rede, aber selten eine Konkurrenz des Zuhörens. Einen Wettkampf, wer das jetzt besser macht, wer hat das schon erlebt? Und doch begegnen wir nicht selten einem ausgestellten Zuhören. Das sind die etwas überschießenden Inszenierungsgesten, das erwähnte Nicken, die Augenbrauen, die hochgezogen werden, die abwehrenden Handgesten. Es ist ein Zuhören, das mit Gesten mitreden will. Man fällt nicht ins Wort und zeigt doch einen Response. Zeigt, dass man noch da ist. Aber das ist ein Grenzgang, es könnte auch als Nichtwirklichzuhören wahrgenommen werden.

Bin ich noch da? Nein, ich werde schon von der nächsten Szene des Zuhörens unterbrochen. Das bin jetzt schon ich selbst. Sehen Sie, wie ich da vor dieser Gesprächspartnerin sitze in jener Rechtsanwaltskanzlei?[4] Eine Nebenklagevertreterin hat sich bereit erklärt, mit mir ein Gespräch über ihre Arbeit im NSU-Prozess zu führen. Dauernd will ich was sagen. Ich will dazwischenfahren. Ich weiß immer schon, wie der Satz ausgehen wird, ja ausgehen muss, den sie gerade bildet. Habe ich die Anwältin überhaupt zu Wort kommen lassen? Ich behaupte, Fragen zu stellen, aber vielleicht tue ich nur so? Klar ist, das Gefühl, nichts mehr erfahren zu können, kann sich erst *im* Gespräch einstellen und nicht schon davor, oder? Was ist los? Warum fallen mir in diesen letzten Begegnungen von vornherein dauernd die Ohren ab? Vielleicht liegt es ja am Stoff? Zur Tür komme ich noch herein mit vollem Schwung, setze mich, aber in dem Moment, in dem ich die Ohren aufsperren sollte, höre ich mich immer noch selbst reden. Mein Gegenüber scheint meinen Einführungsvortrag nicht weiter schlimm zu finden, es braucht ihn ja, um mein Interesse zu verstehen. Aber mich erinnert diese Szene trotzdem an jene in Alexander Kluges *Chronik der Gefühle*[5], in der ein Bundeskanzler seinem Referenten etwas über – ich glaube, es war die Braunkohleförderung – erzählt, von dessen aktueller Situation er eigentlich nichts wissen kann und ja auch deswegen zum Referenten gekommen ist. Kluges paradox anmutende Erklärung ist das Nichtzuhören des Kanzlers aus Zeitnot. Er hat zu wenig Zeit und beschließt, seinem Referenten lieber selbst zu erzählen, was dieser wissen muss und er selbst eigentlich nicht wissen kann – ein magischer Wissenstransfer. Habe ich Zeitnot? Diese Art der Zeitnot? Immer. Die Zeitnot der Bundeskanzler hat sich bekanntermaßen überallhin übertragen, mittlerweile selbst auf das schriftstellerische Gewerbe.

Vielleicht ist es der Stoff?, frage ich mich ein zweites Mal. Die Rechtsprechung, die Justiz ist ein Bereich, da möchte man eben nicht dauernd zuhören. Aber man muss es meist. Das dort Gesagte hat Bedeutung. Es ist der Ort des Herrschaftswissens. Verregelt. Autonom. Schwer durchschaubar. Also entsteht erst einmal Abwehr meinerseits. Zu viel gefühlte Erkläropas und Erklärtanten haben mich in den letzten Jahren unterbrochen und haben gesagt: »Das ist aber nicht so, weil in Paragraph schlagmichtot steht das und das.« – »Bei Gericht läuft das nicht so, da geht es nicht um Gerechtigkeit, sondern um Regeln.« – »Es werden doch alle enttäuscht vom Gericht. Naiv der, der etwas anderes erwartet.« Und so weiter und so fort. Warum sonst bleibe ich auch hier erst einmal stecken bei der Erläuterung des Kontexts meiner Fragen, bei der Aufbereitung des Terrains, bleibe sozusagen hängen auf meiner Platte. Als ob ich den Moment, in dem ich etwas erfahren könnte, hinauszögern wollte und mir so Zeit verschaffen. Nur wozu? Was soll in der Zeit erledigt werden? Die Ohren sind fest zugesperrt, währenddessen erzähle ich der Anwältin, mit wem ich alles schon gesprochen habe von den Leuten, die wir beide »aus dem Stoff« kennen. Bin ich etwa ein Gespenst geworden? Zum Gespenst passt, dass ich in diesem Zuhören noch schneller meine, alles bereits zu wissen. Zum Gespenst passt, dass ich gleichzeitig nicht das Gefühl habe, irgendetwas zu überblicken. Dieser Stoff hat mich bereits erschlagen. Nur wann? Schon vor langem, vor zwei oder vor fünf Jahren oder von vornherein? Dieses Gespenst, das heimsucht, muss allerdings harmlos sein, entdecke ich an den Reaktionen meiner Gegenüber, gut einzuordnen in die Reihe anderer Gespenster, und dennoch nicht so schlimm. Verschwörungstheoretiker, Irrläufer, Menschen, die plötzlich aufspringen und erzählen, dass sie das Terrortrio schon lange kennen und ihnen alles klar war, Menschen, die vom Zeugensterben zu erzählen beginnen, den Verfassungsschutz erwähnen, um bei irgendwelchen Verschwörungsmythen zu landen. Das mache ich nicht, habe ich mir zumindest vorgenommen. Keine leichte Aufgabe bei einem Prozess, der mehr Lücken offenbart als geschlossen hat.

Ja, wir reden vom »NSU-Prozess«, der nicht nur die deutsche Öffentlichkeit fünf Jahre in Atem gehalten hat, und dem man gleichzeitig so schwer folgen konnte. Zum Zuhören gehört nämlich, dass das, was da von vorne kommt, verständlich sein muss. Zuerst die Erklärung, wo man ist, dann, mit wem man es zu tun hat, und schließlich, was überhaupt passiert ist. Das Gericht hat die Anklageschrift zur Hand, um das zu klären. Sie schafft die grundlegende Ordnung, nach der ein Prozess zu erfolgen hat. Nun kann das eigentlich nicht funktionieren bei einem Geschehen dieser Größenordnung. 13 Jahre lang sind Terroristen durch Deutschland gezogen und haben zehn Menschen brutal ermordet, weitere verletzt, Bombenanschläge durchgeführt, Banken ausgeraubt, vermeintlich unbeobachtet. Das ist ein derart langer Zeitraum, der das »Wer« der Täterschaft zu einem umstrittenen Punkt macht und auch das »Was« der Taten – sind sie alle erfasst? Gibt es nicht noch zahlreiche falsch zugeordnete Verbrechen? Zudem ist die Sache schon eine ganze Weile her, also wird es mit der Wahrheitsfindung schwierig. Wie oft werden Zeugen ihre polizeilichen Aussagen von damals vorgehalten, und man nimmt ihnen ab, dass sie keine Ahnung mehr haben können?

Diese gerichtliche Aufarbeitung mündete jedenfalls in jenen Mammutprozess, bei dem ich in dessen letzten beiden Jahren immer wieder zugegen war, Gespräche mit Beteiligten geführt und sehr viel gelesen habe. Ich habe mich im Material verloren, habe einiges wieder vergessen – man kann das auch nicht alles behalten – und bin wieder nach München ins Oberlandesgericht gefahren. Schnell musste ich mich von der Annahme verabschieden, man müsse etwas vollständig verstanden haben, dann erst könne man darüber schreiben. Das Geschehen in München war auch nicht vollständig zu verstehen, eine Million Akten sind von keinem Menschen zu verstehen, zudem wurde durch das Schweigen der Zeugen, das Schweigen der Behörden und das Schweigen der Angeklagten die Wissensproduktion ad absurdum geführt. Für eine Mitschrift, dieser schöne Ausweg bei Überforderung, wie sie Rolf Dieter Brinkmann, Rainald Goetz und Wolfram Lotz gezeigt haben, wäre es ohnehin zu spät[6], entdeckte ich bald, allein die Reaktion Außenstehender war immer die Frage, warum ich nicht über einen aktuell laufenden Gerichtsprozess schreiben wolle? »Dieser ist doch längst ausdokumentiert.«

Ausdokumentiert ist einer der schönen Begriffe, die im Register des Nichtzuhörens zu finden sind. Oder aus dem Gespensterbereich. Denn diese Angelegenheit ist ja gleichzeitig ausdokumentiert und unterdokumentiert, wie ich feststellen musste, an- und abwesend gleichzeitig. Gespenster sind zudem auch immer zu spät, von vornherein. Sie haben etwas verpasst und müssen jetzt etwas nachholen. Oder etwas ist ihnen geschehen, und sie müssen mahnen, dass es zurechtgerückt wird von anderen. Gespenster geistern durch eine Zeit, die nicht die ihre ist. Ich muss zugeben, so fühlte es sich im Gerichtssaal an. Was habe ich da nicht mitgekriegt von meiner Zeit? Warum gibt es diese Zeugen, die rechtsextreme Äußerungen für normal halten oder meinen, aus der Mitte der Gesellschaft zu sprechen? Sind die meine Zeitgenoss:innen, wie sieht es mit meiner Zeitgenossenschaft überhaupt aus? Wieso habe ich wie so viele in der Zeit des NSU nichts mitbekommen und die Legende der sogenannten »Döner-Morde« akzeptiert? Gespenster sind auch nachträglich. Auch sie machen keine Erfahrung. Oder ist das etwa eine Erfahrung, die ich gemacht habe, damals im Winter 2017, als ich zum ersten Mal mit Erstaunen diese emotional hoch aufgeladenen Auseinandersetzungen um Fragen der Kopierverordnung und Verschriftlichung im Gericht vernahm? Mit heftiger Erregung wurden sie vor einem Publikum von rund 160 Leuten ausgetragen und erzeugten bei mir jene krasse Kollision von Erwartung und Zustand des Prozesses.

»An diesem Prozesstag wird sich nichts von dem zeigen, um was es eigentlich geht«, hat mich kürzlich ein oberster Richter vom OLG Frankfurt informiert, zu dessen Prozess ich mit Studierenden wollte. Zeigt das nicht jeder Tag? Sind nur spezifische Zeugenbefragungen für Nichtjurist:innen interessant? Die aufgeladenen Formalismen gehörten sehr wohl zum Zustand der NSU-Aufarbeitung. Die immer wieder erlebten affektbesetzten Auseinandersetzungen ragten wie die Spitze des Eisbergs aus einem Meer von Behördenschlamperei, Nichtzusammenarbeit, Bürokratie und Fehlstellen.

*

Warum überhaupt das Gericht, werden Sie sich fragen? Warum ausgerechnet »der Juristerei« zuhören? Warum diese Rechtsanwaltskanzleien, diese Untersuchungsausschüsse, gibt es nichts Schöneres, Lohnenderes für die Literatur? Dabei ist meine Hinwendung zur Rechtsprechung durchaus logisch für mein Gewerbe und unsere Zeit. Wer befindet sich in der Epoche der Symbolpolitiken und toxischen Debatten nicht auf der Suche nach Sprachmacht? Hier realisiert sich schließlich Handlung *mit* Sprache, sie gilt sozusagen. Im Gericht wird die Wahrheit festgestellt, d.h., sie erhält eine gewisse Gültigkeit mit echten Konsequenzen. Und ist sie einmal festgestellt, ist sie unumstößlich. D.h., wenn das Urteil revisionsfest ist. Dann gilt es auch rückwirkend. Man kann dann als Zeuge der Falschaussage bezichtigt werden, auch wenn man ehrlich ausgesagt hat, also das berichtet hat, was man wahrgenommen hat, weswegen eine meiner anwaltlichen Gesprächspartner:innen mir erläuterte, bei einem Prozess, welcher Verstöße des Demonstrationsrechts zum Gegenstand hat und sozusagen die Aussagen der Polizei gegen die der angeklagten Aktivist:innen stünden, würde sie eher davon absehen, andere Demonstrationsteilnehmer:innen als Zeugen laden zu lassen aufgrund dieser Gefahr der nachträglichen Falschaussage.

Im Gericht gibt es das Urteil, eine echte Entscheidung, die aber gleichzeitig dem Verfahren unterworfen ist, das, was Cornelia Vismann als theatrales Dispositiv des Gerichts bezeichnet und für den Soziologen Niklas Luhmann die legitimierende Grundlage der Demokratie darstellt. Und doch finden Entscheidungen auch während des Prozesses statt. Welchem Zeugen, welcher Zeugin glaubt der Richter? Das muss er begründen. Ein Argument in dieser richterlichen Entscheidung ist diesbezüglich das Lebensfremde. Wenn etwas als lebensfremd gilt, hält man es nicht für plausibel, wie bei einem der Angeklagten im NSU-Verfahren. Da sagte die richterliche Instanz plötzlich und unerwartet für alle Verfahrensbeteiligten, es sei lebensfremd anzunehmen, dass dieser mehr gewusst haben kann. Großes Aufatmen auf der einen Seite, Entsetzen auf der anderen. Im schreibenden Gewerbe wird eher positiv mit der Lebensnähe geurteilt, wenn etwas als besonders glaubwürdig und authentisch erzählt wird. »Aus dem Leben gegriffen.« Ganz so als kennten wir uns Schriftsteller:innen aus mit dem Lebensnahen, so wie richterliche Instanzen das Lebensfremde aufspüren können.

Doch zurück zu den Ohren! Nichts ist schwieriger als das Zuhören. Wann kann man nicht zuhören? Wenn man wiederholt das Gleiche hört. Wenn man etwas hört, was man nicht hören will. Wenn die Nebengeräusche extrem zugenommen haben, und das haben sie derzeit fast immer. Ist es nicht allgemein so, dass das politische Grundrauschen Hörverhältnisse erschwert, dass das Gehörte so schwer in das Umfeld zurückzubinden ist. Entweder man geht nah ran, um etwas zu verstehen, dann verliert man den Kontext oder es ist im Rauschen verschwunden. Nähe und Distanz des Hörens haben sich voneinander verabschiedet, auch hier ist eine Blasenkultur zu vermerken.

Man hört auch nicht zu, wenn man zu müde ist. Wenn man davon ausgeht, dass das Gegenüber lügt oder Unsinn redet. Wenn man nicht zuordnen kann, was gerade los ist. Wenn man zu viel zu tun hat. Wenn es zu irritierend wäre zuzuhören. Man überhört ja nicht einfach nur, sondern hört auch oft das Falsche, es heißt dann, man hat sich *ver*hört. Manchmal sind das einzelne Buchstaben, die ausgewechselt werden. Manchmal ist es Wunschdenken... Man will endlich etwas anderes hören! Und dann gibt es natürlich Orte des Nichtzuhörens. Von Michel Foucault wissen wir, dass es auf jeden Fall die Disziplinarorte sind, und ich möchte hinzufügen, dass es auch Orte der Zeitnot sind, in denen zu schnell reagiert werden muss, als dass richtig zugehört werden könnte – Börsen? Krankenhäuser, Altersheime? Just-in-time-Gebetsorte, Institutionen, in denen alles so derart auf Kante genäht ist, dass fürs Zuhören keine Zeit bleibt. Und zuzuhören benötigt stets mehr Zeit als zuzusehen.

Institutionen sind heute stark herausgefordert oder gar im Krisenmodus. Die, in die ich alltäglich Einblick habe, haben gewaltige Legitimationskrisen, darüber hinaus Probleme mit Krankenstand, Überforderung, sehr genauer Öffentlichkeitsplanung, bürokratischer Aushöhlung, einer Gremienarbeit, die Entscheidungen auf sachlicher Ebene erschwert – zu lange Tagesordnungen, zu viele Beteiligte etc. Da ist z. B. ein öffentlicher Rundfunk mit feudalen Strukturen und steilen Hierarchien, einer Kultur der Angst und dessen ständiger Infragestellung von außen. In solchen Institutionen hält man potenzielle Kritiker beschäftigt, indem man Scheinverhandlungen durchführt und Stellvertreterkonflikte am Kochen hält. Aber ich kann diese Angst vor der Abschaffung demokratischer Instanzen nicht einfach verdoppeln, ich kann auch im Gericht dies Herrschaftswissen nicht einfach imitieren, mich quasi in eine Expertenposition hineinmogeln, gerade in diesem Prozess ist mir die Expertenperspektive nicht möglich, sondern die einer rechtsunkundigen Sicht, die der Leute, die dem machtvollen Wissen plötzlich unterworfen sind und es sich aneignen und dabei meist scheitern müssen. Und hat sich im NSU-Prozess nicht mehr Nichtwissen als Wissen gezeigt, so kann ich diesen Aspekt nicht einfach durch eine Rekonstruktion wegwischen, sondern wollte ihn wahrnehmbar, ja regelrecht hörbar machen. Aus einer Position, die sich erst einmal orientieren muss, die nicht schon immer alles weiß, aber ohne das Gericht zu verraten.

Zum Zuhören ist nicht viel publiziert worden. Es ist noch immer eher unser *blinder* Fleck als ein *tauber*. Wir sind auch filmisch mehr umgeben von Talking Heads als von Hörenden, nur selten, in der Traditionslinie von Jean-Luc Godard bis Bruno Dumont, gibt es markant Zuhörende, bei Alexander Kluge sind sie in seinen Fernsehgesprächen wieder verschwunden, wo sie in den Kinofilmen der 70er und 80er so markant da waren. Visionär *Der Angriff der Gegenwart auf die übrige Zeit.* Schon damals dieser Titel, der in den nächsten Jahren an Geschwindigkeit gewinnen wird. Kluge hat mit seinem Referenten Ersatzzuhörer als neue Kategorie eingeführt. Ich lasse zuhören, und zwar nicht nur meinen Psychoanalytiker, ich kann das Zuhören sozusagen mehrfach auslagern. Die Referenten hören für ihre Ministerin zu, für ihren Staatsanwalt etc. Es gibt aber ein anderes Auslagerungsprinzip: Etwas ist zu groß und zu komplex, als dass ein Mensch den Zuhörjob alleine machen könnte, und so braucht es eben viele. Im Gericht gab es von aktivistischer und journalistischer Seite dieses Hören im Wechsel, das Community-Hören sozusagen, sonst wäre es gar nicht zu schaffen gewesen. Das gemeinsame Hören, das im Gericht eigentlich sowieso Standard ist, denn der Grundsatz der Mündlichkeit benötigt ein Zuhören, also Öffentlichkeit. Dieses gemeinsame Zuhören bekam im NSU-Prozess eine Deutlichkeit und eine Professionalisierung, wie ich es zuvor noch nicht erlebt habe. Es waren tatsächlich »Zuschauer with a job«, wie die Rechts- und Kulturwissenschaftlerin Cornelia Vismann in ihrem Standardwerk *Medien der Rechtsprechung*[7] die Gerichtsöffentlichkeit bezeichnet hat. »Wer hat die Macht, etwas zu entscheiden, wer hat die Macht, etwas zu wissen?«, ist

33

die darunterliegende Frage. Der Grundsatz der Öffentlichkeit ist wie der der Mündlichkeit keine unwichtige
Nebensache in einem Gerichtsprozess, bei seiner frühen
Einführung war diese Vorstellung derart selbstverständlich, dass er sogar ohne Begründung eingeführt wurde.
In einem modernen Staat darf das Gericht nicht sich
allein überlassen werden, es darf keine Geheimverhand-
lungen geben. Aber dies beruhte, folge ich Cornelia
Vismann hier mit Foucault weiter[8], durchaus nicht nur
auf demokratiebezogenen, sondern auch auf disziplina-
rischen Erwägungen. Die abschreckende Wirkung der
öffentlichen Exekutionen sei oft wegen der Identifika-
tion mit den Verurteilten ausgeblieben. Man wollte sie
in den Prozess hineinverlegen, in die Sprache, mit dem
Publikum als Adressaten der Botschaft. Die Strafe wird
vermittelt. Auch wenn die Zuhörer:innen heute im Saal
kein aktives Recht haben, kommt ihrem Beobachter-
status doch eine gewisse aktivierende und eine symbolische Rolle zu. Man spricht anders vor Publikum, auch
wenn man eine Behörde ist. Durch die enorme Länge
des NSU-Prozesses ist tatsächlich eine merkwürdige Ge-
meinschaft entstanden da oben auf der Empore, jenem
Bereich, der der Öffentlichkeit im Saal 101 zugewiesen
war. Diese erschien mir nicht geschlossen, es gab durchaus Fluktuation, Menschen, die nur einmal erschienen,
sogenannte Eintagsfliegen saßen neben denen, die stets
da waren. Es entstand eine lose Form von Verbindlich-
keit, ein Raum der langfädigen Kommunikation. Das
waren Rentner:innen, Studierende, politische Gruppen

und vor allem Journalist:innen und Blogger:innen und natürlich Sympathisant:innen, sowohl der Angeklagten als auch der Nebenklage. Immer mal wieder hörte ich allerdings auch die Erklärung, dass hier im Gericht wirklich im Gegensatz zu den Medien nach der Wahrheit gesucht würde, als würde man einem spannenden Krimi folgen.

*

Aber zurück zum Hören – jetzt mal konkret! Der Philosoph Jean-Luc Nancy hat sich *Zum Gehör* geäußert[9], seine Rede hebt an, nicht ohne folgende Vokabeln in Umlauf zu bringen: Die Ohren spitzen, an den Ohren ziehen, das Gehör schenken, das Ohr aufspannen, ein offenes Ohr haben, ein Ohr leihen. Er weist auf die Unterschiede zwischen Hören und Vernehmen hin, spricht von der Asymmetrie und der fehlenden Reziprozität zwischen dem Visuellen und dem Akustischen. Es gebe mehr Isomorphismus zwischen Bild und Begriff als zwischen dem Hörbaren und Intelligiblen, man verbindet es nicht so schnell. Hören geht eben auch nach innen. Man hört sich beim Reden. Und Hören als Spüren bedeutet ein Sich-Spüren. Wir sind, auch wenn ich spreche, in einem gemeinsamen Hörraum, weil ich mich selbst reden höre. Innen und außen sind nicht leicht trennbar. Sich beim Wahrnehmen wahrzunehmen kann man nur im Geräusch, ob mit Sinn beladen oder nicht. Jean-Luc Nancy verweist aber auch auf die Spionage, den Lauschangriff und das Horchen auf dem berühmten Horchposten, auf den man sich begeben kann, also dahin, wo ein Geheimnis versprochen wird. Ich höre etwas, was nicht für meine Ohren bestimmt ist. Ich kann aber auch jemanden abhören. Im Gericht ist alles für meine Ohren bestimmt, und ich höre gewiss nicht ab, aber es versteckt sich so vieles in der Rede, dass ich sie extra weit aufspannen muss, um den Subtext und die weitere Bedeutung zu verstehen. Nicht selten brauchte ich dazu die Nachbarohren.

Ja, zurück zu den Ohren! Alle reden, als würden sie ewig Zeit haben, niemand aber hört zu, als würde er oder sie ewig Zeit haben. Merkwürdig, nicht? Man müsste Zuhören als Kunstform unterrichten. Nur wie? Indem man Gesprächsaufnahmen nur nach dem Zuhören beurteilt? Das wäre schon wieder absurd. Es ist ja nichts Objektives, was man da feststellen kann. Das fürs Schreiben produktive Zuhören hat mehr mit einer inneren Reibung und Resonanz zu tun. Wie kann man sich aber sicher sein, den Richtigen zuzuhören? Es wäre ja durchaus möglich, dass ich gerade wieder mit den Falschen das Gespräch suche. Mit ziemlicher Wahrscheinlichkeit sind es die Falschen, denn ich höre Menschen zu, mit denen ich relativ einig bin. Linke Anwälte, Nebenklagevertreter:innen und Verteidiger linker Aktivist:innen oder Menschenrechtsanwält:innen. Wie können die die falschen Gegenüber sein? Gerade weil es sich um die handelt, deren Motivation und Erfahrung ich verstehe. Weil ich ihre Haltung und ihre Kritik am Gericht schätze, und ihren Ansatz »Mit Recht gegen die Macht« unterstützen möchte. Andauernd möchte ich unterstützen, mich solidarisieren. Aber daraus wird noch keine Literatur, schon gar keine Sprachkritik. Ich müsste mit meiner Art zuzuhören mich eher an die Gegenseite halten oder an gewisse technokratische Gerichtsfanatiker, die offiziell die reine Autonomie des Gerichts vertreten und hinterrücks im politischen Atem der Bundesregierung agieren. Oder die, die es gar verraten, weil sie rechtsradikal sind. Nein, die dann doch wieder nicht. Ich müsste denen, die immer schon recht haben, zuhören. Die sich immer im Recht befinden und wissen, wie es zu steuern ist. Denen das System gehört gewissermaßen. Aber um ehrlich zu sein, ich würde es nicht aushalten. Nicht nur macht mich diese Form des Rechthabens und Im-Recht-Seins wahnsinnig. Es ist auch meine Art zuzuhören, die das schwierig werden lässt, denn ich muss immer etwas hineingehen in die Welt des Gegenübers, um dann umso mehr hinauszugehen, ich muss mich verstricken in seiner Sprache und darin plötzlich etwas finden, was mich wieder hinauskatapultieren kann. Es sind ja Affirmationsohren, die ich aufspanne, Ohren, die von den Unterschieden leben. Von der Reibung. Die innen und außen in Spannung versetzen. Die Erwiderungsenergie anheizen. Die Energie, recht zu haben, entspricht nicht meinem Modus des Tastens, des Irrtümer Besuchens, sie ist eigentlich undialogisch. Kunst hat nicht recht. Man kann das Recht-

haben nicht übersetzen in ästhetische Wahrnehmungsformen, was nicht heißt, dass Kunst interesselos ist.
Und dennoch brauche ich bei meinen Gesprächspartnern durchaus den Dissens im Gespräch. Ich möchte
dekonstruieren, die Rede der anderen als eine mögliche
meinige begreifen, um sie dann zu überschreiben, weil
ich es nicht aushalte. Weil es darum geht, Sprachen in
mir zu verhandeln.

Mein Recherchefeld war aber auch nicht einfach zu
durchqueren. Ich konnte schlicht nicht mit allen Parteien und Interessensvertretern sprechen, Richter äußern sich ohnehin nicht über ihre laufenden Verfahren, dazu waren die Gräben zwischen den Parteien des
ersten NSU-Prozesses tief geworden. Die Angehörigen
und Überlebenden hatten sich schon lange aus dem
Verfahren zurückgezogen, das sie so enttäuscht hatte.
Die sogenannte Altverteidigung der Hauptangeklagten
hatte gar nicht so unfreundlich auf meine Anfrage reagiert, aber ich schreckte vor einer weiteren Kontaktauf-
nahme zurück. Die Kostümierung wirkte wie ein Pan-
zer, das, was aus den Medien von ihnen zu hören war,
ebenfalls. »Alle haben das Recht auf Verteidigung.« Na
klar! »Rechtsstaatlichkeit!« Na klar. Was sollen die mir
schon darüber hinaus in einem persönlichen Gespräch
erzählen? Der Vertreter der Bundesanwaltschaft verwies
mich auf den Behördenweg. Es war eine Geste, die mir
verriet, dass mir in dem möglichen Gespräch nur wieder
was beigebracht werden sollte. Schwer ist es, jemandem

zuzuhören, der immer schon alles weiß oder sich stets absichert.

Vielleicht steckt ein Prozess ohnehin hauptsächlich in seinen Akten, darüber hinaus gibt es nichts Wesentliches zu erzählen. Die letzten literarischen Veröffentlichungen über Richterinnen ließen das biographische Leben der stets richterlichen Hauptfigur mit dem Gerichtlichen in Konflikt geraten, ob bei Ursula Krechels *Landgericht*[10], bei Petra Morsbachs *Justizpalast*[11] oder bei Lydia Mischkulnigs *Die Richterin*[12]. Immer die Spur der richterlichen Instanz, als ob eine Zentralperspektive aufs Gericht übertragen werden soll. Zeichen einer institutionellen Krise, so dass man die Zentralperspektive so zentral konstruieren muss? Ganz anders als der furiose Seiteneinstieg von William Gaddis in *Letzte Instanz*[13], der noch keinen Grund sah, an dem Gericht als Institution zu zweifeln, und umso mehr, den Umgang damit zu kritisieren? Weit sind wir weg von der – man könnte schon direkt sagen – obszönen Behaglichkeit eines Eigentumskonflikts, der eine Romanhandlung in Gang setzen könnte.

Ja, es fallen einem im Moment grundsätzlich die Ohren ab, finden Sie nicht? Wohin fallen sie? Ich weiß nur, dass ich tendenziell mehr verpanzerten Gesprächspartnern begegne, die nur ihre Fassaden zeigen, die ihre Institutionen, Firmen, Positionen verteidigen, nicht selten aus einer Position der Angst heraus. Dazu kommt, dass meine Auseinandersetzung mit dem Gericht in einem Rahmen stattfindet, in dem man es grundsätzlich verteidigen muss, weil es von rechtsextremer Seite, von Reichsbürgerfronten attackiert wird. Eine Zeit, in der im Gerichtssaal Neonazis sitzen und sich über die »Faschingsveranstaltung Gericht« lustig machen. Gleichzeitig irritiert mich in höchstem Maß die Argumentation, die besagt, dass die Verfassungsschutzakten 120 Jahre geheim bleiben müssen, weil sonst Gegner der Rechtsstaatlichkeit daraus Werkzeuge gegen den Staat in die Hand bekämen. Veröffentlicht wurden die Akten dann ausgerechnet von Jan Böhmermann.

Vielleicht gehört dieses Ohrenabfallen insofern auch zum Schreibprozess. Vielleicht muss ich sie verlieren, bevor ich mich im Text verlieren kann. Vielleicht ist das manische Ohrenaufheben ja mehr ein Vermeidungsvorgang? Das Problem könnte einen Schritt weiter liegen. Dieser Essay wurde einmal unter dem Titel »Der Druck der Ereignisse und die Herrschaft der Echtzeit« begonnen, das war sozusagen ein erster Gedanke. Im Gericht haben wir Echtzeit. Der Grundsatz der Mündlichkeit bestimmt diese. Die Mündlichkeit der Zeugenbefragung, der Antragstellungen und Einwürfe. Es gibt zwar mittlerweile das Selbstleseverfahren, z. B. im sogenannten Halle-Prozess, wo man einem Rechtsextremen keine Bühne geben wollte, aber das meiste ist Echtzeit. Eine, die sich über eine andere Echtzeit des Geschehens legen kann. Rituell betrachtet, ist es eine Strategie gegen die

Herrschaft der gewalttätigen Echtzeit, und das könnte auch für die Literatur etwas abwerfen.

Die Herrschaft dieser allgemeinen, medial, technisch und ökonomisch stets drängenden Echtzeit erzeugt auf Ohrenebene, so könnte man sagen: Knalltrauma, Hörsturz und Tinnitus. Tinnitus ist ein Phantasiegeräusch, vom Gehirn erzeugt gegen die Lücken im Frequenzbereich des Ohrs. Wo das Ohr aussetzt, erzeugt das Gehirn eine Ergänzung, die leider unangenehm ist und die Stille ein für alle Mal auslöscht. Das Nichthören, jene Übersetzung des Schweigens und der Stille, ist dann nicht mehr wahrnehmbar. Es ist allerdings schwer zu sagen, dass dieses Geräusch falsch ist. Wenn aber die literarische Übersetzungsleistung ermüdet ist und kaputte Ohren nicht so einfach repariert werden können, wie nicht nur Ärzte wissen, dann müssen wir sie miteinbeziehen. Fiepen, Rauschen, Blurren muss dann ein Teil der schriftstellerischen Arbeit werden. Wir werden uns also den überspannten Ohren widmen müssen.

Mitschrift und Vorhalt

Wie kann man dem zuhören? Ja, wie geht denn das? Ich sehe mich in dem großen Besprechungsraum um, alle sitzen um das große Viereck aus Tischen und müssen zulassen, dass diese Position lauter wird. Sie haben sich abgesprochen, also die drei, unsere »üblichen Verdächtigen«, sie reden abwechselnd, erteilen sich gegenseitig das Wort und behaupten sofort, es werde ihnen abgeschnitten, wenn sie nicht weiterreden dürfen. In einem Raum mit vierzig oder fünfzig Menschen kann das mitunter so wirken, als würden diese drei Stimmen eine plurale, ja beinahe Mehrheitsmeinung vertreten. Was laut ist, setzt sich durch, also muss man sich laut machen. Was negativ ist, setzt sich durch, also muss man es negativ formulieren. »Dürfen wir bitte einmal ausreden?«, wird mir entgegnet, wenn ich versuche, etwas einzubringen, etwas »zu ergänzen«, wie man im Gremienjargon sagt. So als würde man an einem gemeinsamen Bild arbeiten, was de facto nicht so ist. Um das Bild wird stets gestritten, ob in einem universitären Senat, dem berühmten Kleingartenverein oder einer basisdemokratisch organisierten Organisation. Der AfD-Abgeordnete im Rundfunkrat macht es anders – er will gleich kaputtmachen, am liebsten direkt. Er startet lauter Anfragen, die immer auf dieselben Themen hinauswollen. Dieser Rundfunk ist korrupt, er macht unlautere Aktiengeschäfte, er benennt politische Parteizugehörigkeiten nicht bei allen Personen, er inszeniert sich als Kämpfer gegen die da oben, und das Parteiinteresse ist das Abschaffen eines politisch unabhängigen Rundfunks. Beinahe jeden Monat hat er in einer unserer Sitzungen des Rundfunkrats eine neue Anfrage parat. Ist jemand einmal in ein Gremium gewählt, muss man den

Personen in dieser Wahlperiode grundsätzlich zuhören. Wie begegnet man dem also? Mit roten Linien zuhören, geht das überhaupt, und wenn ja, was wäre das dann? Indem man ihm wieder mit verteilten Rollen entgegentritt? Es ist wichtig, dass so was von vielen Seiten kommt. Man kann dem nur kollektiv begegnen. Die rote Linie ist dann eher ein Prisma.

Wir haben unser gesellschaftliches Zuhören organisiert, u. a. in zahlreichen Gremien, Ausschüssen und Gerichten. Und dieses Zuhören ist durch Tagesordnungen, Sitzungspläne, Zuschaltungen inklusive Stummschaltung und Lautschaltung in Verfahrensformen gegossen und wird also auch durch Medien-Technologien bestimmt, denn zur Not kann die Technik im Auftrag des Vorsitzes jemanden abschalten. Diese formal bestimmten Formen münden in wiederum verschiedenen Formen des Protokollierens, das genaue Protokoll, die Minutes of Meeting, das Ergebnisprotokoll. In manchen Situationen wird von mehreren Seiten protokolliert oder einfach nur mitgeschrieben, je nach Brauchbarkeit und Erfordernissen. Im Großteil der Gremienarbeit wird es erst mal von einer Person verfasst, aber dann von vielen weiteren korrigiert, bis es abgesegnet seinen Ort im Archiv findet. Manchmal wird etwas gerade für das Protokoll formuliert, manches Mal explizit nicht. Es ist zumindest das, auf das man sich dann berufen kann. Deswegen wird es zur Kontrolle in eine Runde geschickt, deren Teilnehmer dann hin und wieder »im Tagesgeschäft« nicht immer die Zeit haben, das sorgfältig durchzulesen, was fatal ist. Es ist das Arbeitsgedächtnis einer Institution. Diese Wechselbeziehung von Schrift und Mündlichkeit, die sich in all den institutionellen Arbeiten zeigt, wird vom geschriebenen Wort abgeschlossen, und nur darauf kann man sich berufen.

Zuhören und Mitschreiben, das macht auch das Gericht. Es ist weit davon entfernt, alles aufzuschreiben, was man gehört hat, dabei entsteht nicht das eine große Protokoll, wie man sich das als gerichtsunbeteiligte Person so vorstellt, sondern eher ein Dienststellenprotokoll oder eine Mitschrift der einzelnen Prozessparteien, das sogenannte alltägliche Gerichtsprotokoll ist äußert rudimentär und auf Beschlussfassungen konzentriert. Nur unter zwei Bedingungen folgt eine wortgetreue Mitschrift: Wenn ein Prozess die gesamte Bundesrepublik interessiert und auch für kommende Generationen von Interesse ist. So werde ich im sogenannten Frankfurter Reichsbürgerprozess erfahren, in dem auch nicht wortgetreu protokolliert wird. Es gibt viele Prozesse derzeit, die historisch wirken, was man auch an Medienaufmerksamkeit und Gerichtsöffentlichkeit merkt. Das Gericht sieht es anders. Dennoch gibt es bei allen Prozessen jede Menge Wechselbeziehung zwischen Schriftlichkeit und Mündlichkeit. Die Akte der polizeilichen Vernehmung ruft in den Vorhalten Mündlichkeit hervor, die Mündlichkeit gerinnt in der Befragung wieder zur Schrift in einer neuen Akte, die erneut durch Vorhalte wieder Mündlichkeit generieren könnte, um letztendlich in der Schrift zu enden. Es werden also Fragen aus den Protokollen gezogen und wieder neu formuliert, in der Dienststelle von einer Person, im Hauptverfahren kommen sie von allen Seiten, allerdings schön der Reihe nach, zuerst der Richter, dann die Staatsanwaltschaft, dann die Verteidigung. In Deutschland schreiben sie alle einzeln mit, im richterlichen Senat sind es hauptsächlich die nachrückenden jüngeren Richter:innen, die diese Aufgabe übernehmen, mal mit Bleistift und Papier, dem Kuli, mal mit Computer, es ist eine nachgeordnete Aufgabe, denn die leitenden und berichterstattenden Richter:innen im richterlichen Senat haben anderes zu tun.

Im literarischen Schreiben über das Gericht, in der Prosa, wird, wie ich schon schrieb, gerne der Einstieg über die Person des Richters gesucht, zentralperspektivisch, es gibt durchaus Literatur mit Seiteneinstiegen über juristische Anwaltsperspektiven, und es gibt auch die, die sich der Verfahrenssprache annimmt wie bei Albert Drach. Drach war Jurist. Er hatte seine eigene Kanzlei, d. h., er muss u. a. Strafverteidiger gewesen sein, jemand, der auf der anderen, der kritischen Seite gegenüber der Apparatur stand, mit mehr Nähe zu den Delinquent:innen und mit einer grundsätzlichen Haltung des Attackierens der bestehenden Anklage, denn wenn eine Anklage steht, steht schon viel, und es ist schwer, diese noch einmal zu bewegen.

In *Untersuchung an Mädeln*, seinem berühmtesten Roman zu einem Gerichtsprozess gegen zwei junge Frauen, die einen Mann ermordet haben sollen, lässt er nicht zufällig einen jungen Strafverteidiger zu Wort kommen: »Die Rechte der Verteidigung seien hierzulande beschränkt, der Waffengang im Prozess unausgeglichen. Die Anklage habe die Akten von Anfang an für sich, die Verteidigung erhalte sie erst spät, oft geradezu verspätet. Und selbst wenn das öffentliche Verfahren bereits eröffnet sei, komme die Anklage noch manchmal insgeheim zu Wort, und werde selbst da, wo das Gesetz bereits den Ausgleich gebe, nach stiller Übung begünstigt und bevorzugt. Die Feststellungen des Gerichts, die dieses am Ende pflege, bestünden oft in einer Dreiviertelbegründung, ohne dass Nichtigkeiten immer als solche erkannt würden. Die Wahrheit könne da oder anderswo sein, sie zu finden bleibe im gegebenen Falle ganz den Geschworenen überlassen.«[14]

Sein Schreiben ist die reinste Verabschiedung einer Vorstellung, es handle sich in der Rechtsprechung, insbesondere in der Zeugenbefragung, um ein symmetrisches Instrument, bei der Justiz um eine alleine der Gerechtigkeit und Wahrheit verpflichtete Institution. Natürlich muss das auch im historischen Zusammenhang betrachtet werden. So befinden wir uns bei Drachs Roman *Untersuchung an Mädeln* in den späten 1960er Jahren in Österreich. Allerdings richtet auch heute immer noch eine herrschende Klasse über eine Beherrschte, wie wir

46

von Christina Clemms Buch *AktenEinsicht. Geschichten von Frauen und Gewalt*[15] erfahren können. Das Thema ist nicht erledigt, mehr noch, wir haben es in den realen Gerichten meist mit Mordfällen an Frauen zu tun. Im Prinzip reicht ein Vormittag in einem Amtsgericht, um zu verstehen, dass sich gewisse hegemoniale Linien bis in die Gegenwart ziehen. Rechtsprechung ist in der Praxis oftmals ein Herrschaftsgeschäft, dabei der Ordnung mehr verpflichtet als dem Gedanken der Wahrheitsfindung, auch wenn diese mit verblüffender, in dieser Gesellschaft nur selten anderswo aufgebrachter Energie vorangetrieben wird. Absurderweise werden in der Literatur, vor allem im Genre, Gerichte als symmetrische Orte dargestellt, in denen wie in einem gleichschenkligen Dreieck Richter, Verteidigung und Anklage die jeweiligen Eckpunkte darstellen, in denen man ethische, ja manchmal moralische Fragen erläutern kann. Bei Ferdinand von Schirach oder im Gerichts-TV werden selten die Asymmetrie im Raum, die stets schon architektonisch ungleichen Lichtverhältnisse oder die Höhenunterschiede von Richterpult-Staatsanwaltschaft und Saalebene thematisiert, und auch nicht die einer erzählerischen Dramaturgie entgegenstehenden Verfahrensabläufe.

Eine der Hauptaufgaben für Jurist:innen ist, sich nicht zu verlaufen. D. h. sich über Rechtshierarchien klar zu sein, Mittel so einzusetzen, dass sie verhältnismäßig wirken und nicht beanstandet werden können, Mittel, die der eigenen Sache dienen. Als Strafverteidiger gilt es Ausgänge zu finden aus einer Anklage, den Blick zu ändern und doch in der Sache zu bleiben, Angemessenheit zu wahren und, ja, das Lebensfremde im Blick zu haben. Man muss sich vorstellen, dass es in aller Starrheit eine unheimliche gedankliche Bewegung gibt, die in den ungenauen, oft merkwürdigen Aussagen der Zeugen mit verursacht wird. Diese tragen ihre Sprache und ihr Sprechvermögen ins Gericht, ihre unlogischen und sich entziehenden Sätze, ihre Vermutungen und Vorurteile, die von dem Gericht abgewiesen, vermessen, eingeordnet und gewissermaßen kontrolliert werden, was oft genug bizarr wirkt.

Was mich an Albert Drachs Literatur interessiert, ist dieses Sich-Verlaufen, das er mit seiner sprachbildlichen Überfrachtung, seinem unverkennbaren, den Lesenden zur Langsamkeit anhaltenden Stil erzeugt. Um es einfach zu sagen, es ist zumindest in den *Kleinen Protokollen*[16] ein ziemlicher Bruch mit dem Protokollstil, den man von einem Juristen erwarten würde, und der bei einem Gegenwartsautor wie Ferdinand von Schirach in vermeintlich klaren moralischen Linien übersetzt würde. Bei Albert Drach ist nichts klar, er macht genau diese Zurichtungsversuche kenntlich, er ist niemals einfach rechtspositivistisch, auch wenn er das Terrain der Rechtsprechung in diesen Büchern niemals verlassen würde. Er überschreibt den Protokollstil und lässt ihn doch im Text unverkennbar, und das tut er in gefühlt

langen Sätzen, die stets nüchterne Faktensprache aus-
streichend.

Im Gericht werden Fakten erst hergestellt anhand von
Aussagen und Gegenaussagen, d. h., eine Annäherung
an das, wie es sich zugetragen haben wird, wird hergestellt, bis die Wahrheit richterlich festgestellt wird.
Diese ist dann unumstößlich, es sei denn durch
Revision. In der Beweisaufnahme ist das Machtinstru-
ment der Befragung dafür wesentlich, die in Drachs
Protokollen aufgehoben und durchgestrichen wirkt,
nahezu ausufernd, unfasslich, sich stets im Detail ver-
lierend. Ihm ist es nicht an Glättung, Hierarchisierung
der Gerichtssprache gelegen, wie ich sie beispielsweise
in meiner Recherche für *Laufendes Verfahren* in den
Protokollen des fünfjährigen NSU-Prozesses gefunden
habe, die die Journalist:innen Annette Ramelsberger,
Wiebke Ramm, Rainer Stadler und Tanjev Schultz kurz
nach Ende des Prozesses dankenswerterweise heraus-
gegeben haben.[17] Während des Verfahrens musste ich
mich an die viel undidaktischeren und direkteren und
insofern authentischer wirkenden Online-Protokolle
des Schreibkollektivs von NSU-watch halten und war
überrascht von der Abweichung in den beiden publizistischen Protokollen. Vor allem davon, dass der von
mir empfundene Irrlauf der Verhandlung mit seinen
418 Tagen in dem als mehrbändige Buchkassette publi-
zierten Protokoll kaum auftaucht. Aber den journalistischen Herausgeber:innen ging es ja auch nicht um die

Vermittlung des Irrlaufs, sie wollten mehr darstellen, was herausgefunden wurde, und weniger, wie wurde dieser Prozess behindert, und das ist ja auch richtig. Die Entscheidung, diesen Prozess nicht als Aussetzer, als Ohnmachtsgebärde, als Produktion von Nichtwissen zu erzählen, ist auch richtig, das würde vor allem auch den Beitrag der Nebenklagevertreter:innen schmälern. Es ist politisch zweischneidig, das Gericht, d. h. den Strafprozess in seinen Begrenzungen vorzuführen, denn es ist ein notwendiges, in seiner gegenwärtigen Form demokratisch durchaus auch errungenes Instrument. Zudem bin ich natürlich als Gerichtslaiin mehr diesem Irrlauf ausgesetzt als Experten, die den Überblick selten verlieren.

Die Mühlen und Mühen des Gerichts abzukürzen ist ein heikles Unterfangen, und in jeder Reformation der Rechtsprechung spiegelt sich diese Schwierigkeit wider. Zum anderen war es wirklich grotesk und sprechend, mit welchen absurden Schleifen und affektiven Gebärden, mit wie viel Unlogik und diskursivem Wahnsinn man in diesem Prozess zu kämpfen hatte. Dieses mäandernde, sozusagen authentischere Protokoll von NSU-watch zeigt uns, wie schwierig der Umgang mit so einem Tatbestand und solchen Tatumständen – ein Verbrechensgeschehen von 13 Jahren, zehn Morden, drei Bombenanschlägen und zig Banküberfällen, sowie einem Personenkreis von ca. 40 Leuten, die zumindest zeitweilig von dem Verbleib der Täter wussten oder teilweise in Tatvorgänge verstrickt gewesen sein müssen –

in einem einfachen Strafprozess ist. Kann ich aber überhaupt sagen, dass das Gericht in diesem Mammutprozess an seine Grenzen gekommen ist? Lag es nicht vielmehr daran, dass so viel geschwiegen wurde, auch von den Behörden? Wenn Zeugen, Angeklagte und verstrickte Behörden schweigen, muss das Gericht seine Werkzeuge auspacken, und diese werden lauter, beginnen zu klappern. Jetzt, wo ich andere große Prozesse besucht habe, merke ich mehr und mehr, wie entscheidend der Zeitpunkt meines ersten Besuches des NSU-Prozesses war, nämlich zum langen Ende der Beweisaufnahme, in dem es nur noch ums Festklopfen des bereits Festgestellten ging. Mich hat am Ende irritiert, wie medial häufig die Gerichtsleistung gelobt, aber gleichzeitig von Seiten der Nebenklage immer stärker eine fundamentale Enttäuschung deutlich wurde. Ist es eine Leistung, die rechtlichen Prozesse trotz allem durchzuführen und so das Funktionieren des Rechtsstaates zu zeigen? Meine Teilnahme empfand ich als unheimlichen Lernprozess, auch in der Frage, wie sich Autonomiesetzung des Gerichts und politische Funktion berühren. All dies war nicht nur auskunftsreich für den Zustand einer Gesellschaft, sondern auch für die Krise ihrer Institutionen, die nicht zusammengearbeitet haben.

»Als Dr. Permusel geendigt hatte, sagte einer Bravo und klatschte in die Hände. Als der Vorsitzende Dr. Vollmulder aber hinschaute, da war es niemand. Nun wollte der Vorsitzende seine genaue Belehrung an die Geschworenen geben. Als er aber auf die Uhr schaute, da war die Stunde schon zu weit vorgerückt.«[18] Hier macht sich jemand lustig, könnte man sagen, und doch trifft der ironische Tonfall von Albert Drach doch im Wesentlichen auf so manchen Gerichtsalltag zu. Es hat realistische Züge, wie das Prozessgeschehen in den *Untersuchungen an Mädeln* vom notwendigen und gebotenen richterlichen Ernst immer wieder wegführt. Es stellt sich die Frage, inwieweit sich das verträgt, inwieweit man heute überhaupt noch mit komischen Mitteln im Bereich Gerichtsprozess arbeiten kann. In gegenwärtigen Theaterarbeiten von Marie Schwesinger bis Milo Rau findet sich eher Pathos. Pathos liegt auch in der schon beschriebenen Verbindung von Gericht und Theater, die bis zu deren Ursprüngen reicht. Sie besteht noch heute im Urteil. Wir können freilich nicht mehr wie in der griechischen Tragödie Götter die Entscheidung treffen lassen, sondern überlassen dies der richterlichen Instanz, die verfahrenstechnisch das untermauern muss. Heinrich von Kleists *Der zerbrochne Krug* erinnert uns genau daran, es ist nicht umsonst eine Komödie, die aus einem Richter einen Angeklagten werden lässt. Jedenfalls bin ich fest davon überzeugt, dass die Wut, die ich in mancher Kritik meines Romans *Laufendes Verfahren*[19] erleben durfte, genau auf diese komische Technik reagiert, die man nicht angewandt sehen wollte auf diesen Stoff. Komikverbot löst bei mir allerdings einen starken Widerstand aus. Schließlich bin ich mir sicher, dass das reine Pathos hier nicht weiterhilft, auch aufgrund des grotesken Aberwitzes des Stoffs. Vielleicht aber ist die harsche Reaktion auch ein Zeichen dafür ist, dass nun auch die Komik von rechtsextremer Seite gekapert wurde? Jedenfalls gibt es eine Verbindung zum Pathos, die nicht zu vorschnell abgehakt werden soll, und sie liegt im Urteil. In Albert Drachs *Untersuchung an Mädeln* sind es die Geschworenen, deren Urteil aber interessanterweise im Text nicht ausgesprochen wird. Er überlässt es dem Urteil der Lesenden, die nach dieser Groteske nicht mehr urteilen können, man kann sagen, sein Schreiben arbeitet dem Nichturteil zu.

Bleibt die bereits erwähnte *Legitimation durch Verfahren*, die argumentative Verfahrensstruktur, die der Soziologe Niklas Luhmann beschrieben hat. Sie wurde, das kann ich bei Cornelia Vismann lesen, mit der Napoleonischen Gesetzgebung aufklärerisch ins Leben gerufen und führte das Gericht aus den Kammern und Geheimgerichten des Absolutismus heraus. Die öffentliche Hauptverhandlung mit dem Rederecht, also für sich zu sprechen bzw. für die eigene Partei und Mandantschaft die Stimme zu erheben, verbindet sich mit der Vorstellung des aufgeklärten cartesianischen Subjekts, das sich erklärt – in der Theorie. Doch bei Albert Drach ist für diese Stimme, sprechenderweise für die angeklagten »Mädeln« kein Raum. Es ist kein Wunder, dass ausgerechnet die *Untersuchung an Mädeln* mit einem verwaisten Redeansatz und dem Wörtchen »Ich« endet, dessen Rederecht man zuerst glatt vergessen hat:

»Dann war das Gericht herbeigekommen und alles hatte sich erhoben. Bevor der Vorsitzende die Belehrung und Unterweisung an die Geschworenen (für das Urteil, Anm. d. V.) gab, teilte er mit, dass übersehen worden sei, jeder der beiden Angeklagten das Schlusswort zu erteilen.«[20] Aber auch schon zuvor verknüpft Albert Drach jegliche Einzelrede u. a. mit Hilfe des Konjunktivs zu einem unglaublichen Sprachzopf. Die Parteinahme tritt zurück in der Detailsuche. Die Lebenserzählung, ein Genre, das heute jenseits der Fiktion öffentlich vor allem im Gericht auftaucht, dient der Herleitung zu dem Punkt des Verbrechens. Bei ihm laufen die Fäden zu, aber sie verlieren sich immer wieder. Nehmen gar einige Richtungswechsel vor. Das ist natürlich eine literarische Möglichkeit des Umgangs.

Seit einigen Jahren besuche ich Prozesse und nicht selten frage ich mich, wie dieses oder jenes Detail noch in einem Zusammenhang stehen kann, was dann auch oft von Verteidigung oder Staatsanwaltschaft beanstandet wird. Immer wird über die Frageform gewacht, was eine zulässige und was eine unzulässige Frage ist. Welche Fragen unzulässige Vorannahmen beinhalten oder völlig vorbeigehen am Gegenstand des Verfahrens. Welche Themen jetzt schon erkundet werden dürfen. Die rhetorische Form des Gerichts, sein Sprechen ist ebenso spannend wie die Frage der Dramaturgie, die von vielerlei verfahrensökonomischen und sachbezogenen Umständen bestimmt wird, von der Begründung der Untersuchungshaft bis zu dem daraus resultierenden Beschleunigungsgebot. Und natürlich stellt sich dieser Vorgang wie ein Rätsel für die Prozessfremden dar, als Eintritt in eine Welt, die sie nicht verstehen können. Diesem unglaublichen rhetorischen Gebilde, dem Irrgarten, steht ein Begriff gegenüber, der immer wieder bei meinen Gesprächspartnern gefallen ist. Der des Momentums. Geübte Ohren filtern dieses Momentum schnell heraus. Was hat man mit diesem Prozess gepackt? Diesen Begriff habe ich vor allem im Gespräch zwischen Theater und Gericht gehört, ich erinnere mich an einen Abend mit dem Regisseur Milo Rau und Wolfgang Kaleck, dem Menschenrechtsanwalt und Gründer des ECCHR, des European Center for Constitutional and Human Rights. Es ging an dem Abend um reale Prozesse. Ich war erstaunt, diese durch und durch theatrale Frage als eine der strategischen Prozessführung erwähnt zu sehen. Warum konnte es mich nicht so packen? Ist es der abstrakte Zugriff, der das Verfahrenstechnische negiert, welches mich so fasziniert? Vielleicht fehlte mir einfach die Erfahrung, die Gewöhnung an den Irrgarten an Regelwerk, der sich da zeigte. Die Reduktion meiner Aufmerksamkeit auf einen Kernaspekt schien mir bei einem Komplex wie dem NSU nicht naheliegend.

Gericht und Theater haben seit ihren Ursprüngen durchaus beide in ihren Verfahrensformen rituelle Grundlagen – und bis heute geht es ja im Gericht nicht alleine darum, eine Sache aufzuklären, sondern auch darum, den Rechtsfrieden herzustellen, etwas, das weniger mit Strafe und konkreter Reaktion auf ein Verbrechen zu tun hat, sondern auch eine Wirkung auf das gesamte gesellschaftliche Gefüge erzielen möchte. Dann ist die Frage, wem wir zuhören und wie das Zuhören vonstattengeht noch mal ganz anders zu stellen. Die Gerichtsöffentlichkeit ist ja gleichzeitig als Gegenüber der cartesianisch gedachten Stimme, die im Gerichtssaal gehört werden muss, eingeführt worden. Sie ist ein notwendiges Instrument des Gerichts, ein unbeteiligtes Beteiligtseins, was auch bei Albert Drach eine Rolle spielt, allerdings mehr im Hintergrund, ein böses Gerichtspublikum, dem Spektakel zugetan, immer bereit, vorzuverurteilen und das Erregungsbarometer steigen zu lassen. Dieses Publikum, diese notwendige Gerichtsöffentlichkeit ist der Stellvertreterblick der Laien, die so gerne richten würden. Seine heutige Position zu bestimmen, habe ich mich aufgemacht, und vielleicht bin ich näher an Drachs Gerichtsöffentlichkeit dran, als mir selber lieb ist. Der österreichische Schriftsteller hatte zwischen Öffentlichkeit und Richterposition jedenfalls seine Geschworenen untergebracht, wie wir sie heute im Amtsgericht als Schöffen finden, ein Ehrenamt, das auszuführen heute übrigens immer mehr Rechtsextreme sich aufmachen, wie ich aus Joachim Wagners Buch über *Rechte Richter*[21], aber auch dem *Recht gegen rechts*-Report von 2024[22] erfahre. Es entstehe eine Problematik an Amtsgerichten, dass der Ausgang mancher Prozesse torpediert werden könnte durch den Einsatz dieser Position. Es ist also vielleicht weniger die Komik, die zur Disposition steht, sondern die Gerichte selbst.

Vorauseilende Ohren, vermietete und vermiedene

Sie würden aber jetzt wirklich gerne etwas anderes hören, haben Sie gerade gerufen. Was, Sie wissen ja noch gar nicht, wovon die Rede ist? Es ist aber mit Sicherheit das Falsche? Sie sind müde, Sie haben das alles schon mal gehört, muss das jetzt noch einmal durchgekaut werden? Sie würden gerne das Thema ansagen. Wie im Rundfunk, der jetzt regional geworden ist, aufs Land geht und die Leute fragt, über was denn dort eigentlich diskutiert werden soll. Das sind so Formate, die haben Zulauf, das würde ich doch verstehen. Man muss heute die Themen aus der Zuhörerschaft fischen und nicht umgekehrt Ihnen irgendwelche vorsetzen. Sie haben die Themen, und ich darf sie dann entgegennehmen. Es sei denn, ich hätte eine Geschichte für Sie, die Sie affiziert.

Leider sitze ich im Gericht und kann nicht recht auf Sie reagieren. Affekt gibt es genug, aber ich muss sagen, hier drin sitzt direkt neben dem Affekt jede Menge Alltagsbetrieb. Man hört es an den Durchsagen der Durchsprechanlage. Man hört es an den Schritten, die draußen vor der Tür vorbeieilen zu anderen Verhandlungssälen hin, zu anderen Verfahren hin. Hier gibt es also auch andere Verbrechen, muss ich bemerken, und dabei hätte man gedacht, dass es sich um das einzige Verbrechen auf dieser Welt handelt, schließlich handelt es sich um einen Triebtäter aus der Mittelklasse, um Sexualdelikte der schlimmsten Natur aus dem Herzen der Gesellschaft heraus, verübt von einem Sohn eines promovierten Vaters, der in einem freistehenden Dreietagenhaus mit Einliegerwohnung aufgewachsen ist, ordentlichen Familienverhältnissen entstammt und gymnasiale Ausbildung hat. Warum müssen es immer die Einliegerwohnungen sein, von denen Gefahr ausgeht, warum ist es immer das Angetackerte ans Eigenheim, das austickt? Warum sind es immer die Ehemänner und Expartner, die Frauen töten? Nein, das wollte ich jetzt nicht schreiben, es gehört jetzt nicht hierher. Hier handelt es sich um 99 ganz andere Straftaten. 99?

Ausgerechnet einen Leitzordner hält sich jetzt der Angeklagte vors Gesicht, um nicht von der Presse fotografiert zu werden. Vorher aber werden noch Kabel über den Tisch verlegt, Handykabel ausgeborgt, die Anwaltgruppe kennt sich, man weiß gar nicht, wer wo zuzuordnen ist. Eine Nebenklagevertreterin spricht sich mit ihrer Referendarin ab, wie lange sie heute kann, denn diese schreibt mit. Die Zuschauerbänke füllen sich nicht, es ist gar nicht so viel Presseandrang, wie ich erwartet hätte. Man möchte auch gar nicht zu viele Informationen, wenn man hier hereinschneit, so zufällig wie ich und meine Begleitung, und hört, worum es hier grundsätzlich geht. Instinktiv schrecke ich vor dem »zu vielen Wissen« zurück. Auch die Journalist:innen, die wir hier antreffen, wollen nicht zu viel schreiben. Am Gang haben sie eben erzählt, dass sie nicht alles in ihre Artikel packen würden, was sie in diesem Prozess erführen, denn weder wolle man auf symbolischer Ebene etwas reinszenieren oder weiteren Tätern Informationen geben, noch möchte man, dass die Eltern der Opfer *das* lesen.

Auch Sie würden jetzt gerne etwas anderes hören. Das kann ich verstehen. Ich würde mich auch sehr gerne von Ihnen unterbrechen lassen, aber vor mir sitzt dieser mutmaßliche Täter, der nicht merkt, dass er ein Monster ist, oder dies in keiner Weise zu erkennen gibt. Er ist alert und höflich dabei, schon bei der Erstvernehmung mit der Polizei, erfahren wir jetzt, habe er den Eindruck vermittelt, die Vernehmungssituation in der Hand zu haben. Er gibt den Alltagstonfall der Sexualstrafdelikte vor, freiwillige, nüchterne Auskunft, immer etwas zu schnell und etwas zu akkurat. Dazu gesellt sich der verhaltene Tonfall seines Verteidigers, der sicher auch poltern könnte, so wie er aussieht, aber sich hier zurückhält.

»Haben Sie Papier für mich«, hat die Referendarin der Anwältin eben meine Gedanken unterbrochen, ich gebe es ihr und versuche, nichts von der Angeklagtenakku-ratesse dabei zu übernehmen. Mein Handy bleibt in der Gerichtssaalsteckdose stecken, niemand hat erstaunlicherweise etwas gegen Handys ausgerechnet bei diesem Verfahren, man kann sogar Strom vom Gericht zapfen. Wie bin ich hier gelandet? Ich kann nicht behaupten, ich interessierte mich besonders für Sexualstraftaten, es ist nur insofern mein Thema, als es das Thema aller potenziellen Opfer ist, aber hier habe ich jemanden begleitet. Mich nimmt hier sozusagen fremdes Interesse mit rein, und ich fühle mich irgendwie verantwortlich für diese Person, weiß aber nicht, was das genau bedeutet. Aufpassen, dass nichts passiert? Dass kein weiterer Schaden entsteht durch Retraumatisierung? Das kann ich doch gar nicht. Eine Überforderung entsteht bei dem Gewahrwerden, wo wir da eigentlich gelandet sind. Denn das wussten wir beide nicht so genau, wir hatten nur die Information des Deliktthemas bei dem Infodesk am Eingang des Landgerichts Köln bekommen und erfahren, dass wir mitten im Verfahren sind, kurz nach dem Beginn der Beweisaufnahme. Die Anklageschrift sei längst verlesen.

Aber jetzt haben wir beide nicht aufgepasst: Bei der Videovernehmung lief etwas falsch. Wurde er nicht ordnungsgemäß befragt? Nein, man hat dem Anwalt die Videovernehmung nicht zur Verfügung gestellt. Ein Anwalt, der nicht ins Mikro sprechen will, auch wenn er zeitweilig so tut als ob: »Ich habe mir Ihre Worte zu

Herzen genommen, Herr Richter«, sagt er, was ein wenig später sein Mandant wiederholen wird. Wie frisch und frei der Mutmaßliche spricht. Wie aufgeräumt und ordentlich. Wie zuversichtlich und konzentriert, als wolle er unbedingt mitarbeiten, als sei seine Mitarbeit eine, die stets schon bestanden habe. Das macht sie fürchterlich. Aber es ist schon von Webcamordnern mit Inhalten die Rede, als die Gerichtsszene von einer zu spät Eintreffenden unterbrochen wird: »Ich bin für den Herrn L. da, ist meine Mandantin hier?« So stolpert eine Nebenklagevertreterin in den Raum mit der Bitte: »Können Sie mich beiordnen?« Sie steht plötzlich mitten im Geschehen, als wäre es hier nichts, zu spät zum Termin zu kommen. Der Richter stutzt. »Sie haben zwei Mandanten und keine Mandantin«, klärt er sie auf, außerdem seien die nicht da. »Hat Ihnen das Herr L. nicht gesagt?« Die Nachlässigkeit zieht hier langsam Kreise.

Sie wollen mich wirklich nicht unterbrechen? Sie haben es aufgegeben und hören allenfalls mit eben dieser Nachlässigkeit zu? Schade, denn jetzt kommen plötzlich Details: Ein Teenager aus Rösrath, ein »Boy« aus Lohmar, das Treffen bei einer Autobahnbrücke, nicht sexuelle Fotografien eines Kindergeburtstags, »ja, das war der 4. Geburtstag«, tauchen auf, und es ist nicht nur für mich im Raum das erste Mal in meinem Leben, von »nicht sexuellen Fotografien eines Kindergeburtstags« zu hören. Und, ja, einmal ist der Herr B. mit auf dem Zimmer geblieben. Die Hände gefaltet sitzt die Staatsanwältin da, ihr Namensschild ist von meiner Position aus nicht zu sehen, während besprochen wird, was alles auf einem iPhone liegt, eine Adresse und wo man sich getroffen hat und »Sex hatte ohne Kamera, sag ich mal«.

Ein Jungenname, der als Unterordner existiert. Das zu schnelle Nein des Angeklagten, das das zu schnelle Ja wieder auffrisst. »Auf jeden Fall 16.« Was sollen diese Altersnennungen angesichts der vielen anderen Altersnennungen noch gut machen? Altersnennungen, mit denen wir nicht klarkommen können. »Ich kann mich an kein Gespräch erinnern.« Ich möchte mich immer weniger dafür interessieren, ich möchte hier raus, rüber zu den politischen Straftaten oder etwas wie Betrug. Cum Ex, Wirecard. Aber ich bin jetzt die Begleitung. Die Person neben mir kennt sich aus mit Sexualstraftaten, wie man sich auskennt, wenn man eine Überlebende ist. Sie sitzt neben mir und wirkt aufmerksam und neutral, während der Angeklagte erzählt, dass er sich als Babysitter ausgegeben hat. Er hat 99 Straftaten in fünfzehn Jahren begangen. Er ist von irgendjemandem als Teil einer »Szene« beschrieben worden. Und ihm tue die Polizei leid, die sich damit beschäftigen muss, erfahren wir von seiner Vernehmung, was mich zu einer leicht hysterischen Reaktion veranlasst.

Meine Begleitung möchte wissen, wie man mit so etwas gesellschaftlich umgeht, während ich mir fahrig überlege, ob das für sie in dieser Weise produktiv ist, was mir gleichzeitig nicht wirklich zusteht. Meine Anwesenheit ist zweigleisig geworden. Von meinen Gesprächen mit den Nebenklagevertreter:innen habe ich erfahren, wie man mit Traumatisierten umgeht, wenn man sie für einen Gerichtstermin vorbereitet. Die Situation hier ist mit den in jenen Gesprächen geschilderten nicht zu vergleichen, aber dennoch erzeugt der Gedanke an eine Retraumatisierung dieses permanente Hin & Her meiner Aufmerksamkeit, ich möchte aufpassen, dass es meiner Begleitung noch gutgeht, etwas, was sie vermutlich irritieren würde.

Einstweilen wird aber noch die polizeiliche Vernehmungssituation als komprimiertes Programm an uns vorbeiziehen. Wird er irgendwann den Schmerz spüren, den er anderen zugefügt hat? War der andere Jugendliche definitiv in der »Sitterszene« unterwegs, ein Wort, das plötzlich einen negativen Beigeschmack bekommt. Der schließlich den Richter mit einem »Stopausruf« unterbrechende Angeklagte ist immer noch derselbe wie vor fünf Minuten: Er möchte sich hilfreich zeigen. Und trinkt seine Apfelschorle. Soll er sie nicht trinken?, könnte man mich zu Recht jetzt fragen. Bei einer Falschaussage wollte er es aber nicht bleiben lassen. Schon wieder taucht etwas Nichtsexuelles auf, und der Bekleidungszustand eines Jungen wird beschrieben. Ich freue mich über den Begriff »bloße Angeberei«, weil er bedeutet, dass ein Verbrechen nicht stattfand. Eine Mutter habe leise »oh Gott, oh Gott« gesagt, als man ihr das erzählt hat. Man hat es im Protokoll als »Stille«

vermerkt, wird gesagt. Das ist der Moment, an dem ich aufgebe, die Situation im Gericht erzählend zu fassen. Am ehesten eignet sich wohl die Festnahmeschilderung für eine literarische Wiedergabe.

Er sei mitten in einer Telko, also einer digitalen Konferenz, in Ausübung seines Jobs festgenommen worden und habe mehrere Browser und Geräte offen gehabt. Er habe gerade Filme heruntergeladen, offen sei ein Tor-Browser und ein Q-FOX gewesen. Die Frage nach dem RTW blieb abschlägig beantwortet. Keine Daten sollen verschwinden. Der Account »ich«, der Explorer mit Kinderpornographie, runterladend, die Telko-Sitzung, alles war parallel offen. Er habe darum gebeten, die Konferenz beenden zu können, aber das habe man nicht zugelassen aus Sorge, dass Daten verschwinden könnten. Seine Arbeitskollegen haben sich also weiter angesehen wie einer von ihnen festgenommen wurde, und konnten sich keinen Reim darauf machen. Ein Überfall? Eine Entführung?

Sehr wenige individuelle Einrichtungsgegenstände seien von den Beamten wahrgenommen worden, die einzigen echt privaten Bilder oben im Zimmer. Ein »Alles-Beste-für-die-Zukunft«-Bildchen. Das einzige Buch im ganzen Haus sei ausgerechnet ein Buch über Sexualität von seinen Eltern gewesen. Der Angeklagte nickt zu all diesen Beschreibungen, eigentlich zu allem, was gesagt wird. Die Beamten haben ja wirklich das ganze Haus durchfotografiert. Ausgerechnet ein Haus aus Glas, dessen laufende Kosten jetzt der Ehefrau ein Problem bereiten.

Wie lange kann meine Bezugsperson hier das noch durchhalten? Will sie das wirklich noch hören von dem Hormonprogramm der Ehefrau, man hätte ja gerne ein Kind gehabt, will sie wirklich die Zusatzinformation bekommen, dass der Angeklagte in der Vernehmung nicht sagen habe können, was mit dem Kind passiert wäre, wäre es geboren worden. In der ihm eigenen Art habe er das erläutert, fasst der Richter den Bericht zusammen. Das habe ihn schwer beschäftigt.

Bei dem ersten Verhandlungstag seien viele Journalisten rausgegangen, weil sie schon die Verlesung der Anklage nicht ausgehalten haben. Das sei zu viel gewesen. So was will man sich nicht einmal erzählen lassen. Schwer verstört gehe auch ich aus dem Gericht. Wie kann es eine aktive Päderastenszene geben, frage ich mich, wie kann der Richter von einem »Amsterdamer Role Model« sprechen, wie kann etwas »Role Model« überhaupt genannt werden, was mit diesem Verbrechen zu tun hat? Schwer komme ich mit der performativ ausgestellten Alltagsfähigkeit dieser Verbrechen zurecht. Mein Grauen wirkt allerdings naiv neben der Person, die ich immer noch begleite und die ganz genau weiß, dass diese Verbrechen sehr alltagsfähig sind. Die Frage, wie man über so etwas berichten kann, stellt sich ihr schon viel länger, und sie schreibt darüber, Gott sei Dank für uns alle. Ich hoffe, dass es auch ihr hilft, denn darum geht es auch, wenn auch nicht ausschließlich.

Worum geht es bei mir? Um Begleitung allenfalls, für die ich absurderweise genau von dieser betroffenen Person ausgebildet werden muss. Und auch um ein Verständnis, was gesellschaftlich passiert. Wir sprechen ja hier nicht von einer Krankheit, einer Einzelgeschichte, sondern einer Szene, einer Struktur. Die überall im Alltag sich zeigen kann. Wenn sie in einer vollen Trambahn sitze, sagt meine Begleitung, wisse sie, dass statistisch gesehen einer unter den Anwesenheiten sexuellen Missbrauch verübt. Jetzt muss ich das wohl verstehen lernen und in etwas wie Aufmerksamkeit übersetzen. Bei der Begleitung ihrer Arbeit lerne ich, dass es auch hier kein klares positiv oder negativ geben kann. Auch der Fortschritt einer Gesundung ist schwer messbar. In solchen Verhandlungen ist insofern der Umgang mit den Überlebenden zentral. Doch Opferschutz hätte auch hier anderes geboten, wird im Gericht schon prompt erläutert: Einer Mutter sei beispielsweise bei der Untersuchung nicht einmal klar gewesen, ob ihr Kind als Täter oder Opfer angesehen wurde.

Um die eigene Haut zu retten, gilt es für den Angeklagten am nächsten Verhandlungstag die weiteren Täter zu benennen. Er zeigt seine freudige Überraschung über einen aufgefundenen Apothekenzettel, spricht immer im gleichen Tonfall von Weihnachtssternen, Zäpfchen, Elektroschockgeräten. Die völlig falsch aufgekratzte Vernehmungsbereitschaft findet sich bei einem gleichzeitig total sortierten Angeklagten. Konzentriert, redselig, ausschweifend, man muss ihn bremsen, wenn er von seinem Amerikaurlaub schwärmen wollte, als gebe es da keinen Unterschied im Geschehen. Er habe gesagt: Es gibt diese Videos, sonst nichts. Und nein, er gibt nicht alle Namen bekannt aus der Szene, da hakt es dann doch. Jeden Moment, denke ich mir, wird er gleich von einer dünnen Personaldecke sprechen, aber er macht es doch nicht. Niemals habe er gereizt reagiert, erfahren wir noch. Ist ja gut zu wissen. Das werden wir in anderen Worten auch von einer Jugendfreundin hören, die heute als Zeugin sprechen wird und wie ein sich verkrampfendes Echo aus einer normalen Jugendwelt wirkt.

Ich weiß, Sie würden gerne jetzt etwas anderes hören. Sie wissen noch gar nicht, wovon die Rede ist, aber schon wollen Sie etwas anderes haben. So grundsätzlich. Sie ahnen, jetzt kommt so was. Sie haben recht. Auch mir passiert es, dass ich manchmal schneller höre, als Sie sprechen. Ich höre Ihnen zu, aber ich weiß immer schon, wo es hingeht. Es gehört zu den Unarten, die Sätze anderer Menschen zu komplettieren. Leider bin ich jemand, der das immer wieder im privaten Bereich passiert. Wiederholungen halte ich schlecht aus. Es ist eine Art hochgetunte Einfühlung und Projektion, die vielleicht zu meiner Tätigkeit als Schriftstellerin gehört, überschießendes Zuhören, das auch eine Art von Lernprozess ist: Ich greife aus der Luft, was gleich gesagt wird. Hier im Gerichtssaal verwandelt sich diese Luft in eine kontaminierte Angelegenheit. Ich lerne die Funktionsweise der Phantasie sexueller Gewalt, ob ich will oder nicht.

Mein Mann erzählt mir zu Hause von seiner Erinnerung als Schauspieler an die Theaterproben der legendären Aufführung von Sartres *Tote ohne Begräbnis* am Theater an der Ruhr. Man müsse annehmen, dass alles, was schon mal phantasiert wurde, so damals der Regisseur und Begründer des Theaters Roberto Giulli, in der Folter bereits umgesetzt wurde. Interessanterweise habe man in der Aufführung fast gar keine Gewalt gezeigt, aber das bisschen, was davon übrig blieb, hat gereicht, im Publikum die heftigsten Reaktionen hervorzurufen. Die Phantasie arbeitet immer mit. Und wir werden Teil dieses Phantasieraums in dieser Zeugenschaft. Niemand wird bestreiten, dass Zeugenschaft von Gewalt notwendig ist, das ist in der Literatur von Primo Levi über Stefan Nowotny bis Carolin Emcke eindringlich formuliert worden. Die Regeln dafür sind allerdings nicht so einfach, denn sofort stellt sich die Frage, wer das Trauma bezeugen kann? Und wie? Aus der Täterperspektive, die in vollem »Tatumfang« über diese Erinnerung verfügt, oder aus der Position der Opfer, die per se gar nicht in der Lage sind, über diese traumatisierende Erinnerung zu verfügen, wie Primo Levi darstellt. (Die systematische Verhinderung von Zeugenschaft gehörte ja zum nationalsozialistischen Terror.) Aus der Position der Täter, die die Position der Lust an Gewalt darstellt, wie Ste-

fan Nowotny anhand von Pasolinis *120 Tage von Sodom*
zeigt?[23] Die Blickachsen nachvollziehen. Die Distanz
erst, so Nowotny, ermögliche den Genuss, es braucht
den Operngucker in den Händen der Übeltäter, die den
Folterknechten bei der Arbeit zusehen. So eine Distanz-
perspektive will ich natürlich nicht einnehmen. Hier
bleibt mir als unbeteiligte Beobachterin die Absurdität,
dass diese Gewalt sich direkt neben uns eingepflanzt
hat. Dass sie die Alltagsgesten kontaminiert.

Noch sehen wir aber den höflichen Angeklagten, den
neutralen Angeklagten, den sachlich wirkenden Angeklagten, dessen Alter kaum einzuschätzen ist. Ein Bild,
das nachwirkt, bis eine deplatziert wirkende Aussage des
Richters zur Sitzordnung nach der Pause, in den einfachen ebenerdigen Raum zurückholt. »Zeugen sitzen
unten im Saal.« Als ob es einen relevanten Höhenunterschied im Sitzungssaal gibt. Dieser Höhenunterschied
ist wohl doch nicht zu kassieren durch einen Neubau.
Die Beiordnung der Frau RAin G. kann nun endlich
stattfinden, und in der Pause werden die notwendigen
Scherze dazu gemacht worden sein von uns Unbeteilig-
ten. Auch das Alter des Angeklagten wird für die Zu-
spätkommenden jetzt nach der Pause endlich auch uns
klargestellt: 45 – das hätte man bei dem Jungengesicht
nicht erwartet. Es wird durch seine ehemalige Schul-
freundin offenbar, die von dieser Altersparallele am liebsten nichts mehr wissen will. Sie wird bereits in den harmlosen Eröffnungsfragen, die so gar nicht zeigen, wo die

Reise hingeht, gefangen bleiben. Wer nennt schon »Ritual«, was bloß ein wöchentlicher Jugendtreff ist? Nichts wird dieses ehemalige Zuhausebild stolpern lassen. Es ist nur die Zeugin, die stolpert, sie wird mich hier mitnehmen, denn auch neben sie hat sich die Gewalt gepflanzt. Es ist nur die Zeugin, die so langsam über ihre Worte stolpert, dass man sie fast nicht mitbekommt. Es ist, als warte sie immer ihre eigenen Worte ab, und manchmal kommen sie auch nicht. Das Wohlhabende muss man auch mal beim Namen nennen, nur wie macht man es richtig? Die räumliche Absetzung vom Rest der Familie. »Als ob er die Pubertät übersprungen hätte.« Das brave Aussehen, sein Golfspiel, seine Hemden und Pullis. Er sei Helge-Schneider-Fan gewesen – und ABBA. Auch hier wird mit Fragen gelenkt. »Mit den Eltern halt nach Frankreich.« Das lange Schweigen der Zeugin, ob er eitel gewesen sei. Eher penibel. Ehrlichkeit kann sie gar nicht einordnen. »In dem Alter waren alle für mich ehrlich.« Woraufhin der Richter sagt: »Ich versuche, mal offen zu fragen.«

Schon wieder war einer fünfzehn Jahre tätig. Schon wieder ein Tatzeitraum, der kaum abzustecken ist. Schon wieder die Frage, wie lange es dauert, bis so ein Verbrechen aufgedeckt wird. Schon wieder steckt ein Monster in einem Menschen drin, das bekommt man nicht mehr raus wie in einem Marvel-Film. Wen will ich hier verstehen? Die Staatsanwaltschaft, die Verteidigung, den Richter – etwa die Nebenklage? Am ehesten meine Begleitung. Ein Gerichtsmontag in Köln. Es dient der Aufklärung, sicher, von meiner Seite kann Aufklärung nur bedeuten, einen anderen gesellschaftlichen Umgang mit sexueller Gewalt zu fordern. Das fängt an damit, aufzuhören zu fordern, dass ein Opfer endlich geheilt sein muss von dem Trauma (weil wir im Prinzip nichts mehr davon hören wollen), und geht weiter damit, Kinder zu schützen, die dem in steigendem Maß[24] ausgesetzt sind, oder Institutionen, Vereine, aber auch Gerichte zu unterstützen, die damit umgehen. Schließlich gibt es nicht ausreichend Staatsanwaltschaften, die sich damit beschäftigen können, wie Christina Clemm[25] schreibt.

Ich weiß, Sie würden jetzt gerne was anderes hören.

Die drei Affen sind manchmal Tiere

Die drei Affen sitzen vor mir. Sie warten. Worauf warten Sie? Dass ich etwas mache? Sie beziehen sich immer noch nicht auf sich. Sie vollziehen ihre abwehrenden Gesten mir gegenüber oder aber dem Panorama, das sich hinter mir bietet, das, was die Geräuschkulisse verrät. Einer hält sich vor Schreck den Mund zu. Der andere möchte nicht hinsehen. Der dritte weiß sich nicht anders zu helfen, als sich die Ohren zuzuhalten. Sie erblicken nicht den Zusammenhang, in dem sie selbst stecken, weil sie nach vorne ausgerichtet sind. An einer Perlenschnur aufgereiht. Sie nehmen nicht wahr, dass links von ihnen der Kollege sitzt, der sich die Augen zuhält, und rechts von ihm der, der sich den Mund zuhält. Immer noch warten sie. Vermutlich, dass es von alleine aufhört. Dass sich die Szene wieder klärt. Dass die Katastrophe vorübergeht, »verfliegt«, die sie hinter mir registrieren, oder eben nicht. Vermutlich wäre es gut, wenn ich mich umdrehte. Ja, das wäre es. Aber ich mache das ja auch nicht, ich bleibe auf die drei fixiert. Habe ich mich jemals umgedreht im übertragenen Sinn, muss ich mich fragen. Immer lese ich nur aus ihren Mienen ab, was sich abspielt. Es muss schlimm zugehen hinter mir.

Wie ist es eigentlich gedacht – sind sie ein Gegenüber oder doch mehr mein Spiegelbild? Blicke ich in mein Gesicht, wenn ich sie ansehe? Tiere haben keine Gesichter, heißt es. Aber streng genommen sind das keine Tiere, sie sind ja eine Metapher, stehen für etwas bei uns, und sie sind eine Spezies der politischen Zoologie. Es handelt sich dabei um eine kleine Version ihrer Gattung. Eine, die nicht alleine aus Asien kommt, sie kommt aus Afrika, aus Lateinamerika. Der globale Süden. Es mag sie zwar auch im Norden geben, in Japan oder in Kärnten bei Landskron, meist in Zoos, auf einem Gelände wie dem Affenpark, dem ich familiär seit kurzer Zeit verbunden bin. Es handelt sich um ein touristisches Projekt in Zusammenarbeit mit der Universität, das japanische Makaken zum Gegenstand hat und eine starke Attraktivität aufweist – im Sommer besuchen unglaublicherweise bis zu 1800 Menschen »aus aller Welt« pro Tag das Areal mit den rund 200 Affen. Popkulturell wissen wir zwar, diese Affen kommen in Wirklichkeit vielleicht von einem anderen Planeten, wo sie das Sagen haben, aber das vergessen wir immer gerne. Gelernt haben wir, dass sie trotz unklarer Herkunft doch Symbol des Kolonialismus sein können, des Beherrschtwerdens, der Unzugehörigkeit, wie uns Kafkas »Bericht an eine Akademie« eindrücklich nahebringt. Es gibt aber auch den Affen an der Schreibmaschine, der irgendwann die Bibel schreiben wird und so ein Symbol für äußerste Zufälligkeit oder Unwahrscheinlichkeit dieser Welt ist.

Dieses Bild der Affen ist sicherlich in der Tradition kultureller Aneignungsgesten zu verorten. Für meine Großmutter hat sich der Kauf der Affenskulptur mit einer Geste der Emanzipation verbunden. Endlich konnte sie reisen. Endlich konnte sie die Welt sehen, die ihr durch zwei Kriege, Flucht und Vertreibung und die Krankheit eines Ehemanns vorenthalten wurde. Sie leistete sich als Sechzigjährige diverse Reisen, nach Mexiko, in die Türkei, vielleicht auch nach Asien. Danach saßen die Affen auf dem Regal und »sahen« mich an. Schon wieder ich. Wer bin ich? Jemand, der glaubt, dass sie mich meinen. Also äußerst vermessen, typisch für die jüngeren Generationen. Aber das Verhältnis von uns mitteleuropäischen Menschen zur Tierwelt ist ohnehin allgemein bescheiden. Hauptsächlich essen wir sie. Oder wir verscheuchen sie. Natürlich gibt es jede Menge Romantik und Haustiergewohnheiten, und die drei Affen würden wir natürlich nie essen. Sie gehören zu den Botschaftertieren neben dem Löwen, dem Tiger, dem Eisbären, dem Pinguin. Sie sind Symbole der Vielfalt der Natur, die es zu erhalten gilt. In Fabeln tauchen sie auch auf, um uns etwas zu erklären, Weisheiten zu überliefern. Bedeuten das zutiefst Menschliche, kostümiert als Tier. Kein allgemeinerer Mensch als ein Affe.

Maxi Obexer hat einen Essay[26] über unser Verhältnis zum Tier geschrieben, gekennzeichnet von der plötzlichen Trennung. Der Schnitt, der durch die tiefe Verbindung von Mensch und Tier immer wieder vom

Menschen her vollzogen wird. Ich teile nicht die Tierkenntnis dieser Schriftstellerin, aber ich weiß, sie liegt richtig. Wir trennen uns mühsam ab von ihnen, und das verursacht emotionale Kosten, die wir nicht recht einschätzen können. Ich hatte vor ihnen schon als Kind ab einem gewissen Alter Angst und hielt Abstand. Sie schienen mir unberechenbar. Nie wusste ich, was sie machen werden. Alles an ihnen war plötzlich. Sie bellten plötzlich, schossen plötzlich ums Eck, sie kratzten mich oder sprangen an mir hoch, sie bissen. Sie unterbrachen mein Leben ständig, ich musste die Straßenseite wechseln bei den Hunden, ich musste Abstand halten bei den Pferden und auch Katzen, Abstand auch bei gewissen Fischen, nur der Fuchs, der mir in Neukölln im Hof und auf der Straße begegnete, wusste selbst Abstand zu halten. Geduckt huschte er vorbei. Viele Tiere interessieren sich für die Angst der Menschen, sie halten sie für Aggression. Und vielleicht ist da auch was dran.

In der Fabel stellen Tiere eine potenziell negative Eigenschaft des Menschen heraus, mit der man es nicht übertreiben soll. Gerissenheit, Gier, Geiz. Affen sind vermutlich die etwas Bewusstlosen, die keinen Überblick haben, sondern immer in der Situation sind, die reine Gegenwart. Sie erzählen uns am besten, wer wir sind. Man könnte aber auch sagen, die drei Affen sehen längst über uns hinaus.

Das Schneckentempo

Diesmal ist es ein anderes Publikum. Was heißt Publikum, bei einem Prozess gibt es kein Publikum, es gibt Prozessbeobachtung. Diese Menschen wirken aber dennoch mehr wie ein Publikum, das dann an der Glasscheibe stehen und die Finger in Herzchenform anordnen wird, ein Zeichen der Solidarität mit den Angeklagten, ihre Anhängerschaft denen gegenüber bezeugend, die mit festem Griff von Gerichtswachtmeistern hereingeführt werden, aber sich zu einem Victory-Zeichen in der Lage sehen. Dieses Mal gibt es für mich keine Gesprächspartner:innen, mit denen ich mich in den Prozesspausen austauschen könnte, sondern Menschen, vor denen man sich in Acht nehmen muss. Das wird mir schon in der Warteschlange vor dem Eingang des Gerichts klargemacht. Als ich nach langer Odyssee in dieser Außenstelle der Frankfurter Justiz in Sossenheim ankomme und mich in die lange Warteschlange einreihe, denke ich noch, es wären einfach Neugierige, Schaulustige und Interessierte, die hier zusammengekommen sind, und beginne ein argloses Gespräch, bei dem bald der »gewöhnliche« Alltagsrassismus durchbricht. »Die faulen Ausländer leben nur von unseren Sozialleistungen«, diese Auskunft wird mir erteilt, und bald vernehme ich einen deutlich aggressiveren Tonfall, der sich als endlich auszusprechende Wahrheit gibt:

»Die müssen abgeschoben werden.« Das alles mündet schließlich in »gewöhnlichen« Antisemitismus und Elitenkritik: »Die da oben wollen den Staat zersetzen – sie wollen ihrem eigenen Land schaden, indem sie in Massen diese Leute hereinlassen.«

Hier ist plötzlich alles vereint und in wenigen Worten unterzubringen, was anderswo derzeit die Lager trennt. »Gewöhnliche« AfD-Positionen, könnte man sagen, die keine Widerrede dulden. Insofern werde ich gleich als »Grüne« beschimpft, als gäbe es kein anderes politisches Gegenüber mehr. Allerdings, wird gleich nachgeschoben, würde ich hier eine Mindermeinung vertreten, ein juristischer Begriff, der ironisch von einer Volljuristin vorgebracht wird.

Es stehen hier gut ausgebildete, privilegierte, als biodeutsch lesbare Menschen mit mir in der Schlange, die Frankfurter Skyline im Hintergrund, zwischen Zollamt und Starkstrommasten, zwischen grüner Wiese und Gewerbegebiet, wo man in drei Wochen eine Leichtbauhalle als Außenstelle des Oberlandesgerichts Frankfurt hingestellt hat, verkehrstechnisch kaum noch angebunden an etwas wie eine Stadt. Den großen Metallbau hat man mit Filzplanen verkleidet, was dem Ganzen einen Eindruck von Festigkeit verleiht. Und so sinke ich immer wieder in den Stoff ein, wenn ich mich anlehnen möchte oder kurz abstütze, das Gebäude gibt sozusagen stets unerwartet nach. Sprechend für ein gerichtliches Verfahren, das sich einer fortgesetzten Attacke von über zwanzig Verteidiger:innen ausgesetzt sehen wird?

Was normal für jeden Prozess ist, wird hier zum Risiko des absoluten Stillstands durch die schlichte Anzahl der Positionen. Erwartbar ist, dass die Verteidigung ein Verfahren auf seine Rechtmäßigkeit hin prüft. Befangenheit des richterlichen Senats, Medienvorverurteilung und Verfahrensfehler könnten ja durchaus vorkommen, aber hier wird in den ersten Verhandlungstagen der Eindruck entstehen, es gehe gar nichts mehr voran. Und so wird auch in den medialen Berichten von einem »Mammutverfahren im Schneckentempo«[27] zu lesen sein oder vom »holprigen« Start[28], und damit ist nicht nur der lange Soundcheck zu Beginn des ersten Prozesstages gemeint, die stetig wiederholte Frage des Richters, ob er gut zu hören sei, als wäre dieser Umstand besonders in Zweifel zu ziehen.

Gerade akustisch handelt es sich um einen merkwürdigen Ort. Trotz des visuellen Transparenzeindrucks gibt es eine akustische Barriere im Raum, schon allein dadurch, dass der einzig massive bauliche Bestandteil das Fenster ist, das Verhandlungssaal und Zuschauerbereich trennt. Das erzeuge, so wird eine Studentin später bemerken, ein irreales Filmgefühl, denn alles, was wir aus der Verhandlung hören können, verdanken wir der akustischen Anlage, die die Räume verbindet. Es sind unausgesteuerte Mikrofonstimmen, die immer wieder vom Sound der einsetzenden Klimaanlage unterbrochen werden. Auf unserer Seite sind dazu anfangs noch die leisen Gespräche der Medienvertreter und Prozessbesucher wahrzunehmen, als wollten sie nicht, dass man ihnen etwas weghörte. Aber es gibt immerhin ein Flüstern, das plötzlich ersterben kann. Was in dem Augenblick, in dem die Angeklagten hereingebracht werden, auch ganz eindrucksvoll geschieht.

Jetzt erscheinen also die vermeintlichen Putschisten, der F., der von P., der W., auch so ein Militärtyp, und der H., der arme Prinz mit seiner russischen Ballerina, und die F.-J., und die Ex-AfD-Abgeordnete. Und der Maximilian Eder, auf den sich hier einige Journalisten nahezu gefreut haben. Ehemaliger Oberst und ein illustrer Typ, gerade noch in München vor Gericht wegen Trunkenheit am Steuer verurteilt, nach einer Verfolgungsjagd mit der Polizei, der das langsame Tempo des Fahrers aufgefallen war. Eder habe sich im betrunkenen Zustand auf dem Weg zu einer Dame befunden, die sich auf Satanismus und Pädophilie spezialisiert hat, werden wir erfahren, ein Umstand, den die Verteidigung dem Gericht vorwerfen wird: Zwei Taten in einer Einheit, die nun doppelt geahndet werden, das gehe nicht. Das, was dem ehemaligen Angehörigen der Bundeswehr aber am peinlichsten sein wird, ist die Offenlegung seiner Kontoauszüge. Zumindest ist es der Moment, in dem ich ihn auf seinem Sessel zusammensinken sehe, den Kopf in den Händen verborgen. Ist die Nennung und

Projektion von Kontoauszügen, von Schuldensummen und Gläubigerbanken vielleicht das, was noch Scham in ihm auslösen kann? Die Banalität einer finanziellen Existenz kann hier eben noch peinlicher sein als seine Suche nach den »Dumps«, dem Tunnelsystem im Dreiländereck unter der Schweiz, Österreich und Deutschland, mutmaßlich gebaut von einer Machtelite, für dessen Aufdeckung er immerhin um die hunderttausend Euro einem vermutlich kriminellen Schweizer Brüderpaar gegeben hat. Diese »Dumps« gehören zur deutschen Version des QAnon-Glaubens, der zur Absurdität in diesem Verfahren erheblich beiträgt.

Es ist genau diese Absurdität, mit der man es kaum aufnehmen kann, der Aberwitz dieses Glaubenssystems im Moment seiner sozialen Umsetzung. Sichtbar wird sie auch in der Kleinteiligkeit eines geplanten Umsturzes, die das Verlesen der Anklageschrift zu einem körperlichen Martyrium machen wird. An welcher Tankstelle, auf welchem Supermarktparkplatz, in welchem Wäldchen man sich getroffen hat, um Satellitentelefone zu übergeben oder militärische Rekrutierungsversuche zu besprechen oder sich konspirativ mit den »Vereinten Patrioten« zu treffen, bis man sich in den »vorläufigen Gefechtsstand« begeben hat: Dass der Bundesanwalt das alles in einem merkwürdigen Singsang verlesen wird, verleiht dem Ganzen nicht unbedingt die notwendige Erdung.

Die Bundesanwaltschaft wird in diesen ersten langen Prozesstagen nicht viele Anstrengungen unternehmen, den Attacken der Verteidigung etwas entgegenzusetzen. Ihre Vertreter wirken sehr lässig, als seien sie sich sehr sicher, dass ihre Anklageschrift standhält. Dies sehen so manche Journalist:innen, mit denen ich spreche, anders, schließlich ist schon die Aufspaltung des Prinz-Reuß-Komplexes in drei Verfahren in Stuttgart, München und Frankfurt ein juristisches Risiko.

Draußen wurde eben noch vor Prozessbeginn die ironische Bezeichnung »Rollator-Terroristen« aufgegriffen bei jener kleinen Demonstration einer Antifa-Gruppierung, die den von der AfD geprägten Begriff zurückwies. Offenbar ist auch den Protestierenden klar, dass man hier stets die richtige Mischung an Aberwitz und Schrecken zusammenbringen muss, um sich nicht auf die Bagatellisierungsnummer der Angeklagten und ihrer Sympathisanten einzulassen. Eine Herausforderung, die dann den Basso continuo aller Gespräche ausmachen wird jenseits der Szene, die auch erschienen ist. Im Publikum lassen sich nun nach und nach Pforzheimer Corona-Protestler ausmachen, Demokratischer Widerstand und Basis-Partei, neben AfD, junge Reichsbürgerinnen und Studierende, die jedes Wort mitschreiben und sagen, dass sie mit niemandem reden dürften, das sei der Auftrag aus der Frankfurter Uni. Andere wollen andauernd mit einem reden, weil sie Überzeugungswillige wittern, und man selbst möchte nur noch Abstand.

Immer wieder habe ich damit zu kämpfen, dass Schärfe und Ironie von der falschen Seite kommen, als wäre die kritische Energie der Gesellschaft falsch gelenkt, als diente der Witz nur noch denen, die die freiheitliche Grundordnung in Frage stellen. Da ich dabei fortgesetzt über die Tatsache stolpere, dass es sich um Menschen aus der Mitte handelt, Volljuristen und Lehrer, ein ausgebildeter Musiker, der nun als Szenegröße gilt, frage ich mich mehr und mehr: Was habe ich da nicht kapiert? Es beginnt ein fortwährendes Abscannen der Besucher:innen. Ist der oder die auch Reichsbürger:in? Auch das Äußere hilft mir nicht bei der Einordnung, die Menschen wirken wie Durchschnittsbürger aus dem C&A-Katalog mit ein bisschen Alternativ-Touch. Das ist erschreckend, es ist die körperliche Übersetzung der kommenden Wahlergebnisse.

Mir wird hier drinnen klar, dass ich auch außerhalb des Gerichts öfter, als mir lieb ist, solchen Menschen gegenübersitze und mich sicher wähne. Ein Mythos zu sagen, es seien nur die sozialen Verlierer, die Deklassierten, die diesem Glauben anhängen. Ein Mythos zu sagen, diese Menschen seien harmlos, einfach esoterisch Verwirrte, denn sie sähen ja so normal aus, keine Schlägertypen. Aber auch ein Mythos zu glauben, dass sie sich untereinander einig sind oder einen klaren Verbund bilden. Es sind Leute, die zu den unglaublichsten Allianzen bereit sind, was etwas erzählen könnte über den Zustand unserer Gesellschaft, aber vielleicht liegt darin auch eine historische Tradition: Esoterik und Rechts-radikalismus gingen immer schon Hand in Hand. Bevor ich Erklärungsversuche bündeln kann und mit Pandemie, wachsender Ungleichheit, der Stadt-Land-Kluft, Ost und West, Triggerpunkten und der Relativierung von Wahrheitsansprüchen beginne oder mit dem Frust derer, die meinen, an Bedeutung verloren zu haben, wandert die Aufmerksamkeit wieder zu den Angeklagten.

Da sitzt er nun, der Maximilian Eder mit seinen langen grauen Haaren, nach Hungerstreik im Knast abgemagert, der Exoberst aus Freilassing, meinem ehemaligen Nachbarort, ein Versuch einer Jesusfigur ohne Halt, der mit seiner militärischen Eliteeinheit als Erstes die Polizisten von der Straße »wegräumen« wollte, wie er auf einer Protestkundgebung versprach.[29] Es heißt, er habe die KSK mit aufgebaut, die laut Martina Renner, Bundestagsabgeordnete der Linken, erfahren im Thema Rechtsextremismus, eine wichtige Rolle spielt, immer wieder ließen sich Bezüge zu dieser Eliteeinheit herstellen.[30] Ja, »Rollator-Terroristen« sehen wahrlich anders aus, auch nicht so wie die beiden jungen Frauen, die mit auf der Anklagebank sitzen, oder die Abgeordnete der AfD, eine ehemalige Richterin. Sie beschäftigte im Bundestag fest eine Astrologin, wohl ein anderes politisches Tagesgeschäft als das der anderen Abgeordneten, werde ich im Lauf des Prozesses erfahren. Zu ihrem gehörte auch, dass sie vermeintliche Kampfgenoss:innen bereits im Sommer 2021 durch die Keller des Bundestages geführt hat, Unterirdisches auch hier.

Ich werde noch nicht oft da gewesen sein, zweimal, dreimal, als ich erste Ermüdungserscheinungen bemerke. Aber eigentlich verstehe ich schon am ersten Tag, dass es unglaublich herausfordernd werden wird, eine körperliche Tortur, in diesem klimatisierten Raum zu sitzen und die Verschiebungstaktiken der zahlreichen Verteidiger mitzuverfolgen, die aufgrund der Anklage gegen eine terroristische Vereinigung jederzeit das Recht haben, sich zu Wort zu melden, und dies auch machen, indem sie den Richter unterbrechen. Das ist emotional anstrengend. Es so zu empfinden ist zugegeben parteiisch, wenn auch auf andere Weise als sonst in einem Verhandlungssaal üblich. Ich möchte etwas erfahren, ich möchte Auskunft, wer diese Menschen sind und was sie vorhatten, ich möchte aus der Absurdität der Geschichte raus und deren Schwerkraft spüren. Ich möchte als schreibende Person wahrnehmen, dass die Story weitergeht.

Aber sie geht nicht weiter. Sie bleibt stecken, verfängt sich im juristischen Hickhack über die Digitalisierung polizeilicher Aussagegenehmigungen für Beamte, in Fragen nach dem Löffel für den Joghurt der Angeklagten oder dem Verbleib der Akten für die Angeklagten, die einem das Gefühl geben, ja, auch im Gericht läuft es nicht mehr perfekt, auch hier fehlen Mitarbeitende, auch hier schafft der Leserichter seine Arbeit nicht mehr, und die IT-Technik auch nicht. Oder wollen sie es gar nicht?

Warum bin ich hierhergekommen? Nicht etwa als Touristin illustrer QAnon-Gedankenwelten. »Ich möchte etwas über den Umgang unserer Gesellschaft mit diesem Reichsbürgerkomplex erfahren. Wie geht das Gericht damit um?« Das habe ich zumindest den Studierenden erklärt, die sich mir anschließen werden, um den Prozess zu besuchen. Und jetzt sitze ich da, mir die Augen reibend, was auch an der schlechten Luft im Raum liegt trotz Klimaanlage. Diese ist just über den Angeklagten und der Bundesanwaltschaft angebracht und pumpt kalte Luft nach unten, was vermutlich Erkältungserscheinungen hervorrufen wird, immerhin auf beiden Seiten gleichermaßen. Es sind die unsäglich langsamen Mühlen der Justiz, denen ich hier begegne, weil das Gericht aufgehalten werden soll, weil das Gericht gestoppt werden soll, von den über zwanzig Verteidiger:innen, die den Prozess mal als den größten Missbrauch der Rechtspflege bezeichnen, mal schlicht als Irrtum, was von den Sympathisanten der Angeklagten um mich herum nur zu gerne aufgenommen wird. Von der Verächtlichmachung des Gerichts – »Much Ado About Nothing«, »Usurpierung der Rechtspflege« – geht es wieder einmal schnell weiter zum verrotteten System des demokratischen Parteienstaats und »Gott sei Dank gibt es das Internet!« bis zu den Eliten, denen da oben, die die deutsche Bevölkerung schwächen wollen.

Ich höre das Klicken des AfD-Kugelschreibers neben mir, zischelnde Bemerkungen, höhnisches Gelächter, wie um die Autorität des Richters in Frage zu stellen, der sehr moderierend auftritt, was ich lange absolut bewundere. Wie kann er diese Ruhe bewahren? Das Gericht wird hier vorgeführt, sage ich mir allerdings bald schon, der Richter könnte doch mal auf den Tisch hauen, aber er macht es nicht, was vermutlich klug ist. Es wirkt nahezu buddhistisch gelassen auf mich, wie er jede Anfrage zulässt und Unterbrechungen nur selten mit dem Satz »Lassen Sie mich meinen Satz zu Ende führen« freundlich abwehrt. Ja, wie kann man dieser Situation begegnen als Richter, als Journalistin oder Schriftstellerin?

In der gerichtlichen Langeweile ist die Verlockung groß, sich einfach lustig zu machen über diese illustre Verschwörung mit privaten Rachelisten wie die von Prinz Reuss, der laut eines Berichts in der SZ im Frankfurter Finanzamt sich »jeden einzelnen Mitarbeiter vornehmen« wollte, weil durch seine Weigerung, die Rundfunkgebühren zu bezahlen, ein Schufa-Eintrag entstanden sei.[31] Oder über den laut Anklageschrift erstellten Bittbrief an Putin, angeblich Teil jener Allianz mit Erdoğan und Trump, mit der dann die BRD beendet werden sollte. Hier bleibt einem das Lachen in der Kehle stecken, es wäre zu oft ein Mitlachen mit der Anhängerschaft, die darin wiederum ein Werkzeug zur Verächtlichmachung der Justiz entdeckt. Ein Freund wird mich später an ein Hitlerzitat erinnern, aus einer Rede von 1942: »Sie haben mich immer als Propheten ausgelacht. Von denen, die damals lachten, lachen heute Unzählige nicht mehr, und die jetzt noch lachen, werden es vielleicht in einiger Zeit auch nicht mehr tun.«

Hier aber überlegt eine Journalistin pragmatisch, als würde sie noch auf festem Boden stehen, wie sie das Ganze ihrer zehnjährigen Tochter erklären kann. »Die wollten einen Staatsstreich machen und haben einen Brief an Putin geschickt.« Und, hat Putin geantwortet?, habe ihre Tochter gefragt. Man weiß es nicht so genau, vieles weiß ich nicht genau. Was ist los in diesem Land, muss man immer und überall mit zwanzig Prozent Rechtsradikalen und Verrückten rechnen? Sobald es um Wahlergebnisse geht, mag man sich wegen der hohen Zahl der Nichtwähler:innen bei der Europawahl noch beruhigen wollen. Dennoch sieht das Ergebnis bescheiden aus, vor allem in einer Darstellung der Wahlkreise, wie sie im *Spiegel* zu sehen war: Deutschland ist demnach schwarzblau mit kleinen grünen Einsprengseln – das sind die Städte. Rechts oder rechtsradikal zu sein ist demnach eine überwältigende Mehrheitseinstellung, zumindest bei den Leuten, die zur Wahl gegangen sind, jedenfalls keine Linke, wohin man blickt. Sehr viele Menschen in diesem Land, so liest man immer wieder, haben zudem kein Problem mit rechtsextremen Positionen.[32]

Die werden sich bald zerstreiten, ist eine weitere oft gehörte Beruhigungsformel. Auch hier, beim Reichsbürgerprozess, ist sie in ironischem Tonfall zu hören: Die hätten jetzt losschlagen müssen, weil sie sich sonst verkracht hätten. Und natürlich frage ich mich, wieso Heilpraktikerinnen und Esoteriker mit Rechtsradikalen und Hooligans und diese dann mit Reichsbürger:innen zusammenkommen. Wieso gehen die solche Allianzen ein? Sind es die altbewährten Verbindungen, der Reinheitsgedanke, das Zurückschrecken vor den Herausforderungen der Moderne, sind es die ständigen Angsterzählungen und Ohnmachtserfahrungen, das Bedürfnis, sich wieder als handelnd zu erfahren?

Ich kann das Buch *Gekränkte Freiheit*[33] über »libertäre Autoritäre« von Carolin Amlinger und Oliver Nachtwey konsultieren, in dem diese merkwürdige Mischung von kritischem Bewusstsein und autoritärem Begehren ergründet wird, und werde auf Prozesse der Radikalisierung stoßen. Wie jemand einsteigt, weil es einen Anfangsverdacht gibt, und dann immer weiterrecherchiert und sich schließlich in einem geschlossenen Weltbild verliert. Zygmunt Baumans Buch *Retrotopia*[34] wird mir die größere zeitgeschichtliche Dimension klarmachen, und eine medienkritische Betrachtung könnte mich über Algorithmen, Social-Media-Blasen und Trollfabriken aufklären. Aber das wissen wir eigentlich schon alles, und es wissen auch die, über die gesprochen wird, und sie machen es sich zunutze. Muss ich davon ausgehen, dass Menschen, denen so viele technische Hilfsmittel zur Verfügung stehen, sich ihres Verstandes nicht mehr bedienen wollen und nur noch dem Affekt hinterherlaufen? Um irgendwann einfach loszuschlagen gegen eine vermeintliche Verschwörung der Eliten, und das mit unbändiger Energie?

Natürlich gibt es eine Verschwörung der Eliten, aber nicht so, wie die sich das vorstellen. Nicht als Zusammenkunft hinter verschlossenen Türen, sondern ganz offen, bürokratisch genau. Es gibt gesellschaftlich keine entscheidende Gegenkraft mehr, das linke Projekt versandet oder wendet sich nationalistischen Tendenzen zu. Es hinterlässt eine gefährlich große Lücke. Gerade die Sozialdemokratie hat die Frage nach sozialer Teilhabe immer mehr in den Hintergrund treten lassen und die übersehen, die massenhaft in die Prekarisierung gingen. Die großen politökonomischen Dynamiken von Finanzkrise bis Inflation und Kriegswirtschaft haben viele Menschen zu Verlierern gemacht. Und es verwundert aus einer sozialen Perspektive nicht, dass ausgerechnet der Mittelstand, der immer mehr zur Kasse gebeten wird, abdreht. Vielleicht liegt tatsächlich eine Wahrheit in dieser Scham wegen der Kontoauszüge vor Gericht? Alles ein Teil der Erklärung, aber eben auch nicht mehr.

Ich werde an den Punkt kommen, verstehen zu wollen, warum die so sind, wie sie sind, was ihre Perspektive ist. Und so werde ich im Flur vor dem Gerichtssaal einen besonders verschwörungsaffinen Verteidiger ansprechen. Der wird zurückzucken, ja zurückspringen, als erwarte er einen feindlichen Angriff, wird sich dann aber fangen und freundlich sagen, dass er nicht mit mir rede, wenn ich von der Systempresse komme. Seinen Antrag vom ersten Prozesstag habe er auf dem Portal von Alexander Wallasch[35] publiziert, das könne ich nachlesen, er werde sich vor Gericht auch länger nicht einlassen, was seine Mandantin angeht. Ich frage mich, wie ich mit so jemandem überhaupt reden könnte. Das machen ja Journalist:innen durchaus, warum nicht auch ich? Aber bei diesem spontanen Wortwechsel wird mir klar, dass ein solches Gespräch für meine Arbeit unbrauchbar ist, ich bin im Austausch porös, arbeite mit Offenheit, einem Hineindenken, was hier gleichermaßen gefährlich wie absurd wäre. Dazu braucht es auch etwas Offenheit von meinem Gegenüber, der allerdings in einem geschlossenen Weltbild gefangen ist, wie mir die Lektüre seines Artikels zeigen wird. Und was passiert mit mir, wenn ich mich in so ein Gedankengebäude hineinbegebe? Man sagt, jeder und jede ist anfällig, hat irgendein Thema, das ein Türöffner sein könnte. Nein, das Gespräch fände wohl schon bald ein Ende. Besser höre ich weiter den Anträgen der Verteidigung zu.

Ja, was haben wir mittlerweile für Anträge gehört: zur Nichtverlesung der Anklage, zur Unterbrechung eines Prozesses, der noch nicht begonnen hat, zur Verifizierung der »Dumps«. Aber auch solche, die durchaus sinnvoll erscheinen: Wieso wird nicht protokolliert? Dies sei kein Prozess, bei dem es auf die wortgetreue Wiedergabe ankommt, und vor allem keiner, der für kommende Generationen von Bedeutung wäre, so die Begründung des Richters. Letzteres wollen gerade jene Sitznachbarn nicht akzeptieren, die den Prozess vorhin noch als eine Schnapsidee bezeichnet haben.

Eine Journalistin gibt mir zu verstehen, dass sie sich nicht wundern würde, wenn ich nicht wiederkäme, es sei zu mühsam, der Prozess stagniere doch sehr. Immer mal wieder erscheint ein Polizeizeuge, um auszusagen, später wird es zu ein paar persönlichen Einlassungen der Angeklagten kommen, aber die Schwerkraft des Prozesses wird sich vor diesem Sommer nicht zeigen.

Auch wenn es hier nicht um die Gerichtsöffentlichkeit geht: Ein Gericht, das gezwungen wird, sich zu lange mit sich selbst zu beschäftigten, erzeugt einen nervösen Zustand. Nicht auszumalen, was passiert, wenn diese Sache platzt.

Etwas ratlos begebe ich mich in die Mittagspause. Der einzige kulinarische Ort ist einen halben Kilometer entfernt: ein überdimensionierter Rewe, der alles hat, sogar Gänge, in denen man sich verlaufen kann. Zwischen Gewerbegebiet und Burger King wirkt der große Supermarkt merkwürdig deplatziert. Und so auch diese Menschen, das Prozesspublikum, die Journalist:innen und Beteiligten, die herumlaufen, als wären sie hier falsch abgesetzt worden, als wären sie nicht wirklich auf der Suche nach Essbarem. Es ist, als könnte man dort nichts Brauchbares finden. Sie werden vermutlich weniger werden, schon nach drei Tagen wird es aussehen wie immer in dieser Gegend um diese Zeit: relativ leer.

Hanau besuchen

Die Schule heißt jetzt Walter-Lübcke-Schule, die Straße heißt nicht Halit-Straße. Sie bleibt die Holländische. Einiges andere bleibt auch. Der Vater des Hanauer Täters bleibt unterwegs in der Stadt und belästigt Angehörige der Opfer. Die Polizeibeamten bleiben rassistisch, sagt sie, auch wenn sie diverser aufgestellt sind. Auch Migrant:innen können rassistisch sein. Sie habe auf einer Polizei-Schulung gesprochen und die Polizeivermerke nach dem Mord an Enver Şimşek gezeigt, deren Angehörige sie vertreten hat im NSU-Prozess. »Lest euch das selber durch und denkt selber nach. Ist das so in Ordnung?« Sie wird nicht mehr eingeladen werden, davon geht sie aus. Die Anwältin Seda Başay-Yıldız sitzt mit mir gemeinsam auf einer Bühne in Hanau und erzählt von dem weiterlaufenden rassistischen Umgang der staatlichen Institutionen und Organe mit Angehörigen von rassistischen Anschlägen.[36] Die Waffenbehörde hat nicht nachgehakt bei dem Täter von Hanau, hätte das aber sehr wohl, wenn dessen Vorname Ali gewesen wäre. Gegen den Vater des Täters sei nicht ermittelt worden, wohl aber gegen die Familien der sogenannten »Döner-Morde«, eine Bezeichnung, die der Entmenschlichung Ausdruck verleiht, die in der Ermittlung vor sich ging. Sie ist klar, und sie spricht mit Nachdruck. Ihr wünscht man ein politisches Amt. Im Publikum sitzt die Theaterregisseurin und Autorin Marie Schwesinger, die Seda Başay-Yıldız gut kennt. Sie hat den NSU 2.0 Prozess begleitet, einen Prozess gegen den Verfasser heftiger Drohmails an diverse Personen des öffentlichen Lebens, so auch an Seda Başay-Yıldız. In ihm wurde die Verwicklung der Polizei in die Bedrohungslage für die Anwältin leider etwas nebenbei untersucht und letztendlich wieder ein Einzeltäter verurteilt, der gar nicht allein an die Informationen, die Adressen gekommen wäre. Auch die polizeiliche Chatgruppe »Itiotentreff« hat für das Urteil keine Rolle gespielt. Es ist die gute alte Konstablerwache, aus der die Privatadresse der Rechtsanwältin abgerufen wurde. Und trotz dieses Urteils steht Seda Başay-Yıldız noch unter Polizeischutz. Warum, fragt sie zu Recht, wenn es doch nur ein Einzeltäter war.

Später werde ich mir Schwesingers Podcast *Rechtsextreme vor Gericht*[37] auf Deutschlandfunk Kultur anhören, der von drei gegenwärtigen Prozessen gegen Rechtsextreme erzählt. Den gegen den Mörder von Walter Lüb-

cke, den gegen Franco A. und den gegen jenen Täter
des NSU 2.0. Schwesinger beginnt mit Lübcke, nennt
Tatvarianten. Sie erklärt das Gericht. Wer wo sitzt, das
Landeswappen, die durchgehende Glasscheibe, die den
Saal trennt. Und wie ein Gerichtsbesuch so läuft. Es ist
ganz einfach. Sie visualisiert. Sie hat sehr viel Zeit in diesem einen Frankfurter Gerichtssaal 165c verbracht, ein
bis zwei Jahre. Ihr Podcast und auch ihr Theaterstück
Werwolfkommandos[38] von 2022 sind angestoßen worden
von der Frage, ob sich die Geschichte gerade wiederholt. So werden hier historische Parallelen vom Mord
an Walter Lübcke zum Mord an Walther Rathenau
gezogen, sie sind auch offensichtlich. 100 Jahre liegen
zwischen der »Organisation Consul« aus jener Zeit und
dem gegenwärtigen Geschehen. Schwesinger wird mit
einem Staatsanwalt des ersten Auschwitzprozesses Ger-
hard Wiese in Austausch gegangen sein und immer wieder mit ihm Rücksprache halten, auch die Geschichte
sieht sozusagen zu, was hier passiert. Die Autorin wird
die rechtsextremen Verteidiger benennen, verständlich
ist ihr Wunsch dazwischenzurufen, wenn diese auf die
linksextreme Gefahr und den Bevölkerungsaustausch zu
sprechen kommen. Sie wird viele Namen und Fakten
zusammenbinden. Das erzählerische Ich ist ihre Stütze
im Podcast, auf das sie nach und nach immer mehr ver-
zichten wird, um es gelegentlich hochzuholen. »Ich bin
hier mehr als nur Zuschauerin«, wenn sie bemerkt, dass
sie wahrgenommen wird von dem Angeklagten Franco
A., und als sie ein Hassposting von dessen Freundin über

sich zu lesen bekommt. Die durch eine geschlossene Glasscheibe unterstrichene Vorstellung einer vierten Wand ist eben nicht haltbar. Wir sind auch sonst nicht außen vor, sagen diese Momente, wir Beobachter:innen blicken nicht aufs Geschehen, wir sind in dem Geschehen, das uns zukünftig sehr direkt treffen kann. Das ist auch der Unterschied zwischen den Botschaftstaten und denen, die aus einer Beziehung resultieren, erstere sollen weitere nach sich ziehen. Es liegt eine unheimliche Zukünftigkeit im Gericht, die wir gerade gemeinsam im Frankfurter Reichsbürgerprozess erleben, wo wir uns schon im Publikum aufgefallen sind.

Beim Hören ihres Podcasts werde ich etwas neidisch auf ihre Anschaulichkeit, ihre Fähigkeit, die Dinge sachlich zu verknüpfen, und frage mich kurz, warum mir das so schwerfällt. Ihre Klarheit, die sie begleitet in ihrer Recherche, ist vermutlich durch sehr viel Lebenszeit erkauft. Sie durchdringt die Verhältnisse, aber was dann, frage ich etwas ziellos in Hanau beim gemeinsamen Abendessen – »hast du nie Probleme mit der Ästhetik«? Sie ist ja eigentlich Theaterregisseurin, montiere für ihre Stücke die Stimmen, Zitate, das Material spricht, und sie durch die Montage. Es sei mehr ein dokumentarischer Ansatz, den sie in ihrem Theaterabend *Werwolfkommandos* verfolgt habe, sagt sie, ein Abend, der noch mal alles zusammenstellt, was im Frankfurter Gerichtssaal passiert ist, das Geschehen sei ja strukturell, sie wolle was bewegen. Das kann ich gut verstehen. Es bleibt nicht mehr viel Zeit. Uns auf der Bühne in Hanau wird sie hingegen gefragt haben, was passiert, wenn in Thüringen keine Untersuchungsausschüsse mehr möglich sind, weil die von einer AfD-Regierung blockiert werden. Wenn der politische Wille fehlt, was sich ja immer stärker zeigt. Wie Kunst machen, wenn wir keine Zeit mehr haben, wenn uns die Grundlagen für eine freie Kunstproduktion zu schwinden drohen. Wie Kunst machen, die nur noch als Kulturkampf von rechtsextremer Seite gelesen wird, aber oft von den Leuten, die es ansprechen soll, in der Dringlichkeit nicht verstanden. Und müssen wir das jetzt tun: das Gericht loben, dass es überhaupt seine Arbeit macht, die Polizei loben, dass sie ihre Arbeit macht, weil uns die Institutionen vielleicht schon bald um die Ohren fliegen? Tun sie das oder sitze ich nur einer rechtsverschwörerischen Propaganda auf? Einem heillosen Durcheinander von phantasiertem Größenwahn und Opferkult. Die Gerichte sind ja grundsätzlich stabil in Deutschland, doch eine Kritik ist notwendig, ihre Beobachtung ist notwendig. So ist es ja auch gedacht.

Jetzt sitzen Marie Schwesinger und ich gemeinsam im Frankfurter Reichsbürgerprozess, der sich mit dem Namen Prinz Reuss verbindet, was uns eine besondere Kolleg:innenschaft verleiht, zumindest bis zur Gerichtspause im Sommer. Man hat sich beobachtet im Zuschauersaal, hielt sich vielleicht für einen Augenblick für die Anhängerschaft der Angeklagten, so einfach ist das ja vom Äußeren her nicht mehr zu erkennen, wer wer ist. Nach dem Hanauer Abend werden wir uns eine Weile Bälle zuspielen, vergleichbar zu dem, wie man es im Journalismus erleben kann. Dort ist es durchaus üblich, sich gegenseitig zu informieren, wenn ein Mammutprozess dieser Art stattfindet. Kaum eine Journalistin wird jeden Tag im Gerichtssaal sitzen können, zumal der ganze Verschwörungskomplex in drei Verfahren aufgeteilt ist, die in Stuttgart, München und Frankfurt stattfinden. Das Wissen, das dort generiert wird, ist auch nicht jedermann zugänglich, denn es erscheinen Presseberichte, die aber nur einen kleinen Teil der Wahrnehmung dieses Prozesses ausmachen, umso wichtiger ist auch künstlerische Zeugenschaft. Die Strategien und Taktiken in ihrer Körperlichkeit werden im Journalismus selten gezeigt, die unendliche Kleinteiligkeit kann ohnehin kaum übersetzt werden. Jeder Medienbericht liest sich unglaublich inhaltsvoll, er ist das Substrat von zahlreichen Stunden Gerichtsbeobachtung, überhaupt nicht zu vergleichen mit einer Pressekonferenz. Denn das Gericht findet nicht für uns statt, auch wenn es nicht ohne uns stattfinden kann. Und an der Übersetzungsarbeit für eine Öffentlichkeit, an der Veranschaulichung einer vermeintlichen Bedrohung durch einen möglichen terroristischen Zusammenschluss von Menschen, die dem Reichsbürgermilieu oder dem QAnon-Glauben zuzurechnen sind, bleibt oft genug ein gewisser Exotismus haften. Man könnte sich über Kauzigkeit und Aberglaube lustig machen, über Weltbilder, die aberwitzig und illuster wirken. Die Frage, die sich aber letztendlich stellt, ist: Packen die Gerichte, ja unser Rechtsstaat das? Was kann hier die Literatur jenseits des Journalismus herausfinden?

Vor meiner Veranstaltung bin ich durch Hanau gegangen, eine Stadt, dominiert von einem riesigen Busbahnhof mit ebenso riesigem Kulturforum und einem riesigen Mediamarkt mit Gym. Dazwischen kleine Geschäftsgassen, vor denen sich beispielsweise ein Aufsteller findet mit der Suche nach Ladendieben oder ein Kärtchen aus einem Auto gereicht wird von einem dreijährigen Romakind – »Stefan!«, steht drauf und eine Telefonnummer. Nichts an dieser Stadt jenseits der Stadtbibliothek lädt erst mal zum Verweilen ein. Sie ist eine deutsche Großstadt wie es auch Salzgitter oder Mülheim an der Ruhr ist, Moers oder Recklinghausen. In der Nähe zu den großen Ballungszentren. Bevölkerungsreich, durch Arbeitsmigration geprägt, mit einer eher größeren Vergangenheit als Gegenwart. Trostlose Innenstädte mit den erwartbaren Discountern und »1-Euro-Shops«, für viele eine Heimat, was sich mir nicht so leicht erschließt wie in malerischen Städten, die den Tourismus anziehen. Aber was heißt das schon? Schreibe ich auch für diese Orte? Bisher hätte ich immer mit größter Emphase gesagt, ja, natürlich! Schreibe ich für mehrsprachige Menschen? Auch hier: Ja. Aber vermutlich habe ich es mir zu einfach gemacht. Schon das Publikum hier gibt mir unrecht. Da sitzen zahlreiche Studierende aus Kassel und der nahegelegenen Hochschule für Gestaltung in Offenbach. Sie sind auf eine Weise eher Kolleg:innen als klassisches Publikum. Jenseits der üblichen Studierenden sehe ich oft ältere gebildete Menschen in den Reihen sitzen, die erschrecken über die Situation im Land, manchmal sitzen da auch die einen oder anderen politisch Aktiven, die resigniert oder engagiert ihre Arbeitserfahrungen in die Diskussion nach der Lesung einbringen.

Angesichts der gewaltigen Wirkung der Veröffentlichung von *Correctiv* frage ich mich nach den Möglichkeiten der eigenen publizistischen Arbeit und bin nahe dran, Marie Schwesinger recht zu geben, dass manchmal so was wie Agitprop nötig ist, es ist nur nicht meine Arbeitsform, nicht das, warum ich Schriftstellerin geworden bin. Immer mehr geht es um den richtigen Moment, die größte Anschaulichkeit und direkte Ansprache. Wann setze ich wie ein Thema, in welchem Kontext. Das literarische Denken ginge aber weiter. Es fragt nach den eigenen Verstrickungen, den Zusammenhängen, auch nach dem ästhetischen und epistemischen Hintergrund. Gerade ästhetische Fragen haben starke politische Bedeutung, vor der Ästhetisierung des Politischen hat schon Walter Benjamin gewarnt, aber das wird, literarisch thematisiert, oft als anstrengend wahrgenommen. Die Erwartung ist eher eine künstlerische Affektbesetzung journalistischer Recherchen. Eine emotionale Verräumlichung von Sachwissen, weniger eine Konfrontation verschiedener Ebenen der Analyse. Der gesellschaftliche Wert des Ästhetischen wird immer mehr in Frage gestellt, gleich, ob in ihrer Repräsentationsfunktion oder als Grundlagenforschung oder als soziale Plastik. Es geht uns nicht anders als vielen Wissenschaftler:innen: Wer soll das finanzieren, wenn nicht der Markt oder sein Äquivalent, zu dem ein öffentlicher Auftraggeber dank Klickzahlen immer mehr wird? Ist also politische Literatur nur eine Art Journalismus mit emotionalem Booster? Vielleicht aber hilft hier das Adjektiv »politisch« weniger denn je.

In einer Zeit der epistemischen Erschütterung, die von so vielen Seiten beschrieben wurde, fällt einem die Rechtfertigung der eigenen Arbeit nicht leicht. Diese muss aber auch ästhetische Forschung sein, d. h. nicht nur Wissensakkumulation, sondern zudem die Beobachtung theatraler Anordnungen, affektiver Besetzungen, Gesten, Verknüpfungen verschiedener Material- und Analyseebenen. Marie Schwesinger schafft das u. a. durch die historische Dimension, die sie aufbaut. Die Arbeit kann kein Durchlauferhitzer verschiedenster Stoffe sein, sondern entsteht aus der Auseinandersetzung mit den Orten, den Erfahrungen, dem Material. Sie ist meist eine langfädige Angelegenheit. Vielleicht nehme ich die Vorgänge im Gericht in ihrer Kleinteiligkeit zu wichtig. Vielleicht sind der Singsang des vortragenden Bundesanwalts und die Lässigkeit seiner Kollegin nicht wichtig. Nicht wichtig, dass sie sich zurücklehnen, nicht wichtig, dass die Mikrofonanlage mal defekt ist oder Blickbeziehungen und Rhetoriken, die sich von selbst verstehen. Wichtiger wäre es vielleicht, sichtbar zu machen, wie Geldflüsse verborgen werden, die Konspiration aufzudecken, den Auftritt der »russischen Ballerina« und ihren langen Vortrag über ihren Fleiß, der die beträchtlichen Überweisungen, die sie aus Russland aus ungeklärten Quellen bekommen hat, verdecken soll. Quellen, die sie auch nicht vor Gericht bekannt geben kann. Vielleicht ist es nicht mehr wichtig, was mein Verhältnis zu dem Ganzen soll, aber dennoch beginne ich mich immer mehr bei den Arbeiten anderer zu fragen, wo der Moment des Stockens und Stolperns war. Ob es glattlaufende, rein fleißige Texte sind oder welche, die sich unterbrechen lassen, Texte, die immer wieder selbst in Frage stehen.

Seda Başay-Yıldız erinnert mich unterdessen weiter an die Vorgänge im Münchner Gerichtssaal. Der Richter habe dem Vater von Halit Yozgat, der sich äußern wollte, barsch das Wort abgeschnitten. Unverhältnismäßig. Es gab Presseberichte darüber. Am nächsten Tag habe Richter Götzl daraufhin erstaunlicherweise Herrn Yozgat gebeten, sich nun zu äußern. Auch das Gericht liest die Presse über sich und reagiert, zumindest in den Fragen der Menschlichkeit. (Nie wollte hier jemand die Unabhängigkeit des Gerichts in Frage stellen!) Aber Ermessensspielräume gebe es. Das müsse man verstehen – das Gericht laufe nicht wie am Schnürchen ab, wie das so oft dargestellt wird. Was allerdings wie am Schnürchen abläuft, ist, dass immer bei rassistischen Morden sofort von Einzeltätern die Rede ist. Bevor noch von der Polizei recherchiert würde, gibt es gleich diese These. Die Polizei habe nicht ihre Arbeit gemacht, fährt Seda Başay-Yıldız fort. Zu viel werde verdeckt. Sie erinnert an die absurd geschwärzten Akten des NSU-Prozesses, die vom Amt für Verfassungsschutz freigegeben wurden, mit nur einzelnen lesbaren Worten hie und da. Wie eine Kunstproduktion, denke ich mir, und versuche mich zu erinnern, in welchem Kunstkontext ich diese Schwärzungsarbeit schon gesehen habe. Seda Başay-Yıldız hält die Arbeit von Künstler:innen für wertvoll. Man müsse immer wieder daran erinnern, dass diese Aufgabe noch nicht erledigt ist. So eine Arbeit wie die von »Forensic Architecture«, dem Londoner Künstlerkollektiv, das sich mit dem Mord in Kassel und der sehr wahrscheinlichen Verstrickung eines Verfassungsschutzbeamten auseinandersetzte, fällt vermutlich vielen sofort ein, wenn sie an den NSU-Prozess denken. Oder die zahlreichen theatralen Arbeiten, darunter immer wieder die Verlesung der Protokolle des journalistischen Teams von Ramelsberger, Ramm, Stadler und Schultz. Hier spricht das Material selbst, heißt es, aber das Material war natürlich immer schon verändert. Auf Verständlichkeit und Klarheit hin übersetzt. Wiederholungen wurden ausgelassen. Das Ringen um das Prozessuale hintangestellt. Die Wirkung war stark, der Prozess wurde als geordnetes Wimmelbild eines Ermittlungs- und Staatsversagens verstanden. Mir blieb das Ungeordnete, das

Unabgeschlossene übrig, die ganze Zukünftigkeit, die in jedem Prozess steckt und in einer Dokumentation immer als Erstes abgeschlagen wird.

Dass ich nach diesem »Wir« gefragt habe, das mit ihm verbunden ist, in dessen Namen geurteilt wird, in dessen Namen wir ein Miteinander suchen und zu Solidarität aufrufen und dergleichen, und dass diese Frage auch eine aus einer fiktiven Perspektive zu stellende ist, wurde von der Kritik nicht immer verstanden, dabei liegt die Frage auf der Hand. Gerade das »Wir« stand in München auch zur Disposition in all dem Schweigen, das mir dort begegnet ist, wie auch in aller Rede. Dass man einen Prozess nicht dokumentarisch abbilden muss, um seine Wucht zu zeigen, dass man die Fiktion zu Hilfe nehmen kann, um das, was zur Disposition steht, herauszuarbeiten, das war für manche gar eine Provokation, der sie sehr aggressiv begegnen wollten, aus gut abgesicherten Positionen heraus. Zudem war es mir nicht möglich, das potenziell Offene nicht zu zeigen, sondern nur die zugeschlagenen Türen, und das aus Expertenperspektive. Es mag eine große Verlockung sein, in einer Situation des größtmöglichen Schweigens gesichertes Wissen darzustellen, ich wollte ihr nicht nachgeben. Dass es aber zahlreiche Künstler:innen, Autor:innen, Theatermenschen und Aktivist:innen mit diesem Stoff oder Themenkomplex aufgenommen haben und ihm aus unterschiedlichen Blickwinkeln begegnet sind, hat mich gefreut. Es war ein großer Reichtum an Reaktionen, der sich in zahlreichen Festivals und

Koproduktionen gezeigt hat, denn erstaunlicherweise hat gerade die gemeinsame Diskussion darüber etwas Erleichterndes.

Der schreckliche Kopiervorgang

Man kann nicht einfach hingehen. Man kann natürlich hingehen. Nein, man kann nicht einfach so tun, als würde man diese andere soziale Welt betreten und in verständlicher Sprache daraus berichten.

»Ich bin mir nicht sicher, was ich mir notieren soll. Es gibt Worte, die will man nicht niederschreiben«[39], so Tobias Ginsburg, der sich in seiner jahrelangen Investigativrecherche *Die Reise ins Reich* im Kreis von Reichsbürgern und Hasspredigern bewegt hat. Der jüdische Autor hat sich getarnt als Rechtsextremer oder als Sinnsuchender mit Alias und ist an all diesen Orten aufgetreten, von denen manche schnell relativ frei und andere erst durch jahrelange Arbeit zugänglich sind. Die neuen Königreiche, die Berliner Hinterhauswohnungen, die freien Plätze auf süddeutschem Boden, die Geheimtreffs der Querdenkerfront in Kassel, Leipzig und anderswo. In einer Mischung aus Bewunderung und Erschrecken lese ich dieses Buch. Hier reizt einer das »Wir« performativ aus, macht sich zum Teil einer Szene, die ich nur als bedrohlich bezeichnen kann, auch um sie zu entzaubern. Er will das kennenlernen, dessen Bild wie ein Zerrbild aus den »Medien« erscheint, er möchte die Denkweise und Strukturen verstehen. Wie der Hass funktioniert. Als Autor und Regisseur weiß er mit den Worten umzugehen, das Buch ist bösartig und aberwitzig geschrieben, mit der notwendigen Infragestellung der eigenen Position, und dennoch verlässt mich nicht das Gefühl, es könnte zu harmlos wirken, zu abgedreht, obwohl er immer wieder die Gewaltbereitschaft seiner Rechercheobjekte sichtbar macht. Letztendlich trifft Tobias Ginsburg zunächst mal auf ziemlich kranke Menschen, die sich aus einem Trauma heraus (Verlust einer geliebten Person, Missbrauchserfahrung, Obdachlosigkeit) diesem Irrsinn der Leugnung der BRD, der Reichsgründung, aber auch der Coronaleugnung zuwenden. Im Verlaufe des Buches tauchen allerdings auch immer mehr Menschen auf, denen das Leben nicht so übel mitgespielt hat, bei denen man sich fragt, woher die Wut kommt, die sie in den erlebten Hassmanufakturen aktiver als andere ummünzen. Doch ist es der Irrsinn, der hier fasziniert? Dass ihm stattgegeben wird? Wo sind da noch Verbindungslinien zu uns? Ginsburg findet sie, bleibt zudem nicht bei einer reinen Beobachtung der Gegenwart, sondern arbeitet historische Linien heraus. Es fasziniert mich, ja beschäftigt mich, wie jemand sich jahrelang in diesen sozialen Situationen herumtreiben kann, wie er sein Leben an diese Hasskultur verschenkt, gleichzeitig denke ich mir, es ist notwendige Arbeit. Sie zeigt auch, dass mit denen zu reden, wie es jahrelang gefordert wurde, wenig bringt, zumindest nicht auf Podien und Bühnen. Der Wunsch, seinen Affekten kollektiv nachzugehen, seiner diffusen Wut eine Richtung zu geben und sich »wieder« stark darin zu fühlen, ist übermächtig und hat offenbar immer mehr an Struktur gewonnen. Hier geht es nicht um Ratio, die liegt woanders. In der Melange zwischen Rechthaberei, Wut, Wunsch nach einer übersichtlicheren Welt und Ressentiment bleibt die größte Hoffnung die, dass sich die Parteien dieser über die Jahre entstandenen Querfront zerstreiten – und das ist ganz schön traurig.

Auch Marie Schwesinger wird äußern, wie sie nicht mehr mitschreiben konnte. »Welche Zerstörungskraft Worte besitzen, habe ich erst im Gericht gespürt.«[40] Etwas geht unter die Haut. Und: »Irgendwann sehe ich überall Nazis«, höre ich in ihrem Podcast. Ginsburg bemerkt mit Schrecken, dass er verhärtet, dass ihm irgendwann in der Recherche die Sprachgewalt nichts mehr ausmacht. Er holt die Komik in die Arbeit zu diesen Themen zurück, auch durch seine grotesken Selbstbeobachtungen in der Szene. Beide setzen sich auf unterschiedliche Weise einer Welt aus, die zu beschreiben alleine eine ziemliche Gefahr darstellt. Es ist zwar eine andere Zeugenschaft, wie sie die Philosophin und Autorin Carolin Emcke in ihren faktualen Vorlesungen[41] einfordert – die nach der Zeugenschaft von direkter Gewalt, am Beispiel ihrer Erfahrung als Kriegsreporterin –, vielleicht eine Zeugenschaft zweiter Ordnung, aber sie stellt ebenso die wichtigen Fragen: Was mache ich eigentlich, wenn ich der Gewalt bei der Arbeit zusehe, was darf ich noch benennen und wie kann ich das machen, ohne sie einfach zu wiederholen? Da sind die Mittel der Komik, aber auch des Bühnenbilds und der Choreographie in einer theatralen Umsetzung wie der der *Werwolfkommandos* hilfreich. Und die Montage der Texte, die in beiden Autorenhandschriften voller Kontrastierung sind.

Was Ginsburg mir zeigt, was ich auch in anderen Publikationen, aber auch anhand meiner eigenen Beobachtung von AfD-Mitgliedern in Gremien wahrnehme, ist das Nachäffen und Kopieren der demokratischen Institutionen und Strukturen bei Reichsbürgern und Rechtsextremen. Es wird quasi ein zweiter Rechtsstaat aufgebaut, ein zweites Ministerium, eine zweite Gerichtsbarkeit. Es ist erstaunlich wie in diesem Kopiervorgang Mimikry an dem betrieben wird, was wir als Rechtsstaatlichkeit bezeichnen würden. In dem Buch von Christoph und Sophie Schönberger *Die Reichsbürger* finden sich phantastische Beispiele solcher exzessiv fehllaufenden Kopien. So liest sich ein Wortlaut aus der Lebenderklärung von Reichsbürgern wie ein überfrachtetes hyperbürokratisches Behördenschreiben: »Hiermit erkläre ich:max, das mit Verstand und Sprachvermögen begabte Lebewesen,:max, aus der Sippe:mustermann, niedergekommen im Deutschen Reich in der

Nähe von X-Stadt… unter Eid mit unbegrenzter Haftung, nunc pro tunc, zum Tag der Geburt zu keinem Zeitpunkt auf hoher See verschollen oder verloren gegangen ist. Der Max Mustermann erlässt die Anordnung, dass alle Rechtsgeschäfte, die unter Annahme des Todes von Max Mustermann abgewickelt wurden, nunc pro tunc zum Tag, Annahme des Todes, wieder rückabgewickelt werden müssen. Dies gilt auch für alle Unterkonten.«[42]

Doch es sind längst nicht nur die Reichsbürger. Wir alle haben Donald Trumps Vorgehen vor Augen, z. B. seine Pläne für das »Effizienzministerium«, ein nicht kontrolliertes Schattenministerium »von außerhalb«, das 75 % des Staates abschaffen soll, geleitet von einem Schattenminister wie Elon Musk, der keiner Kontrolle unterliegt, um zu wissen, diese Technik der Kopie kann bis auf staatliche Ebene gelangen und von dort seine Abschaffung direkt unternehmen.[43] Die Schriftstellerin Monika Rinck ruft mir eine Passage von Hannah Arendts Totalitarismusstudie *Elemente und Ursprünge totaler Herrschaft* in Erinnerung: Schon die Nazis hätten jedem Ministerium ein Double hinzugefügt. Man verdoppelt die Institutionen und stellt sie so in Frage. Ich schlage bei Hannah Arendt nach und finde viele Momente gegenwärtiger rechtsextremer Propaganda bei ihr wieder – »Dass die eigentliche Originalität der Nazis nicht in der Erfindung neuer, sondern in der Benutzung alter bereits bewährter Schlagworte lag.«[44]

Hannah Arendt hat diese Technik totalitärer Herrschafts-systeme als Verdoppelungstechnik bezeichnet, die Na-zis hätten alle wichtigen Institutionen in ihrer eigenen Parteistruktur nachgebildet. Paramilitärische Verbände, Ministerien. Die paraprofessionellen Frontorganisatio-nen dienten »nicht nur der Komplettierung der fiktiven Welt der Bewegung... sie bildeten nicht nur unver-gleichliche Werkzeuge für die Unterminierung der be-treffenden Sektoren einer noch nicht totalitären Gesell-schaft und ihres Berufsethos«, sondern schwächten die demokratischen Institutionen. Sie karikierten sie, über-zögen ein Vorurteil und arbeiteten mit Projektionen, z. B. der Vorstellung, dass die Vertreter des Rechts ei-gentlich Rechtsbrecher seien. Das werde absurderweise bestätigt durch eine »Organisation von Juristen, die Rechtsbrecher aus Überzeugung sind und das Verbre-chen juristisch verteidigten.«[45] Nicht zu übersehen ist, »dass hinter dem Zerrbild vom Rechtsvertreter als dem Rechtsverdreher, vom Arzt als dem Mörder, vom Ge-lehrten als dem Ignoranten der Wunsch steht, das Recht zu brechen, Menschen zu töten und das Wissen aus der Welt zu schaffen«. Hannah Arendts entwickeltes Bild von »einer im Schoße der Gesellschaft gebildeten tota-litären Gegengesellschaft«[46] werde stets durch die bei-den Schritte der »Imitation und Substanzentleerung«[47] geschaffen. Es werde eine doppelte Autorität zwischen Staat und Partei erzeugt, die eine Strukturlosigkeit zur Folge habe. Da passt der Befund doch sehr gut, dass Alice Weidel 2018 eine Kopie des öffentlich-rechtlichen

Rundfunks als »Newsroom«, ihren eigenen neuen Pressedienst, in den Räumen des Parlaments angekündigt hat.[48]

Längst hat die extreme Rechte die Institutionen in den Blick genommen und verändert deren Existenzformen, und es ist nach den letzten Wahlen diesbezüglich eine Beschleunigung zu erwarten. Die Technik der Aushöhlung ist auch heute ein wichtiger Schritt. Dazu gehört auch, Begriffe zu besetzen und umzudeuten, zu verschieben, was beispielsweise der *Extremismusmonitor Thüringen*[49] belegt, mit dem Ziel, das der rechtsextreme Ideologe Götz Kubitschek folgendermaßen beschreibt: »Die Grenzen des Sagbaren und Machbaren stets provozierend vorzustoßen.«[50] Nicht selten wird dieser Logik der Verschiebung und Eskalation gefolgt, was man exemplarisch an einer Aussage Björn Höckes zeigen kann: »Deutschland schafft sich nicht ab, Deutschland wird gemordet.«[51] Die einstige Provokation von Alexander Gauland wird noch einmal überschritten. Es geht dabei nicht nur darum, den eigenen Diskurs zu bestimmen, sondern auch den der anderen zu verändern. Interessant wird es, wenn wir uns scheinbar neutrale Begriffe, wie den des »Rechtsstaates« ansehen. Der Mainzer Politologe Maximilian Pichl ist dem in seinem Buch *Law statt Order*[52] nachgegangen. Es ist erstaunlich, welchen diskursiven Instrumentalisierungen und Wandlungen dieses doch für unsere Demokratie sehr zentrale Begriffspaar unterlegen ist und wie sehr sich seine Bedeutung von Freiheitsrechten zur Sicherheitsfrage gewandelt hat, wie der Begriff genau dann aufgerufen wird, wenn es um die Durchsetzung gewisser Zugriffsrechte, d. h. eigentlich alleine um die Exekutive geht. Die Grenzen dichtmachen heißt dann plötzlich, den Rechtsstaat zu schützen, wie wir es gerade im letzten Herbst erlebt haben. Und so komme es, dass die Erwähnung des Begriffs heute einen repressiven Beigeschmack habe. Dass an dieser Transformation vor allem die Grünen und die SPD schuld sind, die ihn genau dann angeführt haben, um für ihre Klientel die repressive Politik schmackhaft zu machen, weil er vermeintlich neutral klingt, ist eine bemerkenswerte Beobachtung Pichls. Man könnte sagen, die Neutralität wurde ausgehöhlt und ist nun ins rechtsextreme Feld übergegangen.

Es ist die Zeit des Streits unter »Linken«. Die Anführungszeichen setze ich aus gutem Grund, schwer ist es geworden, diesen Begriff auf einer abstrakten Ebene mit einem Inhalt zu füllen, jenseits von konkreten Solidaritätsaktionen. Wie unlinks können wir noch werden als »Linke«? Wir wissen mindestens seit Didier Eribons *Rückkehr nach Reims*[53], dass die ehemaligen KPler nun in Frankreich zum *Rassemblement National* gegangen sind, die Geschehnisse in Frankreich um die letzte Europawahl sprechen Bände. Auch hierzulande gibt es genügend prekarisierte Leute, die ins rechtsextreme Lager gingen, ohne die neoliberale Politik dieser Partei zu erkennen, oder sich gar Putins Russland zuwenden. Die nationalistischen

Versprechungen genügen. Dass sie gegen sich selbst stimmen, wird ihnen nicht bewusst. Die Frage, wer die Nöte der prekären Arbeitnehmer:innen aufgreift, die schwer für wenig Geld arbeiten, wer sich für Renter:innen interessiert, die ein Leben lang gearbeitet haben und nun im Pflegenotstand untergehen, drängt sich auf. Hinzu kommt eine durch Interessensverbände organisierte Gewerkschaftsstruktur, die sich um viele überhaupt nicht kümmert. Fehlende Verhältnismäßigkeit, Überbürokratisierung an der falschen Stelle, fehlende Gewichtung in der Berichterstattung, Trophäenjournalismus und Verlagerung der kulturellen Konflikte in die Brennpunktgebiete, in die Wohnsilos, und natürlich die allgemeine Wohnungsnot in den Städten ergänzen das Bild. Das alles macht es Parteien wie der AfD sehr leicht, hier vermeintlich einfache und affektive Lösungen anzubieten und auch den anderen Parteien ihre Narrative unterzuschieben. Und die sind derzeit eilfertig dabei, diesem Bedürfnis ebenfalls nachzukommen.

Gilt es jetzt, schneller zu kopieren als die anderen? In diesem Sinn: Nein. Höhlt die rechten Narrative aus! Dass die russische Propagandakampagne »Doppelgänger« heißt und dass Doppelgänger unheimlich sind, sollten wir in unsere Überlegung miteinbeziehen. Ihre Unheimlichkeit färbt ab aufs Original, das kann nützlich sein. Vielleicht brauchen wir andere Geister, Gegengespenster. Und schließlich sind Kopiervorgänge auf eine Weise gespenstisch, wie wir es nicht brauchen können.

Ich denke, die Lösung liegt weniger in der Kopie oder im Aushöhlen, sondern in dem, was die Amadeu-Stiftung an erster Stelle erwähnt, in der solidarischen Aktion, was so ziemlich das Gegenteil der Kopie ist.

Überraschung!

Irgendjemand hat vor einiger Zeit die Rede von der Alternativlosigkeit in Gang gesetzt. Zwar wissen wir, dass es die deutsche Bundeskanzlerin war, aber im Grunde kursiert der Gedanke schon längst vor ihrer vielzitierten Aussage, vielleicht ein diskursiver Ausläufer des Gedankens vom *Ende der Geschichte*.[54] »Wo es keine Alternative zum Bestehenden gibt, kann dieses aber weder falsch noch im emphatischen Sinne wahr sein«,[55] befindet Nicola Gess in ihrem bemerkenswerten Buch über *Halbwahrheiten,* denn der Begriff der Wahrheit orientiere sich doch an dem der Gerechtigkeit. Wem diese Alternativlosigkeit diene, sei zu fragen. Allerdings: Wenn Wahrheit nur noch relativiert als Machteffekt gelesen wird, ebne das, nach Theodor W. Adorno, den Weg zum Totalitarismus, weil sich niemand mehr auf sie berufen könne und man damit eben auch die Idee der Gerechtigkeit verliere. Adorno hat ähnlich wie Hannah Arendt gezeigt, wie der »Faschismus das Falsche ins Wahre und das Wahre ins Falsche verkehrt«.[56] Von Arendt wissen wir auch, dass das Ziel totalitärer, faschistischer Arbeit ist, nicht eine andere Wahrheit in den Raum zu stellen oder die eigene Wahrheit zu behaupten, sondern den Sinn für Wahrheit überhaupt zu zerstören. Die Alternativlosigkeit aber verbinde sich mit der normativen Macht des Faktischen, das nun zahlreichen Angriffen ausgesetzt sei und gerne in die Macht der Spekulation umschlage. Glaubwürdig vs. unglaubwürdig sei das Schema, das wahr vs. falsch ablöse. Halbwahrheiten sind die neuen halbfiktiven diskursiven Zwischenwesen, mit denen wir uns heute herumschlagen müssen. Ihr Habitat ist die widerspruchsfrei wirkende geschlossene Spekulation. Andichtung, *Prosuming,* also gleichzeitiges Konsumieren und Produzieren von Information nach dem Schema des Gerüchts, sowie Authentizität, die sich alleine aus der Performanz ergibt, die Überzeugung, dass nichts durch Zufall geschieht, dazu »eine aus dem Ruder laufende Rhetorik des Verdachts«[57] und Disruption der Diskussionskultur als Ziel – all diese diskursiven Phänomene bringen Nicola Gess dazu, »statt eines Faktenchecks einen Fiktionscheck zu fordern«.[58] Sehr gerne schließe ich mich an, nur wo anfangen?

Die meisten Dinge sind ja nicht mehr sehr überraschend. Die Rede von den Schlafschafen beispielsweise, von der Erweckung, von den Systemmedien. Dass sie von roten Pillen sprechen und dem Tag X und auf Zeichen warten. Vielleicht hat mich etwas überrascht, dass unter ihnen auch Migrant:innen sind, dass überhaupt in der

AfD Migrant:innen sind, dass sich die Leute der AfD anschließen, die gar nicht von deren politischen Zielen profitieren, kurzfristig auch, dass sie sich als Kämpfer für den Rechtsstaat geben, für die wahre Demokratie, das hat mich anfangs erstaunt, dann habe ich mich allerdings sehr schnell daran gewöhnt, diesen Rhetoriken zu begegnen: Sie sind die wahren Opfer und die echten Feminist:innen.

Ja, wir leben in einer verkehrten Welt. Ach, das sagte ich schon? Täter sind Opfer, unterdrückt wird man von Freiheit, die Reichen sind die Armen, die Verbrechen explodieren, obwohl sie in Wirklichkeit, statistisch gesehen, immer weniger werden. Und immer sind es dann aufrechte Bürger am Ende des Tages. Aber es gab eine Zeit, da war ich dann doch überrascht, d. h., da begannen die Überraschungen. Das war vor ungefähr zehn oder zwölf Jahren, als sich die österreichische Identitäre Bewegung gründete und plötzlich damit anfing, mit klassisch linken, subversiven Mitteln ihre politische Agenda zu vertreten, die hauptsächlich rassistisch und gegen die Asylpolitik der Regierung gerichtet war. Vor allem fiel auf, dass sie Kultur plötzlich ernst nahmen und Theaterabende und Tanzveranstaltungen störten, indem sie mit Masken auftraten wie im besten Karneval, freilich, statt Mächtige anzugreifen, *Schutzbefohlene*[59] grausam verhöhnten. Subversion war immer schon ein wichtiger Begriff, der mich von meinen Anfängen an begleitet hat, Gegenkultur und Punk Teil meiner Herkunft, und zu ihr gehörte auch die Beschäftigung mit

der Karnevalstheorie des sowjetischen Literaturwissen-
schaftlers Michail Bachtin, der Karneval als »Strategie
von unten« versteht und subversive Praktiken als gegen
Repression und Machtgebaren gerichtete einordnet.
Plötzlich gab es einen bösen Karneval, der nicht in
diesem Sinn subversiv agierte, sondern die Subversion
gegen Schwächere anwandte. Ich hatte mich vielleicht
zu wenig mit dem bereits erwähnten Teil der Schriften
von Arendt und Adorno beschäftigt. Auch Sigmund
Freud hätte ich mit seiner Theorie der Verneinung in
die Hand nehmen können.

Stattdessen fragte ich mich etwas verdutzt, warum
Kultur plötzlich so wichtig ist. Das war ich nicht gewohnt, Rechtsextreme habe ich zuvor nur als pauschal
kulturfeindlich wahrgenommen. Subversive Praktiken,
Aneignung und Umkodierung, Reframing gehörten
nicht zu ihrem technischen Repertoire, auch nicht das
gezielte Unterwandern politischer Semantiken. Doch
neurechte Theoretiker wie Alain de Benoist haben den
marxistischen Philosophen Antonio Gramsci auf einmal
von rechtsextremer Seite interpretiert und fordern eine
Kulturrevolution in ihrem Sinn. Die Bedeutung kultureller Setzungen für einen gesellschaftlichen Wandel
wurde begriffen, so dass rechtsextreme Identitäre linke
und grüne Kulturtechniken kopiert haben, um sie für
eigene Zwecke einzusetzen. So arbeiteten sie etwa mit
Ironie, allerdings einer, bei der einem das Lachen nicht
nur in der Kehle steckenbleibt, sondern sich verkehrt.
Meine damalige Überraschung zeigte nur, dass ich die

historischen Lektionen nicht gelernt hatte, wenn man sie denn überhaupt lernen kann. Die Slawistin Sylvia Sasse hat mit *Verkehrungen ins Gegenteil*[60] diese historische Linie des autoritären Karnevalismus untersucht. Sie ist Mitherausgeberin von Bachtins ästhetiktheoretischen Schriften und blickt mit ihm zurück ins 20. Jahrhundert, um die Gegenwart zu verstehen. Es zeigt sich, dass das Mittel der Verkehrung eine gar nicht so eindeutige ästhetische Tradition hat. Karnevalspraktiken könne man auch als machtstabilisierend verstehen. Es seien Demokratien innewohnende Möglichkeiten totalisierender Praktiken, sagt Sasse mit Verweisen auf den amerikanischen Politikwissenschaftler Sheldon S. Wolin und sein letztes Buch *Umgekehrter Totalitarismus*, der von ungewohnter Seite den anfangs beschriebenen Gedanken autoritärer Erosionsarbeit aufnimmt.[61]

Dass ich damals davon überrascht war, ist wohl ein Klassiker. Aber Überraschungen dieserart sind andererseits kein guter Anknüpfungspunkt. Schließlich suggeriert der Begriff, dass etwas Neues passiert, dass es eine Unterbrechung in der Wahrnehmung gibt. Aber nur bei denen, die es nicht verstanden haben oder nicht verstehen müssen. Schließlich war alles da, kann ich mir sagen: »Du hast doch George Orwell gelesen, du warst regelrecht informiert. Du musst es doch wissen.« Ja, ich habe vom Ministerium für Wahrheit nicht erst gestern etwas erfahren. »Krieg ist Frieden! Freiheit ist Sklaverei! Ignoranz ist Stärke!« Und doch bin ich immer wieder überrascht: In den Auftritten von Donald Trump konnte und kann man es erleben. Er lügt, alle wissen es, aber seine Glaubwürdigkeit steigt. Er wirke so authentischer, heißt es, im Sinne von: Wir sind doch alle im tiefsten Herzen Lügner, deswegen sagt der, der offen lügt, am ehesten die Wahrheit. Das ist die Logik, der Sylvia Sasse nachgeht. Die Verdrehung von Wahrheit und Lüge, von Wirklichkeit und Fiktion ist die schärfste Operation am Herzen der Demokratie, wenn es auch keine Operation ist, um sie zu heilen.[62] Fiktion und Realismus tauschen den Raum, das Phantasma wird zum Erfahrungsbericht stilisiert, und die Erfahrung und der Expertenbericht zur Meinung erhoben, der man Rassismus als lediglich andere »Meinung« gegenüberstellen kann. Doch Rassismus ist keine Meinung. Das haben wir doch jetzt oft genug gehört. Warum kommt es nicht an? Haben wir zu lange gesagt: Aber man muss doch auch die andere Meinung einbeziehen? Man muss denen doch zuhören und sie verstehen? Ja, Nicola Gess hat recht: Die Kontaktfläche zwischen Fiktions- und Realismusstrategien ist zu einem regelrechten Verschiebebahnhof geworden, wobei die Fiktionalisierung meist der Entwertung einer Position dient, während der Realismus der Aushöhlung und Unterwanderung des Realen verhilft. »Wenn Tatsachen nur Meinungen unter anderen Meinungen sind, dann wird im Namen der Meinungsvielfalt die Tatsachenwahrheit vollständig entwertet.«[63] »Propaganda und Desinformation gehen auf diese Weise als Meinung durch und werden aufgewertet, Fakten und wissenschaftliche Erkenntnis werden im gleichen Zuge als Meinung abgewertet.«[64] Diese autoritären Praktiken zielen allerdings auch nicht darauf ab, eine andere Wahrheit zu produzieren, sondern den Wirklichkeitssinn der Menschen tiefgehend zu stören. Das habe ich doch anfangs schon geschrieben. Aber selbst in diesem Text scheint es nicht anzukommen.

Bin ich immer noch überrascht? Nein, die Überraschung entsteht nicht im Nachdenken über diese Dinge, sie tritt immer ein, wenn man selbst direkt konfrontiert ist mit ihnen. Als könnte ich es nicht glauben, was ich zuvor schon gewusst habe. Das ist eine Eigentümlichkeit der Situation, die ich nicht und nicht loswerde. Ich gebe zu, eine Überraschung, die sich immer erneut wiederholt, wirkt hilflos. Aber ich habe es bis heute nicht wirklich verstehen wollen, wie eine regelrechte Unterhaltungsebene in die Politik Einzug hält und das Politische dem politisch Repräsentativen und der Unterhaltung weichen muss. Ich spreche nicht alleine von TikTok und dessen weitaus intensiverer Nutzung durch Parteien wie AfD, FPÖ oder RN[65], sondern von einer viel strukturelleren Ebene. Politik als Bühne und theatraler Vorgang, dessen reale Umsetzung oft nicht möglich ist. Wie Sheldon S. Wolin schreibt, das Politische selbst werde gegenwärtig mehr auf die Ebene der Repräsentation verschoben, »es findet nicht statt, wird aber dargestellt«.[66] Walter Benjamins Analyse der Ästhetisierung des Politischen und seine Verbindung zum Faschismus kann man derzeit einfach nicht oft genug zitieren, am besten mir selbst gegenüber, wenn ich wieder staunend auf Wahlprognosen blicke und es nicht fassen kann.

Gibt es eine Dramaturgie in den Überraschungen? Die letzte Überraschung wird sein, wenn ich merke, es geht um meine persönlichen Möglichkeiten. Oder um die der Verlage. Oder um den öffentlichen Rundfunk. Vielleicht, weil wir uns zu lange eingeschossen haben aufs Überraschtsein oder auf die Gegenwehr. Faktencheck, das hat etwas geholfen. Ein Forum zu bieten hat nicht geholfen. Ein Forum zu bieten hat nicht geholfen. Ein Forum zu bieten hat nicht geholfen. Ein Forum danach zu verweigern hat auch nicht mehr geholfen, so konnten sie sich als Opfer gerieren.[67] Nachzufragen hat nur selten geholfen, in die direkte Konfrontation zu gehen nur sehr selten. Plötzlich werden einem dann Dinge unterstellt. Man sei Faschist und Mörder, man würde Sprechverbote austeilen und Meinungsdiktaturen anfeuern. Man würde die Wirklichkeit nicht zeigen, in der angeblich die Kriminalität massiv steigt, die allerdings statistisch gesehen eben nicht steigt. Aber natürlich »lügen die Statistiken«, wird man mir entgegnen. Man sei in einer elitären Blase.

Dass mit falschen Projektionen gearbeitet wird, die eigenen Verbrechen anderen angedichtet werden, hat lange Tradition. Hannah Arendt hat in Korrespondenz zu den Freud'schen Schemata sich diesbezüglich am Stalinismus abgearbeitet. Die Vorwürfe, die damals gegen Ärzte, Wissenschaftler und politische Gegner gerichtet wurden, kann man unter dem Motto »Was man sagt, ist man selber«[68] einordnen. Diesen konstitutiven Widersprüchen, an denen eine autoritäre Regierung festhält, ist zu begegnen, es gilt auch zu verstehen: Mein Erstaunen darüber ist so dumm, wie es für autoritäre Gesten gerade notwendig ist. Meine Dummheit ist sozusagen immer schon mit eingebaut. Umgekehrt wäre aber die Gewöhnung an das Verkehrte einfach nur entsetzlich. Man könnte auch sagen: Ist die Überraschung ganz verbraucht, ist keine Hoffnung mehr im Spiel.

Im Aussetzer wohnen

Ach, könnte ich doch auch etwas in Gang setzen! Ein System der Gerichtsbarkeit enthüllen wie in einem Albtraum. Ach, könnte ich einfach die Anklageschrift weglassen, das Gegenüber entrücken, nur Handlanger vorführen, ausführende grobe Organe, reine Willkür andeuten. Die klaren Regeln jedenfalls in den Hintergrund treten lassen, sich zumindest andauernd verschieben zu lassen, oder besser nicht? Einen Roman zu schreiben, der sich wie Kafkas Fragment um einen Prozess zentriert, das Verfahren, das nie als Hauptverfahren stattfindet, nur Untersuchungen ankündigt, die aber nie erzählt werden. Oder soll ich das Geschehen doch nicht in einer Traumlogik vermitteln, in der immer auch Fehlentscheidungen aus Eitelkeit, Spießigkeit und Verwirrung des Protagonisten getroffen werden. Man kann Kafka nicht mehr kopieren, er hat die zentralen Fragen gestellt und wird nun von Geoffroy de Lagasnerie auf seinen Umgang mit der Justiz geprüft. »Misstraut Kafka!«[69], ist sein Votum, ich möchte ihm aber gar nicht misstrauen, zumindest nicht so, mit diesem Ausrufezeichen. Ich bin eine, die auf Kafka hereingefallen ist, auf seine Willkürkritik, die aber nur ein Teil des ganzen Gefüges ist, wie man schon alleine aus der Lektüre von Deleuze' und Guattaris Kafkabuch[70] erfahren kann. Ich habe auch nicht damit gerechnet, Kafka verteidigen zu müssen, und dafür bin ich einen Moment lang dem französischen Philosophen dankbar. Bisher ging ich davon aus, ihn gegen seine Freunde verteidigen zu müssen, gegen Vereinnahmungen, Kafka ist ein Monument, schlimmer noch: Schulstoff, immer ist schon alles über ihn gesagt, doch nun dieser Einwand, der sich nicht wie in den 60ern und 70ern des letzten Jahrhunderts gegen das »Unpolitische« oder »Antiaufklärerische« Kafkas frei nach Brecht wendet, das zu Verrätselte in seinen Texten. De Lagasnerie nimmt Kafkas Willkürkritik demokratisch ernst, sie würde das Zusammenspiel zwischen Verfahren und Entscheidung boykottieren. Kafka fordere, so erfahre ich, Legitimation durch Verfahren, und zwar so extrem, dass gar keine Entscheidungen mehr getroffen werden dürften.

Es war viel los in den letzten Jahren, und die Dinge sehen heute anders aus als in langen Jahrzehnten der Kafkarezeption, die ich alleine biographisch mitbekommen habe. Staats- und Systemkritik scheinen nur noch von rechts zu kommen, alles wirkt irgendwie verkehrt, die Täter sind die Opfer, um ihre nächsten Taten zu rechtfertigen, die Kritik kommt von falscher Seite, die Argumente werden einem im Mund umgedreht, gleichzeitig gab es mit zahlreichen bundesweiten Demonstrationen einen massiven Widerstand nach dem Bekanntwerden der sogenannten »Remigrationspläne«. Doch im Hintergrund werden Institutionen wie das Goethe-Institut, die Deutsche Welle, die Bundeszentrale für politische Bildung, der DAAD, die Akademie der Künste und viele andere (ganz zu schweigen von der freien Szene) massiv gekürzt oder mit massiven Kürzungen bedroht. Nicht nur im öffentlich-rechtlichen Rundfunk glaubt man an eine algorithmengestützte Wahrnehmung der Gesellschaft, nur so würden Reichweiten erzeugt, und der schöne Begriff des »Gegenalgorithmus«, den uns Alexander Kluge schenkte, ist nicht mehr zur Hand.

Ach, könnte ich doch so was in Gang setzen, eine Maschine, die wie eine Wette funktioniert. »Wie sehr kann ich in einer Schilderung das Gericht behaupten und ihm gleichzeitig sämtliche Grundsätze und Verfahren nehmen?« Das unterstelle ich zumindest Kafka beim Wiederlesen nach all den Jahren. Dass es eine Wette war, Prinzipien, die die moderne Gerichtsbarkeit seit der Aufklärung in Europa ausmachen, wegzunehmen, ohne dass sich der Sinn der Institution verliert. »Wie sehr kann ich mich glaubwürdig widersprüchlich verhalten? Wie sehr kann ich das Gericht entkleiden?« Ich bin mir ziemlich sicher, dass Franz Kafka diese Wette mit sich abgeschlossen hat, wie vielleicht alle Autor:innen Wetten mit sich abschließen. Und nur bei den wirklich interessanten wissen wir nicht, wer sie am Ende gewonnen hat. Zurück bleiben wir bei Kafka jedenfalls in den Dachböden der Stadt. Denn das Gericht hat keinen klaren Ort mehr, es ist dort untergebracht, in den Gebäudeteilen der Häuser, die von der Hausgemeinschaft besetzt werden können. Dem Gemeinschaftseigentum. Die Advokaten sind im zweiten, darüberliegenden Dachboden untergebracht, ein ärmlicher Ort, den deren »Einwohner« gar nicht renovieren dürfen, so dass sie absurderweise manchmal mit ihren Beinen durch die Decke brechen, und so im Gerichtssaal während der Verhandlung plötzlich Füße prozessunbeteiligter Advokaten von der Decke baumeln. Sie finden das komisch? Ich auch. Vielleicht finden Sie es nicht mehr komisch, wenn diese Advokaten zur Erholung von Gerichtsdienern die Treppe heruntergeworfen werden, wie es in Kafkas Romanfragment *Der Prozess* heißt, überhaupt, wenn Gewalt droht, aber jemand hat gerade eine Wette gewonnen, und das ist auch bemerkenswert. Nur wir verlieren sie andauernd. Denn wir dürfen uns nur noch affirmativ verhalten, das System bekräftigen, man hat uns die Kritik gestohlen und die Lücken sind längst woandershin organisiert worden. Aber immer noch machen dies Juristen gerne: Gesetzeslücken schließen. Andere halten offen, wo es nur geht.

War ja nur Spaß, behaupteten inzwischen einige Polizeizeugen vor Gericht. Die Chatgruppe rund um die Konstabler Wache in Frankfurt nannte sich »Itiotentreff«. Von ihr aus wurde die Hetze auf Seda Başay-Yıldız ermöglicht. »Zweck der Gruppe war es, durch Einstellen schockierender Inhalte die Chatmitglieder zu ›belustigen‹«, schreibt das Oberlandesgericht Frankfurt. Das sagt ja schon alles. Sie verkleinern sich, meinen, das dürfe man doch nicht so ernst nehmen. Wo bleibt der Spaß? Man dürfe ja gar nichts mehr sagen. Die Sprachpolizei sei wieder unterwegs. Schon wieder die »Geschichtslehrerinnen mit dem strengen Blick«, das ist das Stereotyp, das derzeit in rechten Kreisen kursiert und mir auf einer Zugfahrt mit grölenden Fußballfans zum ersten Mal als Beschimpfung begegnet ist. Im Großraumwagen wurden Lieder laut abgespielt, die die Vergewaltigung von minderjährigen Mädchen feierten, doch als eine Passagierin die Bande dazu aufforderte, sie sollen es mal sein lassen und das leiser stellen, es seien noch andere im Raum, wurde sie glatt als Geschichtslehrerin von den Grünen beschimpft, was ich erst einmal komisch fand. Seither lässt mich diese Geschichtslehrerin allerdings nicht mehr los. Überall steht sie dem Spaß im Weg. Den möchte man ungebremst. Und hat man wohl am meisten, wenn man anderen Gewalt androht oder sich über Schwächere lustig macht. Doch Spaßbremse und Beleidigte ist die, die sich dagegenstellt, mehr, Feindin, der symbolisch Gewalt angedroht werden darf. Man wird doch noch dürfen. Sie kennen das.[71] Es ist wirklich schwierig geworden mit dem Spaß. Nicht ernst gemeint ist so vieles, was da kommt, der Konjunktiv bricht immer im richtigen Moment aus, er ist nicht justiziabel, das wissen alle, man bedient Codes, die intern bekannt sind, um sich zu verständigen, die Leute wissen dann schon, was gemeint ist. Lücken, mit denen gearbeitet werden kann, Lücken, die im Unterschied zu den Gesetzeslücken niemals geschlossen werden können.

In Kafkas Gerichtswelt ist inzwischen einiges ins Rutschen geraten, vor allem die Zeitökonomie, vom Beschleunigungsgebot kann bei ihm keine Rede sein, es kommt nie zu einem Urteil, wir erleben nur dessen steten Aufschub, bis eine plötzlichen Vollstreckung stattfindet. Vielleicht kennen wir das aus anderen Bereichen, der Privatwirtschaft, öffentlichen Institutionen, immer dabei auch die Unklarheit, wer letztendlich entscheidet. Flache Hierarchien können nicht verhindern, dass auch bei uns hinter der einen Person immer noch eine andere steht, eine verkehrt herum gebaute Babuschka, immer erscheint da noch eine größere, noch bedrohlichere, und entrücktere. Kafkas Türhüter vor den Toren des Gesetzes wirkte schon sehr groß und furchterregend, aber dahinter finden wir eine unendliche Reihe von noch mächtigeren Türhütern, deren Fürchterlichkeit dem kleinen Mann vom Lande gar nicht genauer beschrieben werden könne. Es sind Instanzen, die für ihn nicht mehr ansprechbar sind. Ein Unendlichkeitsbild, das hilft, den Raum hinter der Tür zu imaginieren. Als nicht überblickbar und abstrakt.

Es ist faszinierend, wie sich das Kafka'sche Gericht in seinem Roman ausdehnt, wie es alles besetzt, und sich doch nur von Gerüchten nährt. Die Menschen um den Protagonisten wissen, gleich, wo sie sind, immer bereits von der Anklage, die der Protagonist nicht einmal kennt. Ansonsten ist alles voller Widersprüche: Es gibt keine Akten. Es gibt doch Akten, sie bleiben stets vorhanden und können rausgezogen werden von Richtern und so wieder »verlebendigt«. Es gibt nur Erfahrungswissen im Gericht. Man muss sich abfinden mit diesem Zustand, darf aber nie aufhören zu kämpfen. Man muss stets für den Prozess arbeiten, es ist aber eine völlig sinnentleerte Arbeit. Unter der ersten Wette liegt bereits eine zweite: »Wie viele Widersprüche bekomme ich unter, und es bleibt doch plausibel?« Auch die hätte er heute bereits verloren, denn die Widersprüchlichkeit ist dermaßen in den medialen Diskurs gewandert, dass man das nicht mehr kenntlich machen kann.

Wir leben in einer Zeit, in der die Begehrlichkeit, medial als Opfer dazustehen, groß ist. Mehr noch, Täter geben sich meist als Opfer aus, um ihre nächste Tat zu rechtfertigen. Der alte Witz »Die Deutschen werden

den Juden den Holocaust nie verzeihen«, ist plötzlich in eine Dauerschleife geraten. Seine Bitterkeit ist allerdings kräftig nachgedunkelt und überdeckt alles. Die Pointe ist verschliffen.

Spaß macht es wohl auch, dem Opfer die Worte im Mund umzudrehen. Plötzlich ist das Opfer der Täter, weil es diesen dazu gebracht hat, zuzuschlagen. Man habe provoziert, da musste ja damit gerechnet werden, und jetzt leide der Täter unter seiner Tat. Und ist eigentlich das Opfer. Oder: Eigentlich hat das Opfer zuerst etwas getan, der Täter habe lediglich reagiert. Oder: Das, was ich aus Erfahrung beschreibe, ist Ideologie. Solide Berichterstattung fake news. Oder: Die Äußerung von echter Kritik ist nur abgehoben und destruktiv, oder umgekehrt, meine Kritik ist immer nur Scheinkritik, ich sei mit ihr immer nur affirmativ in unserer liberal-demokratischen Welt. Oder: Freiheit besteht darin, die Freiheit anderer zu vernichten. Wir kennen das alles zur Genüge, aber wie ich bereits feststellte, erst wenn es einen wirklich betrifft, beginnt man das Ausmaß zu begreifen. Wir brauchen auch nicht unbedingt das Putin-Regime oder das Gebaren von Donald Trump, um Beispiele dafür zu finden, sie sind bereits um uns herum, und ich frage mich, wie viel davon eine liberale Demokratie verträgt. Da macht es doch mehr Freude, auf Kafka hereinzufallen.

Wer hat eigentlich behauptet, dass wir Kafka vertrauen sollen? Ich erinnere mich nicht, so etwas jemals gehört zu haben, selbst in meiner österreichischen Schulbildung kam das nicht vor. Ist er etwa ein Autor des gesicherten Erzählens? Geht es nicht absolut am Wesen der Literatur und ihrer Lektüre vorbei. Besteht das, was Literatur in Gang setzen kann, nicht in diesen sich verschiebenden Lücken, als Ausweis unserer Blindheit, die auch nie am Fleck bleibt? Literatur ist der Ort, an dem Ambiguität auszuhalten erlernt werden kann[72], sie ist kein Verlautbarungsorgan der Politik oder der Justiz. Die Frage ist also vielmehr, wohin kann ich etwas weiterbewegen, das ein Autor für mich in Gang gesetzt hat. Wenn ich seine Bewegung mit ins Gericht nehme, dann nicht als Ästhetisierung des sich vollziehenden Prozesses, sondern als Unterbrechungen des allzu festgefahrenen Wirklichkeitssinns und Erweiterung des Möglichkeitsraums. Wie kenntlich machen, dass es auch heute Volljuristen gibt, die plötzlich wie jene Gerichtsdiener in Kafkas Roman Advokaten zum Vergnügen die Gerichtstreppen hinunterwerfen, so, dass die Drastik noch verstanden wird?

Dem realen Gericht kommt heute eine besondere Aufgabe zu, es steht mehr und mehr im Ruf, die Demokratie zu retten, wo es die Politik nicht vermag. Auf internationaler Ebene ist es bedroht, in Polen und Ungarn hat sich gezeigt, wie schnell die Justiz politisch zu kapern ist. Auch bei uns finden sich immer neue Problematiken, und man soll nicht annehmen, es gäbe hierzulande keine rechtsextremen Richter.[73] Auch im

Amtsgericht steht dieses »Wir« in Frage, es wird dort durch Schöffen repräsentiert, ein Amt, das Rechtsextreme im Visier haben. Es sind also längst nicht nur rhetorische Gesten, die sie zeigen, um dieses »Wir« zu übernehmen. Unterdessen sind die unabhängigen Gerichte in Deutschland weiter rechtsextremen Angriffen ausgesetzt. Exemplarisch der von Björn Höcke kurz nach seinem verlorenen Prozess 2024: »Ich verspreche euch, wenn die AfD an der Regierung ist, dass politische Schauprozesse aufgearbeitet werden. Dann wird es eine neutrale Justiz geben, dann werden wir wieder eine ordentliche Rechtspflege haben, dafür werden wir sorgen.«[74] Der gemeinsame Feind ist klar, und er kleidet sich in der Rhetorik des »Ordentlichen«. Der Begriff des Neutralen wird hier usurpiert. Es ist nicht mehr klar, was mit ihm gemeint ist.

Ach, könnte ich etwas in Gang setzen, was die Freiheit einer Wette noch aufweist.

Wer aber jetzt die Wette aufstellen will, wie weit wir von unserer Vollstreckung entfernt sind, jenem Moment, in dem die beiden Herren mit den Zylinderhüten und den leeren Gesichtern auftauchen, die einen dann abstechen wie einen Hund, dann bin ich nicht mit dabei. Dann gehe ich mit leeren Händen.

Die drei Affen
bleiben nicht mehr auf Linie

Wenn man lange genug auf die Affen starrt, verschiebt sich etwas, aber eigentlich entsteht zwischen ihnen niemals eine Lücke, sie sehen sehr vollständig aus. Das macht die Konstellation. Man sieht den Zusammenhang und nicht die Lücken. Es entsteht das Gefühl, dass, so lange ich auch starre, sie immer schon viel länger dasitzen. So, als täten sie das schon über alle Zeit hinaus. Es ist keine Augenblicksaufnahme auf Instagram, so was ist jahrelange Übung. Was war das für eine Schule, durch die sie gegangen sind? Konfuzius, wird gesagt, oder japanische Mönche. Nichts Böses hören, sagen, sehen. Das hatten wir schon. Aber das stimmt nicht mehr, das hat sich verändert. Sie sind nicht mehr die Mauer gegen das Böse. Vielmehr könnte das Bild der drei Affen heute darauf aufmerksam machen, dass wir immer etwas verpassen. Die drei dargestellten Sinne sind niemals komplett. Immer fehlt etwas in diesem Zusammenhang, immer kann einer etwas nicht. Gerade weil sie eine Dreierkonstellation darstellen, also ein System, können sie diesen Verlust zeigen. Deswegen müssen sie vermutlich in einer Linie sitzen. Sie sind ein Wahrnehmungsproblem.

Schon die Affen meiner Großmutter waren nach vorne gerichtet und wendeten sich von einem spezifischen Geschehen auf unterschiedliche Weise ab, nur rätselhafterweise nicht mit ihrer Körperhaltung. Lässt sich eine derart gerade Linie überhaupt heute noch beschreiben? Zerfällt die Welt nicht in Blasen, und ein Affe sollte dort, der andere da und der dritte dort drüben sein? Die ohnehin nur relativ wahrgenommenen Phänomene werden in ihren Kontexten aufgelöst, d. h., der Kontext übernimmt, der gleichzeitig geleugnet oder versteckt wird. Ist die grundsätzliche Aufgabe der Literatur, Verbindungen herzustellen, deswegen schon heikel geworden? Spricht man von ihrem manipulativen Potenzial? Nein. Es gehört nun wahrlich nicht zu den literarischen Tugenden, untergründig Narrative zu bedienen und Affekte hervorzurufen, die frei flottierend von Hatern benutzt werden können, aber natürlich gibt es auch solche Literatur. Vielleicht ist diese literarische Arbeit, herrschende Narrative zu unterlaufen und Affektsteuerung sichtbar zu machen, einfach weniger wichtig geworden, und andere Aufgaben treten in den Vordergrund, die eher Narrative bestärken oder verändern – Kunst als Waffe für die Demokratie.[75] Oder: Literatur als Ort, eine Hypothese einzubringen, etwas auszuprobieren, rein nach vorne zu gehen und sich nicht mehr am Bestehenden abzuarbeiten. Das wäre ein schwieriger Befund. Gerade in einer Situation, in der ständig Konflikte für eigene Agenden instrumentalisiert werden und die Geste der Kritik dazu dient, unser demokratisches

System auszuhebeln oder zu Pauschalurteilen gerinnen zu lassen, muss man sie wieder zurückerobern. Nur wie? Durch weitere Emotionalisierung? Müssen wir immer nahe am Menschlichen bleiben, und im Dokumentarischen an der Biographie, wie es von Redaktionen eingefordert wird? Das hören zumindest unsere Affen ungern. Vielleicht gilt es gerade dann, wenn Opfer-Täter-Umkehr ein stetes kommunikatives Umfeld wird, so dass man nicht mehr entlarvend hinterherkommt, sich den grundsätzlichen Wahrnehmungsvorgängen zuzuwenden. Irgendwer wird dabei allerdings sicher behaupten, man würde doch sehen, die Affen würden nicht mehr wirklich stillsitzen, sie seien in Bewegung geraten, aber so schnell, dass es wie ein Stillstand aussieht. Glaubt dieser Person nicht!

Eine Sonnenfinsternis herstellen

Nicht zu sehen, obwohl es etwas zu sehen gibt. Nicht zu sehen, weil jemand einem das Bild verstellt. Nein, weil jemand langsam ins Bild kommt und dort einfach stehenbleibt. Weil mit Nebelkerzen geworfen wird. Einfach nicht hinschauen können. Das Bild nicht scharf gestellt bekommen, die Übersicht verloren haben. Die Größenverhältnisse falsch eingeschätzt haben. Zu lange über etwas hinweggesehen haben und jetzt den blinden

Fleck nicht einkalkulieren wollen. Etwas nicht genau genug beobachtet haben. Die Augen fallen einem aus. »Das muss ich wohl übersehen haben.« Sich weiter gegenseitig im Bild stehen. Die Sichtverhältnisse eintrüben lassen, die Brille nicht geputzt haben, die Brille nicht ersetzt haben, einfach unterbrochene Sicht gehabt haben, »da waren so Schlieren vor den Augen«. Ganz plötzlich nicht mehr die Hand vor den Augen sehen können, »da habe ich wohl den falschen Filter genommen«. Partielle Blindheit erworben haben. Mehrfach unterbrochene Sicht feststellen. Das Bild nicht scharf gestellt bekommen, Vordergrund von Hintergrund nicht getrennt bekommen. Keine Perspektive konstruieren können, von Tiefenschärfe ganz zu schweigen. Etwas ist ganz von der Bildfläche verschwunden, aus dem Sichtfeld geschlagen. »Ich habe es wohl zu auswendig gesehen und übersehen, dass es gar nicht mehr da ist.« – »Ja, du siehst zu auswendig, da entdeckst du nichts mehr, Bildfehler, Bildlücken.« Das Bild übersetzt sich nicht mehr. Die Augen habe sie allerdings ohnehin längst nicht mehr auseinanderbekommen, und er: ja, so was wie Tomaten auf den Augen haben, wäre jetzt zu vermuten – »sagtest du schon«. Das Bild in Scherben lässt sich eben nicht mehr rekonstruieren. Die verrutschte Szene lässt sich nicht mehr herstellen. Falsch rangezoomt haben oder zu schnell rausgezoomt. Verpixelung vermuten, wo einfach keine ist, aber »das legt sich dann drüber«. Das Übersehene nicht nachträglich einfügen können. »Hast du etwas erkennen können?« – »Nein, ich habe meine

Hand vor den Augen nicht mehr gesehen, so neblig war es.« Schon wieder. Ja, ja, die Sachen sind zu schnell geschehen. »Da ist doch gar nichts passiert, das war nur eine Erscheinung, ein Phantom. Mehr wie eine Vision.« Das sich einstellende Bild bereits eilig übertünchen. In dem Moment, in dem etwas passiert, einfach nicht hinschauen. Hernach behaupten, etwas nicht gezeigt bekommen zu haben. Sagen: »Es wurde mir einfach nicht dargestellt. Zudem leide ich schon länger unter Gesichtsblindheit – ich kann Menschen einfach nicht wiedererkennen. Verstehen Sie?« Eine Gesichtsblindheit kann aber nicht so einfach in eine Geschichtsblindheit umschlagen, ganz ohne weiteres. Das jetzt nicht einordnen können, also die Bemerkung. Allerdings den wichtigsten Orientierungssinn ohnehin längst verloren haben. Das war's aber auch. Schon vorüber. Wirklich. In echt. Nun stellt sich alles wieder ein, alles ist wieder sonnenklar. Das reine Bild der Gegenwart, transparent.

Nur abends noch, wenn wir in den Sternenhimmel sehen, zeigt sich uns ein Panorama. Es ist aus verschiedenen Vergangenheiten zusammengesetzt, wissen wir, je nach Entfernung der Sterne. Das wissen wir also im Dunkeln für einen Moment: Wir sehen da oben nicht, was ist, sondern was war. (Dann allerdings kommen Elon Musks Starlink-Satelliten wieder vorbei und zerstören diese Klarheit.)

Listening all Night to the Rain

John Akomfrahs Beitrag für den britischen Pavillon auf der Biennale in Venedig von 2024 verbindet das Hören mit der Frage einer widerständigen Praxis gegen imperialistische Unterdrückung und Reflexion der Diaspora. Er bezieht sich dabei auf den Ethnologen Steven Feld, der in den frühen 1990ern den Begriff der Akustemologie, einer akustischen Anthropologie, aufgriff und das Hören mit dem sozialen Sein des Menschen verband. Hören als Praxis der Verbindung zwischen den Menschen und ihrer Umwelt. »Listening is an act of connecting to species – human and not human«, steht erklärend zu akusmatischen aufgebauten Installationen Akomfrahs im Pavillon, die er frei nach Ezra Pound als Cantos bezeichnet. Hören wird zum Verbindenden, Sehen als das Trennende. Diese kulturgeschichtlich immer wieder getroffene Feststellung wird hier mit einer aktivistischen Note verbunden. Dass Akomfrahs Beitrag »Listening all Night to the Rain« heißt und bewusst das Wasser akustisch in den Vordergrund holt, kommt dabei nicht von ungefähr. Gerade das Wasser öffne unseren Erinnerungsraum. Es ist nicht nur in seiner Flexibilität und Wucht, sondern auch in seiner Qualität des Überraschens und des schnellen Aufnehmens ein Symbol für Umwelt schlechthin. Wasser durchsetzt allerdings auch Situationen, es erzeugt im Rauschen auch ein Nichthören. Es filtert Geräusche aus dem Hörraum, belegt die Situation mit dem Abwesenden. Vielleicht liegt auch darin seine beruhigende Wirkung. Das kann aber auch ganz anders wahrgenommen werden. Nach seiner Befreiung in Mali hat das deutsche Entführungsopfer, der Entwicklungshelfer Jörg Lange, berichtet, wie viel Angst er in der Wüste vor den Starkregenereignissen gehabt habe. Sie seien sehr plötzlich gekommen, und man hatte Angst zu ertrinken. Das sei es, was ihn bis heute verfolge: »Wenn ich ein Donnern höre, kommt die Angst zurück.«[76] Nach der Flutnacht im Rheinland war in meinen Gesprächen mit Zeug:innen der Katastrophe immer gleichzeitig von einem irrsinnigen Getöse des Wassers wie von einer unheimlichen Stille die Rede, als ob das direkt nebeneinander bestanden hätte, wie ein ständig changierendes Geräuschbild. Aber wie sich nun an so etwas erinnern?

Land unter (den Fokus verlieren)

Wir haben da etwas falsch verstanden. Flüsse sind Gebiete, sie durchfließen nicht unsere Städte, nein, es ist umgekehrt, wir sind ihr Zuflussgebiet. Sie sind auch nicht Transportwege oder gar Highways, Wasserautobahnen zwischen A und B, sondern sie bewegen A und B. Dass ein Fluss das Land verändert, wie man am Misissippidelta, am Nildelta oder am Delta des Ganges in Bangladesch sehen kann, wie man eigentlich an allen Deltas sehen kann, ist ein Umstand, dem lange genug entgegengearbeitet wurde. Schon alleine die Tatsache, dass ein Fluss nicht nur ein Fluss ist, sondern auch sein Einzugsgebiet, haben wir (na ja, die betroffenen Anwohner:innen) in Mitteleuropa, in den Gebieten um Rhein, Donau und Elbe zuletzt wieder schmerzhaft lernen müssen. Plötzlich kennen wir all die Namen der kleinen Zuflüsse, die in jeder Flut immer viel mehr das Problem sind als ihre großen Geschwister. Es erstaunt nicht, dass Flüsse insofern historisch gesehen das erste Objekt des Geoengineering waren – sie wurden schon im Altertum begradigt, umgeleitet, überbaut. Logisch, vom richtigen Gebrauch des Wassers hängt unser zivilisatorisches Überleben seit eh und je ab. Selbst ihre Fließrichtung wurde bereits verändert, ein Umstand, den ich allerdings selbst kaum glauben wollte. Aber die Geschichte des Chicago River konnte ich in dem großartigen Buch der amerikanischen Wissenschaftsjournalistin Elizabeth Kolbert *Wir Klimawandler*[77] nachlesen. Man könnte mit dieser Lektüre auch meine imaginäre Liste ergänzen: Flüsse sind weniger Reservoirs für Gratis-Ressourcen, sondern Lebensräume für die unterschiedlichsten Arten. Gerät das Gleichgewicht aus den Fugen, ist auch das veränderbar. Man siedelt Arten an, die das vielleicht wieder »zurechtrücken« können. Doch erzeugte die aus ökologischen Gründen erfolgte Ansiedlung der Silberkarpfen in Nordamerika eine neue ökologische Katastrophe, so heftig, dass diese Fischart in einem Interview Kolberts sogar scherzhaft als »Staatsfeind Nummer eins«[78] bezeichnet wird. Ihr Buch lehrt mich von neuem, dass der Versuch, in die Natur zu ihrem Besten einzugreifen, nicht unbedingt zielführend ist, aber es auch nicht ohne dieses Eingreifen gehen wird, wollen wir als Spezies überleben. In diesem Dilemma sind wir gefangen.

Ja, wir haben da etwas falsch verstanden: Wir sehen Flüsse nach wie vor als kostenlose Stromerzeuger an, denen wir natürlich nicht zugestehen können, dass sie plötzlich verschwinden, versickern, unterirdisch weiterfließen und woanders wieder hochkommen. So was gibt es gar nicht so selten. Da sind zum Beispiel die Donauquellen und der Aachtopf, da begegnen sich sogar die Flussgebiete von Rhein und Donau. Anlässlich einer Lesung in Aach hat man mir erzählt, es gebe dort im unterirdischen Bereich besondere Fische aus dem Rhein, die unterwegs im neuen unterirdischen Habitat ihre Farbe verloren haben, wie man bei den regelmäßig stattfindenden Tauchgängen festgestellt hat. Man färbte das Wasser, um festzustellen, ob wirklich eine Verbindung zwischen diesen beiden Flüssen besteht – und ich frage mich, wozu das alles? Um Geisterflüsse zu finden, gar um sie zu verstehen?

Halten wir fest, dass es natürliche Geisterflüsse gibt, nicht nur den mythischen Styx oder andere Unterweltflüsse, für deren Überquerung wir Fährleute benötigen, die irgendwie merkwürdig bezahlt werden wollen. Eine

Währung, auf die wir uns nicht mehr verstehen. Natürliche Unterweltflüsse und künstliche, entstanden durch Überbauung und Überdeckung wie die Veluša und Priștevka im kosovarischen Pristina, das jetzt als flussfrei gilt, oder ein Fluss wie die Emscher in Nordrhein-Westfalen, die ein trauriges und schmuddeliges Schicksal ereilte, von der die Schriftstellerin Enis Maci in ihrem Theaterstück *Mitwisser*[79] schreibt. Es gibt temporäre Flüsse, die nur zeitweise da sind, wie der Tagliamento in Norditalien, der im Sommer hauptsächlich sein riesiges Flussbett, bestehend aus Schottersteinen und Geröll, zeigt. Aber letztlich haben alle Flüsse ein Flussbett, das sie jetzt immer öfter freilegen, die Hungersteine zeigend, die man vor Hunderten von Jahren dort beschriftet hat: »Wenn du uns siehst, droht eine große Not.« Ein Flussbett, das sie aber auch übertreten können und weite Landstriche in eine Wasserwüste verwandeln. Sie verbergen also und enthüllen, je nach Zustand. Sie sind reißend, monströs, sie aber als Landgewinnungs- oder Vernichtungsmaschinen zu bezeichnen, zögere ich, das wäre das falsche sprachliche Register. Aber haben wir überhaupt eine richtige Sprache für sie? Ich kriege sie nicht scharf gestellt, und Flussgottheiten helfen mir dabei leider auch nicht. Mythische Flüsse kann man niemals alleine überqueren, und es verhält sich nun mal so, dass ich derzeit alleine unterwegs bin, mir in letzter Zeit keine Fährleute begegnet sind, die mir diesbezüglich Übersetzungshilfe leisten. Dafür umso mehr Rechtspersonen. Flüsse sind in einigen Ländern neuerdings nämlich Rechtspersonen, sie können klagen, wenn ihre Rechte beschnitten werden, und das ist doch eine unglaubliche Sache, das hätten wir uns alle vor fünfzehn Jahren niemals vorstellen können. Und vor zehn Jahren hätten wir noch gesagt, ja vielleicht in Ecuador und Bolivien mit ihrer Pachamama, jenem Konzept der »Mutter Erde«, das sogar in deren Verfassung aufgenommen wurde. Vielleicht gibt es dort die Idee vom »guten Leben«, oder in Neuseeland mit ihren Maori und deren indigenen Rechten, die sich direkt in Flussrechte übersetzen lassen, aber wir, wir hier haben keine Indigene, und das »gute Leben« ist so weit weg von uns. Dann kamen aber Kalifornien und Spanien, es rückte immer näher.

In Städten mit Pegelständen weiß man schon lange von dem Gewicht ihrer Natur. Viele der Umweltinitiativen beschäftigen sich in Mitteleuropa mit dem Wasser. Immer ist es zu viel oder zu wenig, nicht in Griff zu kriegen, der Trockenstress in Ostdeutschland, die grauen Wälder in Mitteldeutschland oder die Wasserwand, die auf einen plötzlich zukommen kann wie im Ahrtal, das vollgelaufene Niederösterreich von 2024, das sind alles Erfahrungen, die wir gemacht haben und nun auch in unseren Breitengraden verstehen könnten, dass die Grenzen unseres Planeten erreicht sind. Dazu brauchen wir heute eigentlich keinen Erdüberlastungstag, keinen bundesweiten Warntag mehr mit Statistiken und Gradzahlen. Die Problematik ist längst angekommen, die Lösungswege sind umstritten, deren Spektrum groß: Von der Abkehr der Flutung der ehemaligen Braunkohle-tagebaugebiete in der Oberlausitz (Seen sind aufgrund ihrer Verdunstungsfläche absurderweise die größten Entwässerer von Landstrichen, zudem müsste die Spree sechzig Jahre komplett reinfließen), bis zur Veränderung von Bodenstrukturen in Städten, die ein Versickern er-möglichen. So gibt es von einer »Regenwasseragentur«[80] »Schwammstadtführungen«, die einem näherbringen sollen, dass das Wasser in den Boden versickern kön-nen muss, wollen wir keine vollgelaufenen Keller und Erdgeschosse. Versickerungsagenten sind unterwegs, oder Tonbauten werden aufgestellt wie jene Rotunde in St. Pölten, die dank ihrer Wasseraufnahmekapazität das Mikroklima eines städtischen Platzes entscheidend verändern kann, auch wenn dieser Platz ein reiner Ver-kehrsknotenpunkt ist. Von der Kontingentierung bis zu Überschwemmungswiesen sind in den letzten beiden Jahrzehnten viele Werkzeuge des städtischen Wasser-managements sichtbar geworden, und sie bringen mit ihrer Praxis eine ganz eigene, sehr plastische Sprache hervor, die Ökonomie und Technik, Kultur und Natur als eng ineinander verschränkt ausweist und zeigt, wie schwer man im ökologischen Management bei der Um-setzung der Maßnahmen aus den ökonomischen und politischen Rahmen herauskommt.

In der Fiktion suchte die Hörspielserie *Konferenz der Flüsse* diese Verschmelzung der Rahmen deutlich zu machen. Die Autor:innen des »Theaters des Anthropo-zäns«[81], Frank Raddatz und Denise Reimann, haben in der Bearbeitung und Regie von Leopold von Verschuer eine groß angelegte Konferenz entstehen lassen, in der die Flüsse der Welt miteinander ins Gespräch kommen. Es hat Witz, wenn hier Gewässer als Einzelpersonen mit starker dialektaler Einfärbung auftreten, deren Charakterisierung durch eine akustische Anmutung eines ständigen Fließens unterlaufen wird – man kann diese Konferenz als fiktives Emanzipationsmoment vom Menschen verstehen, von der Beschwerde bis zur Revolte ausgelegt, und gleichzeitig durch die Inszenierung als affektive Bindung an den Menschen, eine affektive Bindung, die uns in Bezug auf die Natur abgeht. In der bildenden Kunst findet mehr und mehr das Multispecies-Storytelling statt, im Theater ist das Nachdenken über nichtmenschliche Akteure schon längst präsent, wo wir vor zehn Jahren es alleine mit einem poetischen Abschiednehmen von der Natur zu tun gehabt haben, mit der ökologischen Trauer (ecological grief) haben wir an poetischen Verlustlisten gestrickt, wir haben uns nicht mit den Bienen, den Eisbären und Löwen als Botschaftertieren zufriedengegeben, sondern die lateinischen Namen der gewöhnlichen Gartenpflanzen herausgesucht und sie aneinandergereiht.[82] Denn gerade die Tatsache, dass das Gewöhnliche verschwindet, erzeugt erst die Trauer. Erst die Sichtbarmachung eines Alltagsverlusts, etwas, das wir in Fragen der Ökologie nicht wirklich wahrnehmen, macht begreiflich, was los ist.[83] Sind wir darin wirklich weitergekommen?

Ich spreche diesbezüglich nicht von den Wildbienen,

nicht von dem gemeinen Löwenzahn, mehr von den Böden. Denn Abschiednehmen von den Böden, wie geht denn das, hätten wir uns dann plötzlich gefragt, oder gar Abschied nehmen vom Grundwasserspiegel, das geht irgendwie auch nicht, obwohl er sich ja so weit nach unten verzogen hat, 200 Meter tiefer als vorher. 200 Meter tiefer liegt ja ohnehin mittlerweile alles. Und das bei Starkregen. Weil die Böden dichthalten. Weil die Böden nichts mehr aufnehmen. Alles schießt immer gleich zum Meer, und wir wissen nicht, ob das Meer all das überschüssige Wasser aufnehmen kann, wir nehmen es einfach an, wie wir immer etwas annehmen, wenn wir es nicht genau sehen. Das wissen bereits andere für uns, überlegen wir, sie sagen dann, der Meeresspiegel steigt, als ob das so einfach ginge. Sie sagen auch, das Grönlandeis schmilzt, ein Eisschelf in der Antarktis bricht wieder einmal ab. Weil sie das bereits wissen, müssen wir es nicht ganz so wissen, ist unser Eindruck. Das ist natürlich falsch. Aber so können wir sagen, wir wissen das nicht, wir haben da keine Beobachterposition, wir haben überhaupt keine übergeordnete Beobachterposition, das ist einfach zu groß.

Auch der Exxon-Brief war zu groß, damals in den 70ern.[84] Sie erinnern sich an die fossile Industrieschweinerei des Erdölunternehmens Exxon, eine Studie in den 70ern in Auftrag zu geben und dann deren Ergebnisse zu dementieren, ja, eine Desinformationskampagne zu starten, die sich gewaschen hat. Die Umwelt hat sich nicht mehr gewaschen seither, aber der Brief der Wissenschaftler dann doch, zuerst weiß und dann grün gewaschen. Immer noch ist er zu groß für seine Adressaten. Anfangs passte er einfach in keinen einzelnen Postkasten, da hat das Unternehmen sich gesagt, ordern wir Gegenwissenschaftler und Gegenstudien, um ihn kleiner zu kriegen. Aber er wurde nicht kleiner, im Gegenteil immer größer, der Exxon-Brief hat uns alle mittlerweile überwachsen, er ist durch alle Briefkästen durchgewachsen, die es so gibt in der *corporate* Welt, und jetzt kennen wir sie alle, die Medienkampagnen, die immer und immer weiter die Wissenschaft als Kampfplatz inszenieren, wo es angeblich stets ein Pro und Contra gibt: Nein, der Klimawandel ist nicht menschengemacht oder doch. Und dann: Nein der menschengemachte Klimawandel kann nicht durch diese oder jene Maßnahme beeinflusst werden. Und dann: Nein, wir sind das falsche Land für diese Maßnahme, da soll doch ein Nachbarland ran. Oder die andere Seite des Planeten. Immer die andere Seite des Planeten ist jetzt für uns zuständig. Und so steht er da, der »Klimarechnungshof mit seinem angezählten Planeten«, zumindest vor kurzem stand er so auf Facebook als Veranstaltung, nur wo? Aber vielleicht steht er auch bereits längst vor unserer Tür. »Macht da jemand auf? Kann da bitte jemand aufmachen?« Das ist so ungefähr unsere Situation, für die auch mein Fokus immer weiter verrutscht, als hätte ich die falsche Brille auf. Oder ist es eine permanente Gleitsicht, die falsch herum eingestellt ist?

Ja, auch ich habe den Fokus verloren, aber das ist nicht schlimm, denn schon ist von laufenden Klageverfahren zu lesen, die vor nichts weglaufen, Klageverfahren, wohin man schaut, juristischer Aufbruch. Es existieren plötzlich juristische Mittel, die wir uns abgucken können, da sind sie wieder, die Flüsse als Rechtspersonen, die Feuchtgebiete als Rechtspersonen, aber was heißt denn das in Folge? In meinen Gesprächen zu meinem Theaterstück *Das Wasser* waren die Juristinnen die Einzigen, die sozusagen Oberwasser hatten, um es mit einem passenden Bild zu benennen. Alle anderen Akteur:innen erzählten mir u. a. von fehlender Selbstwirksamkeit und Vergeblichkeit, nur die Juristinnen waren überzeugt von der Wirksamkeit ihres Handelns. Das war 2021 und 2022. Hat denn die Regierung irgendetwas geändert seit dem Urteil des Bundesverfassungsgerichts von 2021? Sie erinnern sich, das war die Sache mit der Generationengerechtigkeit und der Freiheit zukünftiger Generationen, die auf dem Spiel steht. Ist vielleicht z. B. ein Tempolimit in Deutschland eingeführt worden? Immer noch sehen wir nicht das ganze Bild, wir sehen immer noch nur einen Teil. Wer sieht für uns das ganze Bild? Der Geophysiker Johan Rockström sah das ganze Bild, er hat es uns übersetzt, einen langen Augenblick lang, und man beruft sich bis heute auf ihn. Das war die Grafik mit den planetaren Grenzen, die Phosphat- und Nitritfrage, die Biodiversitätsfrage, das CO_2. Wir aber (also u. a. Schriftsteller:innen aus Mitteleuropa) haben nicht richtig zugehört, vielleicht kann man nicht anders als nicht richtig zuhören, jedenfalls waren wir gerade beim Abschiednehmen. Von der Natur. Nennen wir es lieber Abschied vom stabilen Gleichgewicht, welches unser Überleben überhaupt ermöglicht. Filme zeigen das her, ganze Hollywoodfilme und auch halbe, meist genügen schon die halben.

Sie haben die Konsequenz bereits fiktional gezogen, und wir sehen, wie man dann zum Mars aufbrechen muss, wegen des fehlenden Gleichgewichts, obwohl der Planet bekanntlich überhaupt kein Gleichgewicht hat. Und dann gibt es da oben auf diesem Mars genmutierten Mais, der alles abkann. Ganz ohne Sauerstoff, ganz ohne Wasser, und dazwischen kleine Kinder, kleine Kinder in genmutierten Maisfeldern, die da rumlaufen. Kleine Kinder am Mars ohne Wasser unterwegs, und sie lachen und spielen Fangen. Ganz ohne Wasser. Ja, das ist es, oder? Das ist das Erstaunliche, dass das Wasser auf dem Mars fehlt, obwohl es dort so viele Wasserspuren gibt. Es ist von der Oberfläche in Richtung Weltraum entschwunden, heißt es, wer weiß, wo es dann hin ist, vielleicht aber gibt es noch Wasserreservoirs tief unten zwischen Gesteinsschichten, das wird jetzt vermutet, aber hier oben auf der Oberfläche nicht. Das sehen wir ja. Denn jetzt schickt die NASA-Sonde immer neue Bilder von der Marsoberfläche ganz ohne Wasser, und diese Bilder landen allesamt in unseren Social Media Accounts. Manchmal glauben wir auf diesen Marsbildern allerdings Trinkflaschen, Müll etc. zu erkennen und wundern uns.

Das Wundern ist allerdings eine Tätigkeit, die aus unserem Zustand erwächst. Bestehen wir (also wir als Spezies) nicht anfangs beinahe ganz aus Wasser? Zunächst zu 85 %, am Ende zu 70 %. Bei uns also ebenfalls ein Wasserschwund – nur, wohin verliert es sich? In den Weltraum? Nein, viel eher in die Nordsee, Ostsee, in den Atlantik. Ja, zurück zum Wasser, zurück zu den Flüssen und Gewässern und Grundwasserspiegeln, die immer tiefer sinken, in der Hochebene, auf der sich die Hauptstadt Mexikos befindet, die einstmals von einem großen See bedeckt war, wartet man bereits wieder auf den Tag Null, wenn alles Wasser verbraucht sein wird. Wenn die Stadt komplett auf dem Trockenen liegt. Dass sogar das Amazonasgebiet in Teilen zur Wüste wird – diesem Gebiet mit der höchsten Biodiversität auf der Welt – und Nebenarme des Amazonas austrocknen, dass diese aufgrund des Bergbaus voller Quecksilber sind, zu Orten des Todes mutieren, lässt den indigenen, brasilianischen Wissenschaftler Edson Krenak Naknanuk auf der *Art of Assembly*[85] im überschwemmten St. Pölten sagen: »Wir wissen nicht, was wir da tun.« Mein inflationärer Gebrauch des Wörtchens »wir« in diesem Text bekommt mit ihm eine andere Schlagseite, rettet sie. Sie streicht die koloniale Hegemonie durch, beginnt aber den Solidaritätsgedanken anzurufen. Der wird auch notwendig sein. Auf der Rückfahrt in die Stadt am Rhein notiere ich für mein Stück *Kein Plan (Kafkas Handy)*: »Dass das Wasser langsam in die andere Richtung fließt, haben Sie aber inzwischen doch bemerkt, sehen Sie, das wusste ich gleich, Sie sind gut im Beobachten. Ja, es hat die Fließrichtung verändert, es fließt jetzt nach Süden, nicht mehr zum Meer, das Meer wird nicht erreicht, das Meer wird nie mehr erreicht.«

Insgesamt sieht es so aus, als steuerten wir auf dieses Paradox zu. Für uns Menschen ist alles Wasser verschwunden, aber es bricht gleichzeitig über uns herein. Und ich sitze derweil immer noch in irgendeinem Zimmer und lese mit immer größerer Begeisterung in »Wir Klimawandler« von den zahlreichen Projekten des Geoengineering, der Biogenetik und der Umwelttechnologie. Es ist ein Buch des Scheiterns. Den Ozean zu teilen, hat man nicht geschafft, aber Wasserhöhlen kopiert, in das ökologische Gleichgewicht eingegriffen mit Gendesign, die Idee, Aerosole in die Atmosphäre zu sprayen, Kohlendioxid über Basaltsteine aus der Luft zu ziehen, in Wasser zu lösen und tief in der Erde wieder zu Gestein zu pressen, bleibt als Hoffnung im Raum. Ich lese von Begriffen wie »Negativemissionen«, die das alles irgendwie auf den Punkt bringen. Hier wird immerhin gehandelt, sage ich mir in meinem Zimmer, hier gibt es tragische Helden, und es geht einmal nicht um einen moralischen Appell zum notwendigen Rückwärtsgang. Es sind konkrete Probleme, die konkret in den Griff zu bekommen sind, rufe ich mir selbst zu und lache mich aber gleichzeitig aus. Kolbert bringt es mit dem berühmten Zitat Albert Einsteins auf den Punkt: »Probleme kann man niemals mit derselben Denkweise lösen, durch die sie entstanden sind.«[86] Aber, so frage ich mich, sind sie jenseits davon für uns überhaupt noch lösbar?

Im Auserzählten

Stellen Sie sich vor, Sie hören Radio und hören diesen Bericht über absterbende Korallenriffe, brennende Wälder, Plastikinseln im Ozean. Nicht schon wieder diese Geschichte, rufen Sie. Aber stopp – hören Sie da überhaupt eine Geschichte? Sie denken, Sie hören eine Geschichte, aber das ist es nicht. Gut, setzen Sie nach, denn wenn es eine Geschichte wäre, wäre sie sehr schlecht erzählt.

Ich sage es vorweg, ich bin keine Geschichtenerzählerin, obwohl ich Schriftstellerin bin. Ich tue mich schwer damit, Szenarien zu etablieren, Figuren einzuführen, die einem herzzerreißend nahegehen, einen Plot zu stricken, der einen in Atem hält, mit dem entscheidenden Twist just vor seinem Ende. Und genau das verstehen wir gemeinhin unter Geschichtenerzählen. Unser Konzept davon ist verbunden mit einem linearen Gedanken: Geschichten bewegen sich von A nach B, sie haben Anfang und Ende, sie sind eine Entwicklung, vor allem der Figuren, die etwas durchleben, und, einmal erzählt, sind sie für uns ein Schatz, über den man verfügt, Ausweis für Reichtum. Je mehr Geschichten, desto besser.

Zumindest der Roman ist historisch untrennbar verbunden mit dem gedanklichen Prinzip einer Welt-Aneignung, von Kolonisierung und Fortschrittsgedanken. Ob man an Daniel Defoe mit seinem *Robinson Crusoe* denkt oder an Stendhal. Es mag auch Ausnahmen geben, doch meist bringt das bürgerliche Subjekt etwas mit aus seinem Abenteuer, es steht selten am Ende mit leeren Händen da. Sicherlich können wir diese Folie schon in der Spätmoderne oft kaum noch erkennen, doch selbst wenn wir Texte von David Foster Wallace, William Gaddis oder Elfriede Jelinek miteinbeziehen, gibt es da Bezüge und sei es als Absetzbewegung. Im Krimi- oder Fantasy-Genre ist die Nähe zu den historischen Vorbildern offensichtlicher. Abenteuer, Quest, Reise, Entwicklung und Suche sind zentrale Erzählmotive. Doch das Konzept sollte sich erschöpft haben, worauf uns viele Stimmen aufmerksam machen, darunter sehr prominent die Essayistin und Science-Fiction-Autorin Ursula K. Le Guin mit ihrem Konzept der »Tragetaschentheorie der Erzählung«.[87] Es brauche eine neue literarische Form für diese Welt, wollten wir nicht diese Ausbeutungshaltung fortsetzen, die unser aller Leben kosten wird. Vielleicht wird die neue Haltung wie ein steinzeitlicher Beutel funktionieren, vielleicht tentakulär wie ein Spinnennetz –

Schön und gut, werden Sie mich jetzt unterbrechen wollen, denn Sie sind schon ein wenig ungeduldig geworden. »Sie sind eine schlechte Geschichtenerzählerin, aber das tut nichts zur Sache. Schließlich geht es hier nicht um literarische Geschichten. Oder um besonders originelle, solche mit Neuigkeitswert.«

Sie haben recht. Es sind streng genommen keine literarischen Geschichten, auf die ich hinauswill, sondern das, was man gemeinhin Narrative nennt, also sinnstiftende Erzählstrukturen, die den Berichten und Kommentaren unserer Welt zugrunde liegen, soziale oder epistemische Erzählungen, die Schemata der Welterfassung darstellen, wie sie der Literaturwissenschaftler Albrecht Koschorke[88] beschrieben hat, die aber eigentlich mehr in der Sozialwissenschaft oder seit den Schriften von Antonio Gramsci in der politischen Ökonomie zu Hause sind. Das ist schon eine Weile her, dass wir über sie nachdenken. Wie leicht uns dieser Begriff noch heute von der Zunge geht und wie wenig Kontur er hat! Alles ist heute ein Narrativ. Ja, die Welt zerfällt uns geradezu in Geschichten, die allerdings oft genug ihre erzählerische Form verbergen und als Tatsachenbericht auftreten. Wir sprechen von gerontophobischen Narrativen, von Klimanarrativen, von wirksamen und mächtigen Narrativen wie dem Wachstumsnarrativ, welches wir trotz Antiwachstumsbewegung nicht und nicht loswerden. Alles vom Narrativ eines Produkts bis zum Narrativ einer Generation ist denkbar.

Und immer kommt es erst einmal einzeln daher. In Wirklichkeit bleibt ein Narrativ nie allein, es setzt sich gegen andere durch, es steht in Kontakt, es ist ein Bestandteil einer größeren Erzählung, für die wir keine so inflationären Begriffe haben. Der Narrativbegriff verdeckt eigentlich den Zusammenhang, in dem das Narrativ operiert. Wir sagen heute »Narrativ«, wo wir früher Ideologie meinten, wir sagen »Narrativ«, wo wir früher über ein Weltverhältnis nachdachten. Dieser Begriff funktioniert wie ein Platzhalter für einen Zusammenhang, weil er das Gewebe, die Struktur, in der er funktioniert, nicht zeigt.

Und plötzlich taucht er überall auf. Homo narrans, sagt Koschorke und anthropomorphisiert diesen diskursiven Zustand, womit er sich in bester Gesellschaft befindet. Andere wie der Literaturwissenschaftler Fritz Breithaupt gehen einen Schritt weiter in die Biologie und denken über *Das narrative Gehirn* nach, so sein letztes Buch[89], das den schönen Untertitel trägt: »Was unsere Neuronen erzählen«. Oder wir hören von Bestsellerautor:innen[90], wir seien »erzählende Affen«.

»Sie spitzen zu«, werden Sie mir entgegenhalten, »das muss jetzt nicht sein.« – Gut, bleiben wir noch ein wenig auf dem Soziologen-Pfad: Wir verständigen uns also sozial über Erzählungen... – Nein! Das tun wir eben nicht!, ist derzeit ein berechtigter Zwischenruf aus Amerika zu vernehmen: Kommt es durch diese Narrative nicht zu immer größeren Zerwürfnissen? Vor kurzem hat der amerikanische Literaturwissenschaftler Peter Brooks, einst ein Klassiker der Narratologie, in seiner Publikation *Seduced by Story* seine Kritik an dem Ubiquitärwerden des Storytelling geschrieben. In der Wochenzeitung *Die Zeit* äußerte er sich dazu: »Es gibt eine Storyfizierung der Realität, und keine andere Art von Diskurs scheint es überhaupt noch wert, angewandt zu werden. Es gab mal so was wie politische Redekunst, Rhetorik, die hier an Highschools gelehrt wurde. Heute geht es nur noch darum, eine Geschichte zu erzählen.«[91] Und die ist, das habe man ja auch beim Sturm aufs Kapitol in Washington gesehen, dazu da, die Gesellschaft zu spalten oder mit Informationskriegen wie z. B. denen der sogenannten »Storykillers« die eigenen Taschen zu füllen, indem man Wahlen beeinflusst. Der *narrative turn*, den wir schon bei Koschorke finden, wird zum »narrative takeover«, und vielleicht liegt unser Unbehagen, das Gefühl, einfach nicht mehr zuhören zu können, an dieser inflationären Situation?

Stimmt das überhaupt, dass alles die Form von Geschichten annimmt? Diesen Zweifel nehme ich aus einer Begegnung mit dem Dokumentarfilmemacher Marcel Kolvenbach mit. Kolvenbach arbeitet als Reporter des investigativen SWR-Recherche-Units und macht journalistisch eine ganz andere Erfahrung. Medial gesehen, erzählt er, sei nichts schwieriger, als Geschichten zu verkaufen. Der Investigativjournalismus, also der vertiefende Journalismus, erzählt nicht mehr einfach eine recherchierte Geschichte, ein Zusammenhang muss immer schon unter einem Hashtag und einem Produktnamen gefasst werden wie bei den Panama Papers oder den Paradise Papers oder wie jetzt kürzlich den »Storykillers«, ermittelt durch das Forbidden-Stories-Kollektiv, als wäre so eine Recherche ohne diese Produktverpackung und Zusammenschluss mehrerer »Erzähler« nicht schwergewichtig genug. Umgekehrt findet medial eine vollkommene Entleerung des Story-Begriffs statt, so bietet mir Mozilla seine neue Plattform als »Storys für mehr Sichtbarkeit an«[92], wo es um ein rein technisches Feature geht. Alles wird mit Story betitelt, und nichts ist mehr das, was wir früher unter »Geschichte« verstanden.

Sind es etwa die sterbenden Korallenriffe, schmelzenden Gletscher und Methangashöllen im auftauenden Permafrost, die das tun? So was unterbricht nicht, sagen Sie, sondern ist Teil der Story, die wir nicht mehr hören können, und das ist ja auch das Problem – die Dramaturgie, der Zusammenhang.

Wenn der Alarmknopf gedrückt wird, und es heißt: Fünf Minuten vor zwölf, wenn die Klima- und Weltuntergangsuhr nicht stehenbleibt, sondern immer vorrückt, schalten Sie die Ohren ab, denn sonst würde ja etwas geschehen. Oder etwa nicht? Kommt die Botschaft nicht mehr rüber? Dass keine Zeit mehr bleibt?

Nein, das unterbricht nicht, wiederholen Sie: Wir befinden uns mit diesen Endzeitgeschichten auf radikal
auserzähltem Terrain, wir kennen das zugrunde liegende
Muster zu gut – mindestens Bibel! Die Klimakatastro-
phe als globale Zusammenschau erreicht uns auch nicht
mehr oder zumindest nicht so, wie es die erzählerische
Intention möchte. Genauso wie die Neuigkeiten aus der
Pandemie. Nichts hat uns in den vergangenen Jahren
so sehr ermüdet wie Coronazahlen, und wir sind wirklich dankbar, dass wir sie nicht mehr andauernd vor die
Nase gesetzt bekommen.

Aber, muss ich hier einwenden, Coronazahlen sind
keine Geschichte. Zahlen sind nie Geschichten. Sie
müssen in Geschichten verpackt werden, und das geht
nicht immer geräuschlos vonstatten. Bei gewissen Themen hören wir mehr das Klappern der Erzählbeste-
cke, und bei der Klimakrise wird dies besonders laut.
Warum?

Fallen uns die Formen, in denen versucht wird, eine
fesselnde ökologische Erzählung zu bauen, immer stärker ins Auge, weil es eben eine Welterzählung ist, also
immer schon zu groß für unsere Vorstellungskraft, nur
noch im Fahrwasser Bruno Latours mythologisch zu
packen? Klar ist, dass die Form ihrer Erzählung nicht
zu vordringlich sein darf, wollen wir sie glauben, und
Glaubwürdigkeit ist nun mal die Währung der Narrative.

Der Literaturwissenschaftler Adrian Daub richtet in seinem Buch[93] über die Diskursverwerfungen der »Cancel Culture« unser Augenmerk auf diese literarischen Äußerungsformen der Narrative. Diese werden ja konkret hervorgerufen durch Text, Bild und Ton, auch durch technische Features, kleine Jingles, Memes.

Auf literarischer Ebene z. B. gerne auch mittels Anekdoten. Diese haben keine unwichtige Rolle in der Kommunikation über Cancel Culture, und sie sind nicht gerade unschuldig. Die Anekdote gilt als zeitlos funktionierende Erzählung, verwandt dem Gerücht, das immer Aktualität simuliert, sie scheint von keinem Autor zu kommen und wird doch stets persönlich angebunden, sie besiegelt den Realitätsgehalt durch Suggestion eines realen Erfahrungshintergrundes, um über ihn hinauszugehen und zu verallgemeinern. Alles steht in einem Zusammenhang, der nicht gezeigt wird. Literarische Formen äußern sich auch in Erzählmotiven wie der Heldenreise oder in Figurenkonstellationen wie Protagonist vs. Antagonist, also wer gegen wen antritt, z. B. Greta Thunberg gegen die mächtigsten Industrielobbyisten, David gegen Goliath. Uralt.

Wir haben schon festgestellt, dass das Narrativ gerne seine literarische Gemachtheit aus Legitimationsgründen verbirgt, aber zu deutliches Erzählen ermüdet eben auch.

Woran das beim Klimathema liegt, könnte uns der Soziologe Nils C. Kumkar zeigen. Er arbeitet in seiner

Publikation über »Fake News«[94] die kommunikativen Strukturen in diesem Phänomen heraus. In der Klimakrisenkommunikation, vornehmlich einer Wissenschaftskommunikation, in einem epistemischen Rahmen, gibt es eben als Adressaten nicht nur die breite Öffentlichkeit, sondern auch die Politik, die dieses Wissen mal auf die eine oder andere Weise umsetzt. Die Gegenstatements der sogenannten Klimaleugner sind möglich durch das politische Misstrauen der Öffentlichkeit und nicht dazu da, etwas wahrhaftig zu falsifizieren, vielmehr erzeugen sie ein kommunikatives Rauschen, eine Irritation, die lediglich der Verschiebung dient. Das ist auch ihr Ziel.

Diese Verschiebung zu beschreiben, unternimmt Kumkar anhand der Nacherzählung eines Witzes von Sigmund Freud: »A hat von B einen kupfernen Kessel entlehnt und wird nach der Rückgabe von B verklagt, weil der Kessel nun ein großes Loch zeigt, das ihn unverwendbar macht. Die Verteidigung von A lautet: »Erstens habe ich von B überhaupt keinen Kessel entlehnt; zweitens hatte der Kessel bereits ein Loch, als ich ihn von B übernahm; drittens habe ich den Kessel ganz zurückgegeben.«[95]

Auf die Klimakrise bezogen, folgt die Leugnungslogik des menschengemachten Klimawandels genau diesem Muster. Erst in Gänze dementieren und dann nach und nach in unlogischer Weise weitermachen. Es sind kommunikativ wegrutschende Positionen, die von ihrem Status als Gegenthese leben.

Das heißt auch, dass es niemals egal ist, wann etwas gesagt wird, und unser Augenmerk sollte nicht darauf liegen, dass ewige Gültigkeit beansprucht wird, sondern dass es Formulierungen momenthaft gegen etwas sind. Auf Narrative bezogen, müsste man von Gegenerzählungen oder Durchkreuzungen sprechen, was natürlich auch die Dramatik einer Erzählung auszuhebeln vermag und letztlich Ermüdung erzeugt. Und was ist das Auserzählte anders als eine ermüdete, eine erschöpfte Erzählung?

Vielleicht ist auch die Adressatenfrage schwierig. Die Ansprache an das »wir«, der Appell. Dieser brennendste globale Erzählstoff besteht aus dem Zusammenhang unseres kollektiven Handelns und seinen verborgenen Auswirkungen, allerdings mit keinem direkt ersichtlichen Verursacher. Würde sich der Himmel vor CO_2 braun färben, wie Mojib Latif in einem Recherchegespräch vorschlug, nein, noch besser, wären am CO_2 Namensschildchen dran, wäre die Sache schon klarer. Zu diffus ist das Verursachergeschehen. Zu viele Player. Und so sitzen wir vor dem Bildschirm oder Radio, und meinen eine spektakuläre Untergangserzählung erzählt zu bekommen, die uns an eine Hollywoodfiktion mit einer veritablen Naturkatastrophe erinnert und an kein Wirtschaftsverbrechen. Wir verstehen dabei was falsch. Denn leider geschieht die Katastrophe jetzt tatsächlich. Nur verbirgt sie sich hinter einer Wand des Fiktiven und ist deswegen merkwürdigerweise für viele nicht sichtbar oder nicht eingängig.

Dieses Unverständnis und dieser Abstand zum Realen waren jahrelang von zahlreichen politisch Akteur:innen gewollt, sie dienten dem Handlungsaufschub, was wiederum den Handlungsdruck steigen ließ und immer krassere Endzeitnarrative hervorbrachte, die wiederum nicht gehört wurden, und so weiter und so fort. So könnte man die Klimax beschreiben, deren Ausdruck wir in Selbstbezeichnungen von Gruppierungen als »Letzte Generation« finden. Es ist zudem eine Kommunikation, die von uns stets eine Panikreaktion fordert, die aber zu nahezu nichts führt. Dabei haben Sie z. B. ja schon Dinge unternommen. Sie haben sich politisch organisiert, Sie sind auf die Straße gegangen, Sie schränken Ihren Konsum ein, Sie unterschreiben diese oder jene Initiative und sponsern Greenpeace und Germanwatch. Und Sie schauen jetzt zu, wie wenig im großen Rahmen geschieht, und fragen sich, wie drastisch die Mittel werden müssen, während sie von der »Klima-RAF« lesen und sich nur noch wundern.

Seltsamerweise gilt die Klimakrisenerzählung schon seit langer Zeit als auserzählt. Vielleicht sogar schon von Anfang an. Zumindest ist es schwer, sich den Moment vorzustellen, als wir sie noch nicht auswendig kannten.

Liegt es daran, dass diese Erzählung keine Zukünftigkeit in sich trägt, weil sie im Grunde eine Verohnmächtigungsgeste ist, eine erschöpfte Erzählung, die uns andauernd in das zu große Bild schickt? Und hat dies etwas mit der Behauptung zu tun, dass die Geschichten, erzählt von Minderheiten (Frauen, Migrant:innen, von Armut Betroffenen, Queeren), immer nur dieselben sein sollen? »Ihr wiederholt euch ja nur«, unterstellt man ihnen, »ihr könnt immer nur diese eine Geschichte erzählen.« Oder ermüdet die Katastrophenerzählung, weil nichts Wirkliches in ihr geschieht? Die Katastrophe sei ohne Ereignis, formuliert es die Literaturwissenschaftlerin Eva Horn mit einem Rückgriff auf Walter Benjamin in ihrem Werk *Zukunft als Katastrophe*[96], denn diese habe sich ausgewachsen zu einem dauernden Istzustand, und nur auf einen Sprung in der sich verstetigenden Katastrophe ist zu hoffen. Nichts, das einen Unterschied machen könnte, geschieht mehr. Und bei Geschichten, denen man zuhört, ist der Unterschied, der zu machen ist, wesentlich. Natürlich gibt es derzeit zahlreiche Vorstöße, genau das zu ändern, sie wirken nur oft sehr allgemein oder abstrakt. Zumindest mir geht es so, wenn ich Texte der Politökonomin Maja Göpel oder der Philosophin Eva von Redecker oder von beiden zusammen lese.[97] Ich bewege mich dabei immer in einer begrifflichen Makrostruktur, es geht um Freiheit und Gerechtigkeit. Es geht darum, das Wachstumsnarrativ umzuschreiben, Kreislaufwirtschaft zu etablieren, Welt wieder anzunehmen, intakte Ökosysteme zu regenerieren oder nichtmenschliche Akteure einzubinden und einen neuen Multiperspektivismus zu pflegen, zu vernetzen. Schöpfen, nicht erschöpfen, so ihr Votum.[98]

Das ist nicht abstrakt, sagen Sie, als hätten Sie sich den Kopf gestoßen. Haben Sie auch. Und zwar an Bertolt Brechts Exildachbalken: »Die Wahrheit ist immer konkret«, steht da geschrieben.[99] Und das hier ist nicht wirklich konkret. Konkret wäre an dieser Stelle mein Problem: Was tun, damit jemand wie Sie wieder zuhört?

Das, was alle machen. Am besten, wir gehen zu den Stoffentwicklern von Netflix. Die wissen doch, wie man packende Stories produziert. Die wissen auch: Es gibt das Auserzählte gar nicht. Denn mal ehrlich, kann ein Stoff, ein Thema auserzählt sein? Und während wir also zu den Stoffentwicklern von Netflix gehen, das ist ungefähr noch 300 Meter geradeaus und dann links rein, sollten wir uns noch einmal fragen: Was meinen wir überhaupt, wenn wir sagen, eine Geschichte oder ein Stoff sei auserzählt? Beziehen wir uns dabei auf eine Verwertungslogik, in der sich eine Sache verbraucht? Sie sei inflationär am Markt, und es gebe keine Abnehmer für sie. Oder ist eine Erzählung einfach an ihr Ende gekommen? Sie hat einen Rand erreicht, und es ist schlicht kein Wort mehr zu verlieren, ihre Binnenökonomie, die Erzähldramaturgie hat sich erschöpft. In solche Gedanken verwickelt, bleiben wir vor der Netflixtür stehen und läuten. Wir sind uns sicher, auch die Stoffentwickler müssen fest von der wahren Aufgabe der Literatur überzeugt sein.

Es braucht einfach ein paar Heldengeschichten, die an der massiven politischen Blockadehaltung scheitern. Gibt es alles schon, angefangen von *The Constant Gardener* von John Le Carré. Oder *Der Schwarm* von Frank

Schätzing. Nur warum erscheinen uns solche Romane seltsam harmlos? Vielleicht weil so ein Text immer noch von einem stabilen Rahmen ausgeht, in dem er zu erzählen ist. Und den gibt es nicht mehr. Darauf machte uns der indische Autor Amitav Ghosh schon vor einiger Zeit aufmerksam.[100] Der gemäßigte Alltagsrahmen der Umwelt ist ins Rutschen gekommen, und das stellt uns vor erzähltechnische Herausforderungen.

Ha, sind Sie etwa mit dem Finger schon wieder am Bildschirm oder am Radioregler, bereit, den Kanal zu wechseln? Vielleicht sollten Sie selbst zu Wort kommen? Aber ich muss Sie warnen: Sie sind in einem literarischen Text unterwegs und da geschieht nichts eins zu eins.

In einer griechischen Tragödie – eine Form, die gerade durch das Klimakrisenthema und Bruno Latours Theorien theatral wieder in Mode gekommen ist – würden Sie jetzt als Chor auftreten und es endlich aussprechen:

Wir hören nicht zu, weil es uns schon erzählt wurde.
Wir hören nicht zu, weil es unsinnig ist.
Wir hören nicht zu, weil man uns ständig Vorwürfe macht.
Wir hören nicht zu, weil wir nicht wirklich gemeint sind.
Wir hören nicht zu, weil die Sache zu groß ist.
Wir hören nicht zu, weil es an der Problemlage vorbeigeht.

*Wir hören nicht zu, weil sich die Geschichte er-
schöpft hat.*
Wir hören nicht zu, weil ohnehin nichts geschieht.
*Wir hören nicht zu, weil wir schon wissen, von wem
so was kommt.*
*Wir hören nicht zu, weil uns das Wörtchen wir zu
oft vorkommt, und uns etwas verkauft werden soll.*
*Wir hören nicht zu, weil sich die Geschichte ohne-
hin verliert.*

Das tut gut, nicht? Dieser letzte Punkt ist interessant.
Denn ginge man vom Narrativ wieder zur Narration,
zurück zur literarischen Form, dann liegt es, das hat
nicht zuletzt die Autorin Rebecca Solnit gezeigt, durchaus in unserem Interesse, dass wir uns verlieren. »Sich
nie zu verirren heißt, nicht zu leben«[101], lautet ihr Credo,
mit dem sie nachzeichnet, was diese Form der durchaus
dramatischen Begegnung mit der Welt bedeutet. Es sind
vor allem Streifzüge durch das plötzlich fremd Gewordene, Landschaften, wüste Gegenden, aber auch Städte,
in denen ein Sich-Verlieren stattfindet, eine große Herausforderung, was in Zeiten von Google Maps kaum
noch vorstellbar ist.

Aber es gelingt, dazu braucht es nicht immer nur
Funklöcher. Dabei wird vor allem auch die eigene Position äußerst in Frage gestellt. Solnit beantwortet diese
Infragestellung mit einem Verweis auf Sokrates in para-
doxer Weise: Man könne das Unbekannte kennen, weil
man sich daran erinnert. »Man kenne bereits das, was

unbekannt zu sein scheint; man sei bereits hier gewesen, allerdings nur als jemand anders.«[102] Besser jemand anders werden, als sich nie zu verlieren.

Lässt sich das auf Erzähltechniken übertragen? Und kann sich eine Geschichte über das Artensterben überhaupt noch verlieren? Sind die poetischen Verlustlisten nicht genau das Gegenteil und beschwören die Anwesenheit des bereits Abwesenden? Vielleicht hat das Anna Lowenhaupt Tsing in ihrem Buch *Der Pilz am Ende der Welt*[103] versucht. Sie folgt der Geschichte eines Pilzes, der aus beschädigten, prekären Umwelten entsteht und in ebenfalls prekären Marktverhältnissen gesucht, gepflückt und verkauft wird. Es sind Überlebensgeschichten.

Aber ich verstehe, Sie sind nicht Rebecca Solnit und auch nicht Anna Lowenhaupt Tsing, Sie sind jemand, der oder die bereits vor den Stoffentwicklern von Netflix steht, weil sie eine Breitenwirkung jenseits des akademischen Milieus wollen, in dem ich mich angeblich verschanzt habe. Sie wollen also ein politisches Narrativ schaffen mit Hilfe der Kunst, oder, wie Sie das lieber formulieren, der Kultur, eines, das einen Unterschied macht.

Ja, immer noch stehen wir in diesem Produktionsbüro. Inzwischen haben wir erkannt, dass das auch nur so eine der vielen kleinen Filmklitschen ist, die es heute gibt. Gewohnt zu pitchen, gewohnt, eine Filmidee in drei Sätzen darzustellen. Erstaunlicherweise haben sie uns noch nicht rausgeworfen, sprechen inzwischen von dem Potenzial einer Erzählung zum *binge watching* und *binge listening*, also zu verführen. Das, was alle erreichen wollen. Immer schön dranbleiben. Keinen Zentimeter Abstand zwischen der Geschichte und Ihnen. Und danach, wenn die Serie endlich zu Ende ist, hat man etwas, über das man sich angeregt unterhält, wo Zuschauerforen und *fan fiction communities* wie Pilze aus dem Boden schießen, die dann unsere Geschichte weiterschreiben und irgendwann dann auch die Wirklichkeit umschreiben wollen. Hat man schon alles gehört: Plötzlich wollen sie einen Unterschied machen, kommen aus ihrer Fiktion, aus ihrem epischen Universum raus in die reale Welt und ÄNDERN die. Und schon haben wir sie, die Weltveränderung durch die Erzählung. Doch wo ist sie, diese Welt?

Mensch ohne Welt[104], lautet der aktuelle Befund der Soziologin Alexandra Schauer über unsere Gesellschaften. Da ist uns etwas abhandengekommen, so was wie eine gemeinsame Öffentlichkeit, ein gemeinsamer Stadtraum, ein gemeinsames Zeitgefühl. Und jetzt stehen wir da inmitten eines Meers an Geschichten, mehr noch, inmitten des Meers des Auserzählten. Oder haben Sie nicht das Gefühl, mitten im Auserzählten zu stehen, das wächst, ja, es erweitert sein Terrain ständig. Warum? Vielleicht, weil wir uns, bedingt durch die Schnelligkeit der digitalen Kommunikation und Plattformökonomie, in sehr engen und erregten Diskursdebatten befinden, in denen nicht mehr klar ist, wo der reale

Grund ist. Da sind sich Soziologen wie Nils Kumkar und der Literaturwissenschaftler Adrian Daub sicherlich einig.

Mit Kumkars Blickverschiebung auf das Kommunikative des Erzählens, seiner Netzstruktur wird übrigens klar: Mit Narrativen wird gepokert. Sie haben aber eine Eigenmacht, die nicht zu unterschätzen ist. Und in dieser Eigenmacht liegt auch die Möglichkeit, dass man genau das Gegenteil von dem erreicht, was man intendiert hat. Oder dass die Narrative von anderen besetzt werden. »Vollende die Wende!« oder »Klimaschutz ist Heimatschutz!« Mit dieser Erinnerung an rechtsextreme Begriffsbesetzungen fliegen wir nun endgültig aus der Filmklitsche raus.

Kommt man nur durch Ermüdung an ein Ende? Sind wir hier überhaupt an ein Ende gekommen? Oder: Diese Geschichte hier ist nicht anschlussfähig.

Vielleicht benötigen wir mehr offensichtlich nicht anschlussfähige Geschichten und nicht andauernd solche, die versuchen, anschlussfähig zu sein, obwohl sie es in Wirklichkeit nicht sind. Die reale Klimakrise ist auch nicht sehr anschlussfähig, das ist vermutlich das, was am ehesten verstanden werden muss. Realismus würde hier bedeuten, nicht anschlussfähige Erzählungen zu schreiben, und das inmitten radikaler Kontextabhängigkeiten. Wir sind Umwelttiere.

Insofern kann ich Sie aus meiner Erzählung auch nicht rausführen, das müssen Sie selbst tun. Was sagen

Sie? Sie können nicht? Und: Der Kontext frisst inzwischen all unsere Erzählungen auf?

Sie haben recht. Es ist, als würden wir in einem Kino sitzen und haben diesen einen Film gesehen, von dem jetzt alle reden. Aber wie ist es uns ergangen? Die Credits laufen noch: Der Name der Cutterin ist uns unbekannt, ebenso der des Art Directors, und niemand hatte je was von dem Drehbuchautor gehört, aber das ist nicht weiter erstaunlich. Sie selbst können nichts mit dem Kameramann anfangen, auch sagt Ihnen die Regisseurin nichts, im Augenblick ist sie zumindest nicht einzuordnen. Die *main characters*, also die Titelfiguren, sind Ihnen vom Namen her noch geläufig, aber wenn Sie ehrlich sind, verbinden Sie die falschen Gesichter mit ihnen, und Sie waren auch verdammt froh über die Untertitel, weil Sie den Dialogen nicht gut folgen konnten. Sie dachten, Sie verstehen die Sprache. Wir alle haben das gedacht. Aber dieses Englisch, dieses Deutsch dann doch nicht. »So kann man mit uns nicht reden«, haben Sie verschiedene Male vergeblich geäußert, niemand hat auf Sie reagiert. Dabei haben wir alle den Film schon mehrfach gesehen, und jedes Mal haben wir gesagt: Das kenne ich doch schon! Aber wir wissen bereits für einen kurzen Moment, dass wir das wieder vergessen werden. So was von auserzählt, hat seltsamerweise niemand gesagt.

Nein, wir sitzen bereits vor seinem Abspann. Sie wissen, nach dem Abspann kommt immer noch etwas, eine

kleine Szene, damit sich die Leute den Abspann angu-
cken. Doch es kommt nichts. Und Sie beginnen zu verstehen: Dieser Film ist nicht mehr zu verlassen.

In die Irre gehen

Nein, ich habe mich nicht verirrt. Keinesfalls. Das kann
man zumindest so nicht sagen. Schon gar nicht zu mir.
Ich kenne mich hier aus in der Gegend. Ich bin den Weg
schon Dutzende Male gelaufen, sicher, das ist schon eine
Weile her, aber so etwas vergisst man doch nicht. Und
dann bin ich schließlich eine Spurensucherin und Pfad-
finderin, naja, zumindest habe ich ein gewisses Training.
Allenfalls bin ich etwas vom Weg abgekommen, habe
mich zu lange an den Straßenrändern aufgehalten, bin
dann über den Wegsaum getreten, auf die weiche Wiese
gelangt, die manchmal groteske Büschel aufwies, denen
ja auszuweichen war, auch vollgesogene sumpfige Stellen, ich war neugierig auf eine bestimmte Felsforma-
tion, war ganz süchtig nach den Karen, Kofeln, Kogeln
und Öfen[105] meiner Kindheit, wollte nur kurz mal über
die Kuppe oben sehen. Jetzt bin ich wieder zurück auf
dem Weg, und, ja, es ist der gleiche wie eben. Er sieht
genauso aus wie der, den ich gerade verlassen habe, auch
die Wegmarkierungen, so meine ich, sind noch dieselben.

Es ist nett, dass Sie mich noch einmal darauf aufmerksam machen wollen oder vor Schlimmerem bewahren, aber ich habe mich garantiert nicht verlaufen. Ich weiß, dass es auf diesem Weg hier zur Schutzhütte geht. Ich glaube nicht, dass ich da unten nach links hätte abbiegen müssen, hier, sehen Sie, ist die Markierung, die, auch wenn sie arg abgeblättert ist, der Wegmarkierung zur Hütte gleicht.

Ich bin mir sicher, dass es auch davor lange geradeaus hat gehen müssen. Das hat die Beschreibung hergegeben, die in diesem zertifizierten Wanderführer steht. Zudem weiß ich, wo die Sonne steht, selbst wenn sie etwas hinter Wolken verborgen ist, und welche Tageszeit ist. Mir stehen externe Anhaltspunkte zur Verfügung wie dieser Höhenmesser auf meinem Handy. Außerdem: Wie oft bin ich schon auf diesem Bergrücken gelaufen, da kann ich gar nicht in die Irre gehen. Ich bin mir absolut sicher, also was reden Sie?

Wie hätte ich auch den Weg verlassen können, da gab es ja gar keine Weggabelung, keinen Abzweig, den ich hätte nehmen können. Hier lenkt nichts ab, es existiert nicht einmal ein Handyempfang. Das Gelände ist etwas unübersichtlich, gebe ich zu, aber trotzdem von einer merkwürdigen Gleichförmigkeit bestimmt, von Latschen und Kiefern, was einen schnell täuschen kann. Ich orientiere mich an den Sichtachsen, die ja manchmal auftauchen, also an dem, was hinter den Mugeln zum Vorschein kommt. Natürlich ist es verwunderlich, dass ich nicht längst an meinem Ziel bin, das hätte ich anders eingeschätzt, aber vielleicht liegt es daran, dass ich nicht mehr so fit und schnell wie früher bin. Dass ich mich längst über Hüttenniveau befinden müsste, sagt mir auch mein Höhenmesser, aber vielleicht geht der von einem anderen Meeresspiegel aus, als den, der mir gerade zur Verfügung steht. Mit Sicherheit gibt es mittlerweile schon mehrere oder hat etwa die Relativität hier noch nicht Einzug gehalten?

Können Sie mir mal aus dem Licht gehen? Ich kann so nicht gut erkennen, was auf dem Gerät steht. Danke. In meiner Kindheit bin ich selbst in Gewitter und Starkregen gut durch das Gelände gekommen, das war freilich kein so heftiger Regen, wie er letzte Woche hier heruntergekommen ist. Man sagt, der eine oder andere Weg wurde hier von dem *Wetterereignis*, wie man es nennt, fortgespült, es sei durch die Regenfälle der letzten Wochen eine radikale Veränderung des Aussehens der Landschaft passiert, und man würde die eigenen Täler gar nicht mehr wiedererkennen. Aber was wird nicht alles heute gesagt, wenn eine sensationelle Katastrophenmeldung verlautbart wurde. Wegen ein paar Erdrutschen wird eine Landschaft noch lange nicht unkenntlich. Man schließt von dem, was man noch erkennen kann, auf das Übrige. Dass Wandermarkierungen fehlen, ist mir bis jetzt nicht aufgefallen, aber Sie haben recht, langsam müsste mal wieder eine kommen.

Sich seines Weges zu sicher zu sein sei gefährlich, behauptet die amerikanische Autorin Rebecca Solnit in einem Essay über das Wandern[106] vor allem wenn einem dann doch dämmert, dass man sich nicht mehr auskennt und dann panisch immer weiter in eine Richtung läuft. Aber wie ist das zu erkennen, und wer will das schon? Oft genug habe ich es selbst erlebt: Da bin ich jetzt schon 30 Minuten diesen Pfad hinaufgelaufen, es war anstrengend, und ich wollte partout nicht umdrehen, weil ich ja dann ganz umsonst hier heraufgelaufen wäre. Gerade weil es schon dunkler wurde, hielt ich umso mehr an ihm fest. Auch jetzt denke ich mir, er muss ja irgendwann oben bei der Bergkuppe rauskommen, da habe ich dann freie Sicht und kann sicher quer durchs Gelände zur Hütte gelangen, die ich anvisiert habe. Immer noch höre ich die Glocken der Kühe, d. h., die Weide des Bauern kann nicht weit sein, aber ich bin vermutlich zu weit oben. Das hätte ich mir freilich aus der durchaus veränderten Vegetation längst erschließen können.

In Rebecca Solnits Essay habe ich erfahren, es gilt zu wissen, wann man sich verlaufen hat, um gerettet zu werden, und dann gilt es stillzuhalten. Wenn man nämlich innehält, kann man gefunden werden. Möchte ich gefunden werden? Ich habe keine Ahnung, da unten, bei dem kleinen Quellfluss, da wollte ich noch gefunden werden, jetzt bin ich schon weiter und denke, ich schaffe es alleine oder dass hier ohnehin niemand herkommt, der mich finden könnte. Was heißt alleine, in Wirklichkeit sind wir immer zu zweit. Niemand geht gerne alleine wandern. Man soll es auch nicht tun. Insofern habe ich nicht nur Sie neben mir, die Sie erstaunlich ungesprächig sind, sondern jemanden, mit dem ich mich richtig streiten kann, seit geraumer Zeit über die Frage, ob wir umdrehen oder weitergehen sollen. Warten, wie Rebecca Solnit es vorschlägt, bis man uns findet, diese Idee kommt uns derzeit noch nicht.

Schon vor zehn Minuten wurde mir von meinem Gegenüber vorgeworfen, ich hätte einen Bias entwickelt. Ha, habe ich gedacht, da meldet sich wohl der Mediziner in ihm. Er wirft mit seinen Fachvokabeln herum und glaubt, dass er Bescheid weiß, nur weil das in seinem Operationssaal so läuft. Bias heißt, einen falschen Blick gewonnen zu haben aus falschen Vorannahmen. Bias heißt, kognitive Verzerrung, und: Man entscheidet über den Zustand des Patienten falsch, weil man die falschen Schlüsse aus den Daten zieht. Wir sind hier aber nicht in einem Operationssaal, und ich habe schon vor zehn Minuten die Behauptung zurückgewiesen, ich wäre nicht wirklich wach, sondern würde unbewusst in die falsche Richtung steuern, als Linkshänderin nach links, wie es in Bodo Hells *begabte Bäume* nachzulesen ist. Als hätte ich Stroh im Kopf. Oder einen inneren Magneten, der mich ins Verderben führt. Aus Kindheits- und Sentimentalitätsgründen. Die politischen Tatsächlichkeiten seien mir aus dem Sichtfeld gerutscht. Jetzt haben wir aufgehört zu reden. Wir sind verwirrt. Mein Gegenüber ist anscheinend vom Thema abgekommen, während wir weitergehen.

Was? Ich soll auf Sie warten? Ich gebe zu, das Gespräch ist inzwischen auf Abwege geraten – sentimental werde ich plötzlich genannt: »Du hast nicht gemerkt, wie sich die Landschaft deiner Kindheit verändert hat, und jetzt stimmen die alten Wege eben nicht mehr.« Als würde er einen neutraleren Blick haben. Gerade weil er über keine Erfahrung in der Gegend verfügt und nur sein Planwissen hat, urteile er richtig. Besserwisserei ist in diesem Zustand aber nicht zielführend, da werden Sie mir auch zustimmen: Die Streiterei wird uns nur tiefer in die Bredouille führen, und wir verirren uns immer mehr. Endlich bleibe ich doch stehen. Aber nur kurz. Dann zieht mich das gemeinsame Gehen weiter. Ich bewege mich fort, einfach, weil mein Gegenüber sich fortbewegt, um zu hören, was es sagt, nein, um ihm etwas sagen zu können, das ist mittlerweile der einzige Grund für unsere ständige Fortbewegung: »Wir werden hier schon jemanden treffen, der uns Auskunft geben kann.« – »Hier?« Er zeigt mir die ausgewaschenen Hänge, das ganze Geröll und sagt: »Hier ist niemand mehr unterwegs.« – »Hörst du nicht die Kühe?« – »Nein, ich kann gar nichts mehr hören, vielleicht den Wind, der langsam aufkommt.« Nicht einmal die Autobahn aus dem Tal unten ist noch wahrzunehmen, die man praktisch überall vernimmt. »Und wenn wir jetzt einfach wieder hinuntergehen?« – »Das

ist nicht sicher. Wir haben ja ein paar Seitentäler durch-
quert – erinnerst du dich nicht?« Ja, vielleicht sind wir
in ein falsches Tal geraten?

Ich habe mich nicht verirrt, habe ich auch letztes Mal
gesagt und recht behalten, aber ich muss zugeben, da
ist dieser eine unsichere Moment auf dem Weg, wo ich
mich schon manchesmal beinahe verirrt habe, erinnere
ich mich plötzlich, im Grunde immer wieder von neuem
beinahe verirrt habe, so was kommt ja vor. Und letzten
Endes habe ich noch immer auf der richtigen Almwiese
gestanden, nur noch fünf Minuten von der Hütte entfernt. Das wird auch heute so sein. Doch, doch, kommen Sie! Sie glauben es mir noch immer nicht, aber
man kann sich mehrfach an der gleichen Stelle verirren,
mehrfach dort falsch abzweigen. Es gibt Momente, an
denen das Bekannte eben immer unbekannt aussieht,
an dem man immer wieder über dieselbe Herausforderung stolpert. In denen man traumverloren stets die
falsche Entscheidung trifft, und jedes Mal denkt, dass
man diesmal aber ganz sicher richtig liege.

Jetzt sind wir doch unbewusst stehen geblieben, weil wir
zu sehr mit unserem Streit beschäftigt waren. Ich hätte
ja gar keine Ahnung mehr, das ganze Land würde ich
ja nicht mehr verstehen. Ich hätte von österreichischer
Innenpolitik nur noch eine ungefähre Vorstellung, ich
würde nur andauernd in den großen Städten vorbei-
schauen, aber beispielsweise das Land übersehen, die

Fläche. Ich hätte keine Kenntnis mehr, was hier abgeht. Und was bereits alles passiert ist. Und wenn ich jetzt etwas sagte, vermutlich dasselbe wie anderswo, hätte ich wirklich keine Vorstellung von Orientierung. Kein Wunder, dass ich über jede Wurzel stolperte. »Stadt und Land«, sagt er mir jetzt, als wüsste ich nicht, was »Stadt und Land« bedeuten könnte, das müsse man verstehen, das sei schon sehr spezifisch hier, »am Land brauchst du nicht mit den Roten kommen.« »Die Roten!«, lache ich, »so was gibt es doch nicht mehr.« »Eben doch«, sagt er. »Nein, es gibt nur noch einen ehemaligen Innenminister«, korrigiere ich, »ihn und seine Kumpanen, die jetzt Zahlen gemacht haben.« »Keine Mehrheiten!«, unterbricht er mich, und: »wir müssen gefunden werden«, und ich: »Wir müssen darauf vertrauen, dass man nachvollziehen kann, wie wir uns verlaufen haben.«

Jetzt könnten Sie wirklich einmal einschreiten und uns Orientierung anbieten, aber das machen Sie freilich nicht. Dafür sind Sie sich wohl zu fein! Ich bitte Sie, eine Alpenüberquerung, das sollte es sein, »wie in unserer Kindheit«, nur haben wir in unserer Kindheit gar keine Alpen überquert, das war damals noch nicht so üblich, außerdem hatten er und ich keine wirklich gemeinsame Kindheit. Aber wir haben es trotzdem so bezeichnet. Eine Alpenüberquerung, als wäre man Hannibal. Nur ohne Eroberung, nicht einmal Rückeroberung von vergangenem Terrain, nur mit Elefanten, also Elefanten, die im Raum um uns bleiben. Eine Alpenüberquerung ist allerdings eine sehr abstrakte Vorstellung geworden. Wenn gesagt wird, man könnte von hier nach da, von hüben nach drüben, man könnte einfach rüber gehen – Pilger machten das auch –, spricht daraus die Unkenntnis. Natürlich weiß ich nicht, wo wir hinkommen, wenn wir die Alpen überquert haben. Früher sagte ich »Italien« oder »Frankreich« oder Slowenien«. Das ist heute nicht klar. Das war mal eine europäische Union auf der anderen Seite, da war einmal ein Europa, das alle Grenzen überwindet, und jetzt tritt ein autoritäres Regime nach dem anderen an. Wir kommen ohnehin nicht nach drüben. Wir bleiben auf der Strecke. »Wie die Wahlen ausgehen, ist das unschärfste Bild, das man erhalten kann, eine Blackbox, heißt es, die Regierungsbildung danach ist unabsehbar.« Will er auf das Nichtwissen hinaus, das uns immer stärker gesellschaftlich begleitet, je mehr Wissen entsteht? Das Nichtwissen, mit dem wir immer mehr umgehen müssten, es aber immer weniger können.

Auch Rebecca Solnit kommt immer wieder auf diese Frage zurück, ob die Gesellschaft damit umgehen kann und wie sie das macht. Mit dem Nochnichtwissen, Nochnichterkennen. Die Pandemie hat uns gezeigt, wie schwer es den meisten fällt. Es gibt ein unheimliches Bedürfnis vieler, hinter dem Nichtwissen die Verschwörung der anderen zu sehen oder dagegen eine eigene Recherche zu setzen, die einem vermeintlich das ganze Panorama, aber in Wirklichkeit doch nur einen kleinen

Ausschnitt bietet. Plötzlich, so schreiben Carolin Amlinger und Oliver Nachtwey in ihrem Buch über die Coronaleugner[107], stellt man fest, dass eine Information z. B. aus der ARD nicht stimmt, man recherchiert und recherchiert noch einmal und schließt zu schnell die Kreise, die man aus emotionalen Gründen nicht offenhalten kann. Die Kunst, sich zu verlieren, wie sie Solnit beschrieben hat, ist eine, die mehr und mehr verloren geht. Im Zeitalter von Google Maps und sofortigem Informationsabruf mit Just-in-time-Antworten gibt es keine Wissenslücken oder ein Warten auf ein Wissen. Es aushalten, etwas nicht zu wissen, sich auf eine Weise zu verhalten, die dem Nichtwissen gerecht wird, eine Bereitschaft zu entwickeln, sich dabei finden zu lassen, wie in ihrem Essay gefordert, bleibt ein größer werdendes Desiderat.

Vielleicht bin ich längst alleine. Wir haben uns halbieren lassen, wir haben uns gesagt: Eine Person bleibt an der Weggabelung, die andere sieht mal weiter und kommt dann wieder zurück, wenn sie weiß, ob die Richtung stimmt. Aber er kam nicht wieder. Er hat nicht wie versprochen oben am Kamm gerufen, er hat nicht wie versprochen unsere gemeinsame Sprache benutzt. Er hat sie abgenutzt, er hat einzelne Worte daraus entwendet und sie zu etwas ganz anderem gemacht. Niemand kam zurück. Vielleicht habe ich mich aber entfernt, ohne es zu merken, und mir ist mein Gegenüber im Streit schon lange abhandengekommen.

Vor fünfzehn Jahren hätten wir sicher diesen einen Punkt ausgemacht, an dem man sich wiedertreffen wollte. Und jetzt beginnt es dort richtig dunkel zu werden. Ob ich das schon als aufziehendes Gewitter werten soll? Vorhin war in der Wetter-App von mehreren Gewitterzellen die Rede, die unser Wandergebiet bald kreuzen würden, die sich zu einer großen Superzelle auswachsen könnten. Und jetzt rückt die App keine neuen Daten mehr raus. Nur Sie sind noch da, und das ist gewissermaßen tröstlich. Aber was machen wir nun? All diesen Überlegungen nachgehen, die uns bleiben?

Ich gebe zu, Ihr Gedanke ist tatsächlich ansteckend: Vielleicht haben wir uns nicht nur verirrt, sondern haben uns schon vorher verfahren. Wir sind nicht in diesen Alpen unterwegs, die ich kenne, wir sind in anderen, in gefälschten Alpen unterwegs, wir sind nicht auf Wegen hierhergekommen, die handelsüblich sind, Autobahnen, die ins Nirgendwo führen, haben uns transportiert, wir sind in Täler eingebogen, die denen täuschend ähnlich sehen, wie ich sie aus meiner Kindheit kenne, kopierte Täler, und jetzt sind wir im Nichts. Sieht schließlich so aus, dieses kleine Hochplateau, auf dem ich angekommen bin, nichts als schroffe Felsen, Abtritte und Büscheln von welkem Gras.

»Alles ganz gleich, das Ziel ist immerhin bekannt«, kann ich Ihnen jetzt versprechen, »ich weiß, wo ich hinwill, und das ist das Wichtigste, egal, woher ich komme«, habe ich jetzt laut wiederholt, weil Sie nicht recht reagieren. »Wir werden uns nicht einmal umdrehen«, habe ich gesagt, als wäre ich immer noch zu zweit, »hören Sie! Das, was hinter uns liegt, wird dann verdammt weit weg liegen, es gibt nur noch das Vorne.« Aber das stimmt natürlich nicht. Ich drehe mich um und sehe es gleich, das Tier, dessen massives Fell je nach Tageslicht schimmert und dessen Augen wie der Himmel sind. Ich drehe mich um und sehe nur noch dieses Schimmern. Das ist ein Fehler, ich weiß.

Manchmal findet man Menschen, die in die Irre gegangen sind, an ganz anderen Orten als angenommen. Das war eine ganze Weile meine Hoffnung, als der Schriftsteller Bodo Hell im letzten Sommer im Dachsteingebiet verschwunden ist.[108] Vielleicht taucht er plötzlich in Wien auf, habe ich mir vorgestellt, ist seines Weges gegangen, wie man sagt, hat irgendwie nicht mitbekommen, dass alle Welt ihn sucht im steirischen oder oberösterreichischen Teil des Gebietes, immer ausschließlich in diesem oder jenem, eine Region, die er seit 45 Jahren kennt und erforscht. So jemand kann sich doch gar nicht verlaufen, habe ich mir gesagt. So jemand muss doch wissen, wohin er tritt. Ich konnte es nicht fassen, dass so etwas ausgerechnet ihm passiert war, er, der einer der letzten Zeugen dieser Landschaft ist, war ins Schlimmste gegangen. Wir wissen nicht, wo er hin ist und ob er jemals wieder herausfindet, und das wird eine unbestimmte Zeit lang so bleiben, längstens fünf Jahre, denn dann wird er für tot erklärt, was ich sicher nicht mitmachen werde. Er hatte sich verirrt auf eine Weise, die mir nicht möglich wäre, und er hat die Möglichkeiten des Verirrtseins schon vorher beschrieben, »selbst die erfahrensten männlichen Schafsucher im Kalkplateaugelände haben sich bei Neuschneelage schon insoweit verirrt, als sie unvermittelt wieder vor ihren eigenen Spuren gestanden sind und diese sicherheitshalber retour bis zum Ausgangspunkt zurückzugehen sich veranlasst sahen (also ihr eigentliches Ziel nicht erreicht haben, wobei in diesem Zusammenhang auf den enormen Orientierungssinn von Weidevieh hingewiesen werden könnte, das auf jeden Fall in der Route des eigenen Hinwegs zurückgeht …«[109] – aber was machen, wenn es keinen Neuschnee gibt, keine Spuren, kein Weidevieh (immer noch glaube ich es zu hören, sehe es aber nie). Nur ein vorausgelaufener Begleiter, der verschwunden ist, und ein verschwundener Bodo Hell, der sonst immer so viel Erheiterndes in jede Runde gebracht hat. Er hatte alles zur Hand, um nicht zu verschwinden, er wusste ums Ausrutschen, um die Festigkeit, um die Hilfen[110], und dieses Wissen ist mit ihm verschwunden.

Auch Ihnen kann ich nur nachrufen, »passen Sie auf!« Denn vielleicht liegen nicht wir falsch, sondern die Landschaft um uns herum hat einen Richtungswechsel unternommen, die Bäume sind aus dem Wasser gestiegen, das sie umgibt, und sind grau, die Höhenzüge und Hügelkuppen sind unterwegs und ziehen sich von uns zurück, und das Tal bleicht aus. Die grauen Wälder seien vom Borkenkäfer befallen, heißt es, wenn man nachfragt. Die Fichten im Tal seien eben ungemein durstige Bäume, und die anhaltende Dürre habe dieses Desaster hervorgerufen. Jetzt fehlten die Waldarbeiter, um sie zu fällen und abzutransportieren, heißt es, es gebe nur noch ukrainische Waldarbeiter, und die seien alle in Tschechien gelandet, und wir hätten nun das Nachsehen. Bleiben die grauen Wälder, um die man lieber außen herumgeht, die man eher nicht betritt, um sich in ihnen zu verlieren, aber die Wälder nehmen zu, und bald kann man nichts mehr betreten. Es wäre immerhin unmöglich, sich in einem Wald zu verlieren, den man nicht betreten kann. Ich habe mich aber verirrt, und ich weiß darum. Dieser Wald wird mich nicht überwachsen. Steht bei Heiner Müller. Irgendwo. Ein Mythos. Herakles und die Hydra, glaube ich, also mit mir entfernt verwandt. Dieser Wald wird mich nicht überwachsen. Dieses Haus auch nicht, und auch nicht der Fluss. Ich weiß nicht, wo Osten ist, die Hexe des Ostens, die Hexe des Südens, die Hexe des Westens, ich könnte sie nicht mehr benennen. Der Zauberer von Oz ist längst verschwunden mit seinem magischen Organisationswesen. Die Wirbelstürme sind geblieben, mehr noch, sie haben sich ausgedehnt. Es fallen bereits erste Tropfen. Sie durchsetzen alles. Mit Grau.

Blinder Fleck

Vielleicht fahre ich zu viel Auto. Aber mich beschäftigen derzeit am meisten die Gespenster, die plötzlich
auf der Rückbank auftauchen. Mitreisende, die sich
nicht angemeldet haben. Die nicht am Straßenrand mit
einem Schild standen. Die vielleicht erst am Straßenrand standen, aber man hat sie übersehen. Sie haben
vielleicht sogar gewunken. Sie sind zuerst kleiner gewesen und dann größer. Und dann plötzlich da. Auf
der Rückbank. Man sieht zunächst einen Schatten im
Rückspiegel, dann plötzlich etwas wie ein Gesicht. Eine
ganze Gestalt. Sie haben einem ja die Wahl gelassen,
wird es heißen, und du hast dich falsch entschieden.
Sie haben einem die Wahl gelassen, nimmst du sie mit
oder nicht, und man hat sie getroffen. Es wird immer
die falsche Entscheidung sein. Ja, bald wirst du wissen,
es ist egal, wie du dich entschieden hast. Du wirst immer im Graben landen, denn es handelt sich um die
weiße Frau. Kaum sitzt sie auf der Rückbank, stellt sie
dich auch schon vor die nächste Wahl. »Findest du mein
Lächeln schön, ja oder nein?« Erst da fällt dir auf, sie
lächelt. Ein breites Grinsen, bösartig und weit. Wieder
ist es egal, was du sagst. Du wirst immer im Graben
landen. Es ist nur die gespenstische Wiederholung des
Fetischs Entscheidung, die dir hier entgegentritt. »Ent-
scheide dich mal!«, »Du triffst die Entscheidung.«, »Triff

lieber du die Entscheidung über dein Leben, bevor es andere tun.« Ein Fetisch, dem mit einem entschiedenen »Haha, es gibt gar keine Wahl!« zu antworten wäre, aber du machst es nicht, weil du abgelenkt bist, wie man immer abgelenkt ist bei den wirklich wesentlichen Dingen. Aber wenn es solcherlei Entscheidungsmöglichkeiten wirklich gäbe, würde man sie sicherlich heute im Auto treffen. Auf der Fahrt »von der Arbeit«, von wo sonst. Auf der Fahrt in das Fitnessstudio oder in ein Feriengebiet, das es irgendwo geben muss, weit weg. Nur wo ist es? So lange sind wir schon gefahren und immer ist noch nichts davon zu sehen. Man müsste auf die Nebenspur, die man bisher vermieden hat, weil man stets nur auf der Hauptspur bleiben wollte wegen der Geschwindigkeit, wegen der Überholmanöver, die man vollbringen müsste und die brandgefährlich sind wegen der vielen LKWs. Die Nebenspur würde sicherlich hinführen, aber die Hauptspur? Nein, man reiht sich nicht ein hinter die ganzen Lastwagen, diese Warentransporter durch Europa, die ganz plötzlich ausscheren und einen in die Zange nehmen oder zum Bremsen veranlassen. Aber LKW-Spuren führen vermutlich auch zu keinem Feriengebiet. Zudem weiß man ja, was in den LKWs drinnen ist, das sind nicht immer Waren, das sind auch Menschen, und manchmal bleiben sie für immer drin, wenn ein Fahrzeug z. B. plötzlich liegenbleibt und der Fahrer verschwunden ist, vom Erdboden verschluckt mitten auf der Autobahn wie vor Jahren in Österreich. Flüchtende, Asylbewerber, heißt es dann, und jetzt Tote.

Kein Wunder, dass man erschrickt, taucht jemand auf der Rückbank auf, kein Wunder, dass der Schatten, den man im Rückspiegel vorbeihuschen sieht, einem allzu bekannt vorkommt. Man hat ihn erwartet. Musste ja passieren. Das Grauen bleibt stets hinter einem befestigt.

Es sind nicht die Geister, diese Poltergeister von früher, die irgendetwas bewohnen, das vermeidbar ist, ein festes Gebäude, das Zimmer nebenan. »Da ist jemand im Nebenzimmer, lass uns aus dem Haus gehen« oder: »da zappelt etwas nebenan, hier ist kein guter Ort« – es zappelt jetzt auf der Rückbank und kommt immer mit einem mit, ist unterwegs eingestiegen und wartet nicht. Vielleicht hat es sich angekündigt – da war ein Klopfen im Motor – es ließ die Warnblinkanlage kurz aufflackern, um mir klarzumachen, dass ich die Kontrolle bereits verloren habe. Ich weiß es nicht, ich kann gerade nicht hinsehen, weil ich mich konzentrieren muss. Mein Blick richtet sich ausschließlich nach vorne. Sagte ich schon. Oder glaube ich gesagt zu haben. Jedenfalls nach vorne. Da ist der Verkehr, nicht hinten, hat schon einst mein Fahrlehrer gesagt. Er hatte aber nur teilweise recht. Ich konzentriere mich dennoch nicht darauf, was hinter mir passiert, lasse die Geister Geister sein. Schließlich kommt auf mich eine Baustelle zu. Andauernd gibt es auf dieser Autobahn Baustellen, die einen von 120 km/h auf 80 runterdrücken und dann zum Stehen bringen. Und schon gibt es andere Autos, die ganz plötzlich links und rechts von einem sein können und einen gleich wieder verlassen, nur der blinde Fleck reist mit einem immer in der gleichen Geschwindigkeit mit, da kann man machen, was man will. Manche Nebenfahrer geben dann plötzlich Zeichen, Lichthupe, Signale, öffnen das Fenster und schreien etwas rüber. Ich solle abbremsen, ich solle mal halblang machen, aus meinem Auto rauche es, da dringe so komischer roter Rauch heraus oder schwarzer, die Klänge, die man hören könne, wenn man neben mir zum Stehen komme, seien entsetzlich, und überhaupt seien die Bremslichter ausgefallen. Das sei ja gar keine Musik, und Kopfhörer aufzuhaben sei strafbar. Ja, es ist so: Immer sammle ich irgendwo Punkte. Die Leute haben eben gerne recht im Straßenverkehr und weisen einen ebenso gerne darauf hin. Nur auf meine Geister auf der Rückbank hinweisen, das tun sie nie.

Ich bin mir sicher, dass ich durch keine Forstgebiete gefahren bin, wo ich die weiße Frau aufgeschnappt haben könnte, auch kein Feldrand, wo sie plötzlich stehen hätte können. Es waren eher Stadtgebiete und dann auch Autobahn, wo niemand sich aufhält, es sei denn bei der Tankstelle. Und ich war tanken, so viel ist sicher. Was mich zu meinem eigentlichen Thema bringt, dem Geld, das ich fortwährend zähle. So innerlich. So was zieht Geister bekanntlich magisch an. Ich habe ja Schulden, nicht zu wenig, das habe ich mir sozusagen erarbeitet im Leben, und jetzt muss ich runterkommen von diesen Schulden. Also zähle ich Geld, d. h., ich zähle meine verlorenen Geldposten zusammen, die gegenwärtigen mit den kommenden. Notorisch. Es ergibt sich immer eine neue Summe, als würde ich mich andauernd verrechnen, als wäre dieses Verrechnen ohnehin ein Trick gegen die Negativsumme. Wie viele Familien sind wir hochverschuldet, was uns paradoxerweise so was wie reich erscheinen lässt. Die Immobilien sind schuld, ist der allgemeine Refrain. Immer sind heute die Immobilien schuld, niemand hat mehr Sicherheit in der Immobilienfrage, gleich ob Mietpartei oder Eigentümer, die Immobilien bringen einen zum Zählen. Und so zähle ich und natürlich achte ich dabei auf den Verkehr, sehe nach draußen, ob mir jemand vors Auto springt, ob da ein Fahrradfahrer aus dem Nichts auftaucht, ein LKW plötzlich abbiegt und nach rechts ausschert, ein Bus plötzlich weiterfährt, ohne den Blinker rauszugeben, eine Ampel von einem Moment auf den anderen auf Rot springt, ein Blitzlicht einen blendet, ein Sturm ein Blech über die Straße fliegen lässt oder einen Pappkarton, der sich einem auf die Windschutzscheibe legen kann und die komplette Sicht verdeckt. Ich sehe nach draußen und lasse meine Sitznachbarin weiterreden, die es ja auch noch gibt. Die erzählt mir irgendwas von einer merkwürdigen Begegnung. Die sie eben in der Tanke hatte. Wir reden zumindest nicht über meine Finanzen oder das Wesen auf der Rückbank. Hallo, ruft sie plötzlich, sie sei auch noch da. Ob ich ihr zugehört habe? Nein habe ich gerade nicht, ich war beschäftigt, »tut mir leid, ich konzentriere mich auf den Verkehr«.

Seit einiger Zeit weiß ich, dass ich durch einen Zeittunnel gefahren sein muss. Wir sind manchen Katastrophen erstaunlich schnell näher gerückt, und meine Vergangenheit wirkt merkwürdig irreal. Es haben sich Zeitfenster geschlossen, für uns, für kommende Generationen, das habe ich im Prozess gar nicht bemerkt. Und der Abstand hat zugenommen. Was niemals erzählt wird in all den Ratgebern zum Thema Trauer und Tod, ist die Tatsache, dass die Toten immer toter werden nach ihrem Ableben. Sie verschwinden mehr und mehr, je länger sie verstorben sind. Sie können nicht ewig festhalten an ihrem Nachleben. Und irgendwann passen sie gar nicht mehr in die Gegenwart. Das ist genau der Moment, in dem sie nur noch als Geister auftauchen können, einen plötzlich überfallen, und man erkennt sie natürlich nicht gleich. Seit einiger Zeit passiert mir das, und ich reagiere nicht richtig. Mitte des Lebens, wird mir stets diagnostiziert, da, wo so was nicht wirklich auffällt, man hat ja genug zu tun. Man sitzt hinter dem Steuer, die Augen geradeaus nach vorne gerichtet, wo der Verkehr stattfindet wie es heißt. Man transportiert Waren und Familienmitglieder von dort nach da. Meine gespannte Aufmerksamkeit kennt also keine Grenzen auf Deutschlands Straßen.

»Was sagst du?«

Mir wurde jene Geschichte erzählt, die sich zwischen Schlitz und Hünfeld zugetragen haben soll. Zwischen

zwei Autobahnausfahrten, die man hätte nehmen können von einer oder der anderen Richtung, hat man
aber nicht. Die leere Autobahn hätte einen aufmerksam machen können, hat sie aber nicht. Man hätte darüber nachdenken können, dass von der Gegenseite niemand mehr kommt. Vermutlich weil es einen Unfall
gegeben hat oder jemand von der Bahn abgekommen
ist, und dann kam es zu einer Massenkollision. Oder
weil hinter einem ein heftiges Gewitter losgegangen
ist, in das niemand, also wirklich niemand hineinfah-
ren möchte und über das ich eigentlich Bescheid wissen sollte. Weiß ich aber nicht. Und dann hat einen das
Nichts verschluckt. Einfach so. Das Nichts zwischen
Schlitz und Hünfeld.

»Das ist eine Ausfahrt, nicht zwei. Sag mal, hörst du
mir zu?«

Es gab eine Zeit, da wohnten die Gespenster noch im
Nebenzimmer und kamen manchmal rüber. Sie ließen
sich Zeit. Sie weckten mich nachts auf. Ich erschrak
merkwürdig langsam, verglichen mit dem, was heute
vorgeht. Da sitzen sie hinter mir, und quatschen mich
plötzlich voll. Sie sind dann wie die junge Studentin, die
ich mitgenommen habe aus Freundlichkeit oder Langeweile. Sie stand an der bayrischen Tankstelle und wollte
ins Münsterland wegen einer Waldbesetzung, einem
Klimaprotest oder einer Baumdemo, wie sie sofort Auskunft gab. Die Jungen müssen es ja hinkriegen, wenn

wir das schon nicht tun, dachte ich etwas abwesend. Unser Weg kreuzte sich nach Rosenheim – sie kam aus Innsbruck –, und die Wegstrecke bis Fulda teilte ich mit ihr und ihren Transparenten für die Demo. Wo sie sicher auf Freunde treffen würde, auf WG-Mitbewohnerinnen, auf Kommilitonen, auf Menschen, die sie mal in einer Kneipe, auf einem Konzert kennengelernt hat. Wie beim Hambacher Forst, ja. Sie habe Schilder gebastelt, gab sie weiter bekannt und zeigte sie auch. Erst als sie nach fünfzehn Minuten noch immer nicht aufhörte zu reden, wusste ich, ich hatte es mit einem Gespenst zu tun, das war eine Heimsuchung.

»Hallo! Hörst du mir zu?«

Natürlich hat man mich darauf aufmerksam gemacht, dass es in letzter Zeit immer mehr Videos und Sichtungen auf Social Media gibt. Sichtungen in Wäldern: The Hatman. Sichtungen in verlassenen Häusern: Haunted Mansions. Meist sind wirre Kamerafahrten zu sehen und Gänge zu dritt nach dem Modell des *Blair Witch Projects*[111], das uns auch nach 25 Jahren noch beschäftigt hält. Taschenlampenlicht, das in einen Wald hineinleuchtet. Meine Geister kann ich nicht filmen, weil ich ja am Steuer sitze. Der Wald ist im Auto auch noch nicht ausgebrochen.

Geister leben im Nicht-mehr und im Noch-nicht, heißt es bei dem Poptheoretiker Mark Fisher[112], und das vermutlich gleichzeitig. Doch Fisher sagte ja auch, die

70er kommen wieder, die 80er, die 90er. Wir wiederholen nur noch. Die vielen Gespenster, die der Philosoph Jacques Derrida in seinem Buch *Marx' Gespenster* beschwört, auf die kann ich mich mit Mark Fisher doch einigen, dass es viele sind und nicht nur eines. Dass sie unterschiedliche Richtungen einnehmen. Und schon ist es da, das Unerledigte und der unbestellte Besuch, die »White Fragility« und die Frage nach der Schuld. Figuren der Nichtrepräsentationen und Beinahepräsenzen suchen uns heim. Der Begriff der Materie muss vermutlich neu gedacht werden. Es gilt wieder zu Frantz Fanon zu greifen. Ja, auch mitten im Ebersberger Wald, da, wo die »Urban Legend« am lautesten vorkommt. Das Gebiet direkt neben meiner väterlichen Berufslandschaft, weswegen ich hellhörig wurde, als man mir davon erzählte. Dieser eine Forst. Ein Forst mit Wildschweinen. Heute kennt man ihn als Ort der weißen Frau.

»Was ist mit dir los? Dein Blick ist glasig, du fährst wie auf Automatik. Vielleicht sollten wir mal eine Pause machen.« Ich weiß, das ist nicht möglich: »Es gibt keine Ausfahrten mehr.« – »Was sagst du da?« – »Wir kommen da nicht runter.« Raucht da jemand auf der Rückbank? In Japan gibt es doch noch rauchende Geister, hier aber längst nicht mehr. Selbst den Geistern ist das Rauchen verboten. Sie dünsten mehr etwas aus, würden aber niemals langstielige Zigaretten wie in diesem Holzschnitt des japanischen Künstlers Hokusai – »Wir

kommen nicht mehr runter? Sieh, da vorne ist ein An-
kündigungsschild. Da fahren wir raus, hörst du?«

Hinten schimpft jetzt tatsächlich jemand etwas in
ein Handy, der nicht da sein kann: »Ich bin ja immer
noch in der Griesgasse! Google Maps lädt meinen neuen
Standpunkt nicht! Ich kann nicht erkennen, wo wir
sind!« Die Stimme zittert. »Seit drei Tagen weiß ich
nicht, wo ich bin. Ich lasse mich von dahin nach dort-
hin fahren. Aber mein Handy zeigt immer nur die
Griesgasse. Warum? Da war ich doch schon lange nicht
mehr.« Dann wird es wieder leise.

Nicht aufgezählt wurden von Derrida und Fisher Gespenster, die sich auf mehrere Menschen verteilen. Die,
die nicht mehr als Gespenster erkennbar sind. Auf der
Linie menschlich-unmenschlich dahintraben, als ginge
das. Zombies, Handyzombies, Abwesenheitsmenschen,
aufgesaugt von ihren Geräten, das sind doch längst
keine Einzelgespenster mehr. Das sind vielmehr Dämo-
nen, lasse ich mich an dieser Stelle gerne korrigieren –
und: »Mystifiziere jetzt bitte nicht jede Massenhysterie!«
Aber sie sagt es nicht. Sie bleibt still. Ja, es gibt Geister,
die bemerkt man erst am Ende einer Fahrt. Man denkt,
man hat jemanden mitgenommen, einen echten Menschen, und am Ende versteht man, dass das nicht so war.
Jemand, der sogar neben einem saß und immer in seiner
Tasche gekramt hat, die ganze Zeit. Eine ältere Frau, sie
suchte etwas, die ganze Zeit hat sie gekramt und fand es
nicht, es war ein leeres Suchen, so als wäre sie in dieser

Bewegung hängengeblieben. Worte gab es wenig. Doch dieses Suchen hat sie verraten, es ist das Suchen einer Mutter, die in ihren tiefen Taschen alles mit sich herumschleppt, was ihre Kinder brauchen könnten, aber sie findet es nicht. Sie findet es nie. So war es auch bei meiner Beifahrerin. Was hat sie für mich in ihrer Tasche finden wollen?

Aber wenn es auch der Geist meiner Mutter gewesen sein mag, so hatte sie es mit Sicherheit zur Hälfte vergessen, wie das nur Gespenster machen können. Die Sonne stand tief, es herrschte auch ein merkwürdiges Licht. Man kann jedenfalls nicht behaupten, sie hätte nicht versucht, mich anzusprechen. Unter all den mitgefahrenen Wesen, die sich nicht aufs Kaffeetrinken verstehen, ist sie die freundlichste Figur gewesen, und ich bereue zutiefst, sie nicht angesprochen zu haben. Und jetzt bleiben nur miese Ausblicke auf angeschwollene Flüsse. Technisches Hilfswerk, das ich ständig überhole. Mit ihren Schwertransportern fahren sie in irgendein Krisengebiet, in dem ich vermutlich schneller ankommen werde als sie.

Es gibt aber auch Menschen, die erleben überhaupt keine Geistererscheinung. Man sagt, sie hätten einen Gespensterstillstand, was man als absolutes Alarmzeichen werten kann. Geister kümmern sich nicht um die, die kurz davor sind, selbst abzutreten. Da ist bereits alle Arbeit getan. Es ist vermutlich ein Irrtum zu glauben, man werde abgeholt. Bei mir ist so ein Gespensterstillstand in letzter Zeit öfter aufgetreten. Geister, die ich nicht loswerde, treffe ich kaum noch. Sie heften sich mir nicht mehr an die Fersen, als wollten sie zeigen, ich bin egal geworden.

Ja, vielleicht fahre ich wirklich zu viel Auto! Der Sekundenschlaf setzt jedenfalls jedes Mal genau dann ein, wenn man ihn nicht braucht. Und am Ende sitzen die Gespenster heute am Steuer.

Die drei Affen tauchen überall auf und werden fadenscheinig

Haben Sie inzwischen mal genauer hinsehen können? Richtig! Alle drei Affen äußern sich nicht, auch wenn zwei von ihnen den Mund nicht zuhalten. Also es ist ja nicht nur der eine, der schweigt, die anderen öffnen ihren Mund aber auch nicht. Warum eigentlich nicht? Sie wirken merkwürdig passiv in ihrer Abwehrhaltung. Oder anders formuliert. Sie sind so konzentriert auf die Abwehr ihres einen Sinns, dass sie die anderen auch nicht benutzen wollen. Oder kann man das genau andersherum sehen? Während sie nicht hören, sehen sie umso mehr? Vielleicht ist es doch etwas beunruhigend, dass sie überall auftauchen. Denn einmal darauf aufmerksam geworden, zeigen sie sich mir plötzlich überall und in allen möglichen Varianten und Reihenfolgen. Z. B. kommt man auf einer der Ausfahrtstraßen im inneren Grüngürtel Kölns an einem Haus mit einer riesigen Brandmauer vorbei. Darauf, wie kann es anders sein, das Motiv der drei Affen, großflächig als Wandbild. Es ist ein Bild im Stil eines Stadtwappens, das noch andere Bestandteile enthält, vor allem Bananen in verschiedensten Zuständen, man könnte sag, diese

Bananen sind hier mehr die Haupterzählung des Bildes als die Affen selbst. Die Reihenfolge der frei schwebenden Affenköpfe ist hier: Nichts sehen, nichts sprechen, nichts hören. Umgeben ist das Wappenemblem mit Graffiti, die aber nicht ins Emblem hineinragen. Ich muss nicht lange nachforschen, welche Grafschaft sich hinter diesem Wappen verbirgt, schon die Karnevalskappen auf den Affenköpfen erzählen, dass es eine ironische Anspielung auf das Kölner Stadtwappen sein muss, auf den berühmten Kölschen Klüngel hinweisend.[113] »Aber folgt den Bananen! Follow the mon(k)ey!« Vermutlich könnte man durch die Blickrichtung (die Straße führt Richtung Stadtautobahn) auch die Stadtplanung verstehen, die aus Köln eine Autostadt gemacht hat.

In der politischen Karikatur sind unsere drei Affen natürlich längst ein beliebtes Motiv, ob Ministerien, Regierungen, Wirecard-Affären. Die Affen kommen ziemlich rum. Ihr Sinn hat sich verschoben. In der westlichen Welt steuert alles trotz allen Geredes auf das Nichts-Sagen hin. Fehlende Zivilcourage und Wille zur Aufklärung. Etwas nicht gesagt haben, obwohl es wichtig gewesen wäre, kann man sich gut vorstellen. Was passiert aber, wenn man mit seiner Botschaft nicht durchdringt. Wenn die Aussage systematisch verhindert wird? Und zwar nicht intendiert von einer bösen Elite, sondern aufgrund vieler kommunikativer Mechanismen. Oder wenn das Gesagte reine Symbolpolitik ist, wenn man den vierten Affen in Blick nehmen möchte, den, der nicht handelt.

Die meisten Versionen, Skizzen, Memes sollen witzig sein, man macht sich mit ihnen lustig über das politische Geschehen im eigenen Land. Ihr Witz hat sich aber in diesem inflationären Gebrauch verloren, sie sind unlustig geworden, sie wurden witzetechnisch in eine arge Zweidimensionalität geschoben. Deswegen können sie ihre ursprüngliche Aussage nicht mehr alleine machen, immer mehr muss ins Bild kommen, zusätzliche Attribute, Gegenstände der konkreten Örtlichkeit, die Gesichtsveränderungen, Übermalungen, Layers, vielleicht sind sie nur noch als Hintergrund wahrzunehmen, als schale Skizze, und vollkommen besetzt von einer Gegenwart, die sie nicht mehr loswerden können.

Nebelkerzen

Vermutlich liege ich ja falsch. Es ist sogar sehr gut anzunehmen, dass ich falschliege, dass ich nicht wirklich kapiere, was los ist. Es ist gut anzunehmen, dass sich vieles nicht richtig darstellt, in den sozialen Medien, aus denen auch ich so manche Information beziehe, oder aber auch in den Medienkampagnen der Printmedien. Gibt es Medienkampagnen überhaupt? Meine Vorurteile sind schon lange geplant, das muss ich wissen. Ich weiß es aber nicht immer, manchmal, im entscheidenden Augenblick, lässt dieses Wissen nach. Und nun soll mein authentischer Blick auch Ihnen freie Sicht gewähren, ich soll am besten stellvertretend beobachten und beschreiben. Was jedoch machen, wenn ich nicht weiß, was ich genau sehe. Entweder weil die Bilder zu schnell an einem vorbeiziehen oder zu komplex sind – Wahlkämpfe, Haushaltskämpfe, Kriege, Krisen, die Dichte der Ereignisse hat zugenommen. Oder konkret, weil man mir etwas nicht zu sehen gibt und ich höre wie eine Art Hintergrundrauschen immer den gleichen Hauptsätzen zu: »Die Politik muss liefern.«, »Die Partei steht voll hinter mir.«, »Eine Feindesliste hat es nie gegeben.«

Jeder, der in einer Verhandlung, einem Gremium, einer demokratischen Entscheidungssituation sitzt, kennt zudem den Abwurf von Nebelkerzen, die gezielt Desorientierung nach sich ziehen sollen und den Wunsch hervorrufen, das endlich sortiert zu bekommen, was sich als vielschichtiger Konflikt präsentiert. Nebelkerzen sind merkwürdige Instrumente. Sie geben vor, etwas zu zeigen, verbergen aber in Wirklichkeit etwas. Sie leuchten auf, versprechen Transparenz, arbeiten mit ihr gegen den Durchblick. Da wird ein Interesse benannt, das nicht hierhergehört. Da wird ein Konflikt gezeigt, der aber nichts mit dem hier zu Verhandelnden zu tun hat. Da wird die Sicht abgelenkt, das Bedürfnis, etwas zu diskutieren, in eine andere Richtung verschoben, da werden immer neue Problemlagen aufgerufen, die man nicht verstehen kann, während man noch versucht, die alten abzuarbeiten, um so eine Unabschließbarkeit zu erzeugen. Und sie ziehen manchmal, bei besonders gezieltem Abwurf, das Gefühl nach sich, einer Verschwörung aufzusitzen, weil man Interessen spürt, aber sie dem Geschehen nicht klar zuordnen kann. Die Arbeit mit Transparenz gegen sie erleben wir oft genug von rechtspopulistischer Seite, wo die Geste des Aufdeckens von etwas ablenken soll. Erstaunlicherweise gesellt sich die Nebelkerze heute nicht selten zu jenem Inventar der Gegenaufklärung, in der sich auch die Arbeit mit Authentizität befindet, die ja öffentlich inszeniert wird, um Glaubwürdigkeit zu erzeugen. Ja, manchmal sogar mit der Lüge arbeitet, wie ich es anhand der öffentlichen Wirkung Donald Trumps bereits beschrieben habe.

Was kann heute alles Nebelkerze werden! Statistiken (»Ich traue keiner Statistik, die ich nicht selbst gefälscht habe«, Winston Churchill)[114], das ist bekannt, Zahlen. Sie sind vielleicht sogar die beliebtesten Nebelkerzen. Es wird dann mit Zahlen geworfen, die nicht näher erläutert werden, mit Quoten oder Summen, die schwer nachzuprüfen sind. Klickzahlen beispielsweise, die noch nichts über eine Verweildauer aussagen. Immer gibt es da eine Stelle, ein PR-Büro, das nur die halben Zahlen oder die geschönten Zahlen oder gar fiktive Zahlen herausrückt. Und Zahlen geben immer irgendwie recht. Der Umgang mit Quantität hat in dieser Gesellschaft ein Ausmaß angenommen, das sie zum Alleinentscheider über den Einsatz gewisser Mittel und Techniken befähigt. Die in einem engen Verständnis nicht messbare Qualität wirkt immer schon interessensbezogen. Ihre Diskussion verrät auch etwas über den, der sie behauptet. Und das ist in einer Kultur der »organisierten Verantwortungslosigkeit« schwierig. Dieser Begriff wurde in den 90ern von dem Soziologen Ulrich Beck geprägt und reist nun quer durch die Gesellschaft, von der Jugendarbeit bis zur Ökologie, lässt aber auch den öffentlich-rechtlichen Rundfunk (ÖRR) nicht aus, mit dem ich auf verschiedensten Ebenen zu tun hatte in den letzten Jahren. Dies schmerzt besonders, wenn man ein demokratisches System erhalten will und mit seinen Herausforderungen konfrontiert ist.

Also der Rundfunkrat: Eigentlich soll in solchen Situationen meist ganz viel Arbeit geleistet werden. Wirtschaftspläne, Tarifverträge, vorläufiger Finanzaushalt, KEF-Anmeldung, zum Beispiel, aber wir befinden uns in einem anderen Zustand. Ich habe nicht nur einmal erlebt, wie die Springerpresse, der erklärte Feind des ÖRR, eine Standleitung zum Rundfunkrat zu haben scheint, denn wie sonst ist zu erklären, dass oft schon vor einer Diskussion das Ergebnis insinuiert wird, da tauchen Berichte nach nichtöffentlichen Sitzungen auf, fünf Minuten später, und, ja, ich kann darüber schreiben, weil auch das nachprüfbare öffentliche Ereignisse sind und kein Geheimwissen, das ich für mich behalten muss. Nebenbei bemerkt: Es herrschen hohe moralische Standards in solcherlei Gremien. Aber auch die Moral kann zu einer

Nebelkerze werden, wenn sie an falscher Stelle instrumentalisiert wird. Manchmal wird dann jemand so »von außen« demontiert, der vielleicht unbequem ist. Oder es wird, sobald etwas sichtbar wird, über die Medien eskaliert, so dass sich der Konflikt verschiebt. Eskalation ist auch ein berühmtes Beispiel einer Nebelkerze, über die ein Konflikt beherrschbar wird. Eskalation, Falschinformation oder Ablenkung. Das ist der Reim, den ich mir auf so manche Gremiensituation mache.

Habe ich das nicht alles schon mal gehört? Trophäenjournalismus regiert die Situation, jemand ist unbequem, dann gibt es eine Kampagne. Man sticht durch die Presse einen vermeintlichen innerinstitutionellen Skandal durch, auch wenn der keiner ist, und schafft dadurch Fakten, die, je länger sie »in den Medien sind«, umso schwerwiegender werden. Nur weil immer wieder »darüber« geschrieben wird, gerät jemand immer mehr ins Unrecht – ach ja, das war doch bei Heinrich Bölls *Die verlorene Ehre der Katharina Blum* schon so, wenn auch auf anderer Ebene. Auch heute wird auf diese Weise eine öffentliche Meinung erzeugt, die politischen Druck aufbaut, bis eine Person nicht mehr haltbar ist. Gleichzeitig, als Zugewinn oder Beifang, wie man es auch nennen kann, wird das politische Gremium in seiner Arbeit lahmgelegt. Das kennen Sie alles, sagen Sie, ist doch normal, ich wisse das doch eigentlich auch. Stimmt, ich bin dann aber wie vor den Kopf gestoßen, als es mir selbst passiert. Plötzlich stehe ich zwischen einer rechtlichen und einer politischen Version einer Angelegenheit und der Erkenntnis, dass so was so oder so vor den Landtagswahlen untragbar ist. Im vorauseilenden Gehorsam (wir werden unglaubwürdig) könnte alles demontierbar werden, und ich atme auf, wenn es dann doch nicht geschieht.

Rechtlich sind viele Dinge wie Compliance geregelt. Aber die Rechtssicherheit und Verfahrensfragen des Vorgangs spielen unter politischen Gesichtspunkten kaum noch eine Rolle, und wenn man sich dagegenstellt, wird man als Pragmatikerin und unsympathische Rechthaberin hingestellt, jetzt gelte es politisch zu agieren, »wir können uns so was nicht mehr leisten« und »wir müssen als Gremium souverän bleiben«, heißt die Devise, die ich immer weniger verstehe, weil sie wie eine einzige riesige Nebelkerze im Raum wirkt. Ich weiß nur so viel, Zeitdruck hilft Nebelkerzen ungemein. Und ich kann nur sagen, wie unglaublich erleichtert ich war, dass die gemeinschaftliche Diskussion diesem Geschehen mit gebotener Gründlichkeit begegnet ist.

Der RBB hat eine unglaubliche Affäre hinter sich, die aufzuarbeiten kaum möglich scheint und in Folge mehrere Kanzleien sowie einen Untersuchungsausschuss in Brandenburg beschäftigt hat. Dass diese Affäre jetzt instrumentalisiert wird, vermutlich um Reformen einzudämmen, erscheint mir absurd. Vielleicht habe ich nicht recht, und es gibt andere Gründe, denn um Nebelkerzen herum gibt es nur ein Tappen im Dunkeln.

Ja, das ist das Merkwürdige: Um das helle Licht der Nebelkerze herrscht die tiefste Dunkelheit. Und ich gebe
zu, die Orientierung fällt mir schwerer und schwerer.
Zumal ohnehin viel zu viel untergeht in unserem Tagesgeschäft, welches uns so viele Aufgaben gibt, die wir gar
nicht bewältigen können. So viel zum Ehrenamt, das
kaum noch Ehre mehr abwirft.

Meine grundsätzlichen Erfahrungen erster und zweiter Hand aus den letzten Jahren mit der ARD lassen
mich absolute Hierarchien erwarten, Machtblöcke, die
keinen Widerspruch dulden, Täuschung und Informa-
tionsverzug immer »aus guten Gründen«, so dass ich
hauptsächlich auf die Nischen hoffe, in denen etwas zu
erreichen ist. Natürlich werden Nebelkerzen nicht von
einem »man« geworfen, und dieses »man« wäre auch
nicht alleine durch Geschäftsführung und Intendanzen
zu übersetzen, selbst wenn sich ganz klare Auftraggeber in Situationen finden. Es gibt Beraterfirmen, die
Entscheidungen so vorbereiten, dass sie unumgänglich
wirken, es gibt Arbeitnehmervertretungen, die einen
und die anderen, die ihre Tarifvertragsverhandlungen
im Kopf haben, eine gewaltige Legitimationskrise. Es
gibt ein politisches Umfeld, das gerade den ÖRR po-
pulistisch als Nebenkonflikt benutzt, bei dem man sich
auf die Seite des »Volkes« stellen kann. Es gibt Ängste,
strukturell erzeugte Überlastungen, Gremien, die im
Ehrenamt eben nicht immer ganz so funktionieren wie
gedacht. Das Kontrollgremium des Rundfunkrats hängt

in rechtlichen Fragen davon ab, was ihr das weisungsgebundene Justitiariat des Senders zur Verfügung stellt, es sei denn man holt sich externe Hilfe, was schon mal ein komplizierterer Vorgang ist. Zudem sind die Sitzungen für all diese Fragen auch verdammt kurz.

Am Ende bleibt das Telefon. Am Telefon werden die kommenden Wahlergebnisse gleich mit einkalkuliert in die Zukunft der Gremien. Ich höre: »Der Staatsstreich wird nicht geführt mit der Abschaffung des Rundfunks, sondern, indem man einzelne Personen aus Gremien und Geschäftsführungen abberuft.« Markante Worte, die sicher etwas zugespitzt rüberkommen wollen. Von Hörigkeit und gleichzeitigen Illoyalitäten innerhalb des Senders höre ich allerdings von mehreren Seiten (natürlich wird mir auch von kompetenten Menschen berichtet). Irgendwann gerate ich in den Zweifel, ob ich überhaupt noch mit anderen Gremienmitgliedern telefonieren oder mir beim Verwaltungsrat Rat holen darf, so sehr werden die Gremien gegeneinandergesetzt. Dabei ist das doch der Sinn der Sache gewesen, miteinander im Gespräch zu sein. Oder ist das die beschworene Kontrolle, die wir eigentlich mehr dem Sender schulden als uns gegenseitig?

Wie arbeitet man gegen Nebelkerzen an? Benennt die Fakten, erwägt Argumente und haut dazwischen? Das klingt sehr einfach. Manchmal kommt man noch durch damit. Als Schriftstellerin, die ich an Ambivalenz und

Verstrickung interessiert bin, gerate ich allerdings in die Verlegenheit, in meinem Tun selbst als Nebelkerzen verwendet zu werden. Als Ambivalenzerzeugerin. Vielleicht bin ich deswegen nicht mehr so gut darin geübt wie andere, Diskurse nicht als herrschaftsfrei und interesselos zu phantasieren und die Machtfragen miteinzubeziehen. In der Akademie der Künste in Berlin, einer Institution mit immerhin um die 200 Angestellten und über 400 Mitgliedern, haben wir manchmal über die unterschiedlichen Bereiche gesagt: »Jeder kocht hier sein Süppchen.« Gemeint war, jeder möchte seine Interessen durchsetzen, auch wenn die Lust an der Zusammenarbeit groß ist. Im Rundfunk mit seinen 3500 Mitarbeiter:innen[115] müsste man nicht von Süppchen ausgehen, mehr von einem Fünf-Gänge-Menü. Das ist allerdings schwer zu verdauen und wird von allen möglichen Leuten und Parteien mitgegessen, Landespolitiker:innen, Arbeitnehmer:innen, Springerpresse. Die Bewegungen des Transmissionsriemens zwischen öffentlich-rechtlicher Anstalt, Zivilgesellschaft, Politik und Medien ist kaum zu verfolgen. Das ist so kompliziert, möchte ich ausrufen, aber ich halte in diesem Fall meinen Mund. Aber was wäre, wenn Transparenzversprechen und tatsächliche Transparenz nicht andauernd kollidieren würden? Ein regressives Verlangen? Man muss es in jedem Fall erstreiten. Aber was, wenn die demokratische Notwendigkeit eines unabhängigen öffentlich-rechtlichen Rundfunks mehr Rückhalt bekäme und mehr Vertrauen in den Strukturen möglich wäre, die der Notwendigkeit der Kontrolle nicht widerspricht? Es kommt vor, heißt es, und momenthaft glaube ich daran.

Das Gefühl der Klarheit, das einen allerdings ereilt, wenn man in einer Diskussion weitergekommen ist und man merkt, dass man wirksam etwas verändern konnte, ist eigentümlich. Wie viel genauer kann ich plötzlich die Situation beschreiben in dieser Selbstwirksamkeitserfahrung. Fast möchte ich dieser Klarheit misstrauen, aber sie fühlt sich sehr heilsam an.

Der Schwarzweißböll ist nicht mehr zu machen

Wir haben nichts verhindern können. Wir sind hineingetaumelt in diesen Wahnsinn, sehenden Auges und doch blind. Das sind nicht meine Zeilen, das sind die Zeilen der schlechten Autorin, die ich gerade zu werden drohe, denn die Zeiten sind danach, einen aus Autorschaft und Kritikfähigkeit zu drängen. Zwischen Kriegseinstimmung und divergierender Berichterstattung, begleitet von Nachrichten über Davidsterne an Häusermauern, von Angriffen auf Synagogen, läuft mein Leben weiter. Der gezielte und gut vorbereitete Terror der Hamas in Israel beschäftigt uns eine Woche, danach kommt die Berichterstattung über Bodenoffensiven und Häuserkampf, weitere Bombardements, keine Zeit mehr für nationale und vor allem menschliche Traumata. Der Alltag läuft weiter. Um den Umgang mit der katastrophalen humanitären Lage im Gazastreifen wird gestritten, die Gräuel des 7. 10. bleiben zurück. Tote werden mit Toten aufgewogen und es wird gleichzeitig gesagt, dass man Tote nicht mit Toten aufwiegen kann, und doch bleibt diese Wiegebewegung im Raum stehen, verdammt laut ist sie geworden. Und hierzulande gibt es schon längst Wahlergebnisse. In Bayern, Sachsen und Thüringen zeigte sich die Richtung, in die es gehen könnte: Eine wachsende Anzahl an Menschen wählt weit rechts. Und der Alltag läuft weiter. Muss er ja auch. Ich beginne einen Text und weiß nicht, unter welchen Umständen ich ihn beenden kann, während in meinen Seminaren an der Hochschule junge Ukrainer:innen sitzen, die, selten genug, vom Kriegsalltag erzählen, jüdische Menschen, muslimische, Studierende aus arabischen Ländern. Was habe ich ihnen zu sagen?

»Mir fällt zu Hitler nichts ein«, jenes berühmt gewordene Zitat des österreichischen Schriftstellers und Satirikers Karl Kraus anlässlich von Hitlers Machtübernahme, nach seiner über 30-jährigen, regen Publikationstätigkeit gegen rechten Hass, kommt mir immer wieder in den Sinn. Es mahnt mich, dass wir einen Punkt erreichen könnten, an dem die »reine Literatur« arm aussieht, auch wenn sie es niemals ist.

Immer stärker wird gefordert, man möge als Autor / Autorin eine Position beziehen, eine klare Haltung zeigen. Doch *in* der Literatur ist Position zu beziehen keine einsprachige Sache. Es bedeutet, in eine Verstrickung zu geraten. Der Gedanke, dass man die dafür notwendigen Verfahren mit der Bezeichnung »eine Haltung einnehmen« zusammenfassen könnte, ist nur oberflächlich hilfreich. Was ist überhaupt Haltung? Etwas Militärisches? Etwas Bewegliches? Wenn man sich den Begriff der Haltung genauer ansieht, verschwimmt er vor den Augen. Und vielleicht gehört er zu den Begriffen, die ich besser nicht genauer ansehe, weil sie gerade so brauchbar sind und ich sie bei näherer Betrachtung ganz verlieren könnte. Das Brauchbare hat in meinem Arbeiten übernommen, und es ist einerseits ein schlechtes Signal, andererseits immer noch besser als das Absolute. Ich frage mich also, was hätte ich denn anderes zur Hand? Agitprop? Außerdem möchte jeder und jede im Augenblick die richtige Haltung haben. Es stellt sich aber die Frage, ob das überhaupt das ist, warum wir Texte lesen? Wollen wir uns anhalten an etwas? Feste Positionen kennenlernen? Orientierung erhalten? Noch vor ein paar Jahren wären das rein rhetorische Fragen gewesen, heute bin ich mir nicht mehr sicher.

Seit einiger Zeit wird in meinem Umfeld der Name Heinrich Böll genannt, der in letzter Zeit jenseits seiner institutionellen Verwendung etwas in Vergessenheit geraten ist. Auch die Schriftstellerin Asal Dardan erinnert in ihrem Essay *Im Schatten reiner Dunkelheit entsteht Dunkelheit*[116] zu der öffentlichen Situation in

Deutschland im Zeichen von Terror und Krieg im Nahen Osten 2024 an Heinrich Böll und seinen Roman *Die verlorene Ehre der Katharina Blum*. Sie erwähnt die Hetze gegen den Autor und drückt ihr Unverständnis aus, dass ausgerechnet die Böll-Stiftung das Gespräch mit Masha Gessen nach ihrem unglücklichen Holocaustvergleich abgebrochen hat. Auch ich musste im letzten Jahr aus unterschiedlichen Gründen immer wieder an seinen Roman denken, geht es darin doch um Pressefreiheit, allerdings um deren Instrumentalisierung, geht es darin um Nachforschungen und Dranbleiben, allerdings aus einer falschen Motivation heraus, aus einer Position der Vorverurteilung, nein, schlimmer, aus einer Lust am Schlechtmachen Einzelner, an Hetze, und das mitten im Kölner Karneval. Pressearbeit bedeutet darin für Journalist:innen, die vorweggenommene These der Verkommenheit der Leute zu bestätigen, um jeden Preis, und sei es um den eines Menschenlebens. Ein Preis, der freilich von anderer Seite bezahlt werden muss. Es geht um Trophäenjournalismus, wie wir ihn heute immer noch nur zu gut kennen. Alles ist verdreht. Der Mensch der Aufklärung, als den man den Schriftsteller Böll bezeichnen kann, zeigt uns die übelste Sorte von Diffamierung in der Maske der Aufklärung. Es ist ein erschreckend aktuelles Buch. Hate-Kampagnen gehören schon zum Alltag vieler Politiker, und es braucht dafür gar nicht mehr die Springerpresse, mit der sich Heinrich Böll angelegt hat. Heute umgibt uns zusätzlich noch Social Media mit Eskalationssprache, die Algorithmen spülen uns in Blasen, in denen die Erregung sich hält. Wir sind umgeben von einem affektiven, hochtourigen Sprechen, und es bräuchte dringend eine Sprache der Deeskalation, doch dafür stehen die Zeichen schlecht. Parteinahme ist gefragt, es ist der Moment der unbedingten Solidaritätsadressen, der offenen Briefe und Plattformen, der Spaltung von Öffentlichkeiten in Für und Wider, Pro und Contra. Aber was, wenn nach der erklärten Solidarität nichts kommt, wenn der politisch erzeugte Druck verpufft, sich nicht überträgt. Was, wenn die Geschichte sich in diesem Land weiter in eine antisemitische und aufgeheizte Stimmung bewegt, was dann? Wird dann die eigene Ohnmacht beschworen oder etwa behauptet, man hätte ja nicht »wirklich« etwas gesagt? Zumindest nicht laut genug. Welche Lautstärke gilt es zu erreichen, und ist das überhaupt noch eine literarische Technik? Oder anders gefragt: Welches Versprechen geben wir überhaupt, wenn wir einen literarischen Text schreiben? Die pädagogische Aufbereitung eines Stoffes? Eine sinnliche Evidenz, wie sich das Grauen anfühlt, die Beschädigung sichtbar zu machen? Oder Handlungsmodelle zu entwickeln, Utopie bereitzuhalten, über gesellschaftliche Verhältnisse zu informieren, sie zur Kenntlichkeit zu entstellen? Distanz und Nähe gleichzeitig zu schaffen, Intensität zu erzeugen und genau zu sein sowie Protest bereitzuhalten, Begehren freizulegen, etwas zu erzählen, was Wissenschaft und Journalismus so nicht fassen können, Abkürzungen zu schaffen, denn uns bleibt so wenig Zeit.

Ja, Literatur ist ein Versprechen, aber eines, welches nicht mehr so oft gehört werden möchte wie noch vor ein paar Jahren. So höre ich auf den Buchmessen und bei Betriebsgesprächen, wo immer wieder von fehlenden Buchverkäufen die Rede ist. Das hat viele Gründe, aber eines muss sein, dass das Versprechen relativ gesehen nicht mehr groß genug für viele ist. Das war zu Zeiten Heinrich Bölls anders. Ich habe ihn als Nachkriegsautor kennengelernt, der einem die historische Vielschichtigkeit in dieser speziellen rheinischen Nachkriegszeit, die damals für die ganze junge Bundesrepublik herhalten musste, vor Augen führt, und begreife heute, dass er auch ein Vorkriegsautor war. Mit dieser Nachkriegszeit beschrieb er die Jugendzeit meiner Eltern, nun stehe ich in der Gegenwart meiner Kinder und kann es nicht fassen. Einer Zeit, in der sogar die Friedensbewegung von rechts besetzt wird und man ihr nicht mehr trauen kann. Die neuen Friedensbewegten sind immer schon Freunde Putins oder blicken über Terrorismus hinweg, bloß, um kein Pulverfass hochgehen zu lassen. Da haben wir sie wieder, die schlechte Autorin. Da nehme ich doch lieber die schlechte Anwältin.

Wir Schriftsteller sind (vielleicht bis auf Karl Kraus) nämlich unsere schlechtesten Anwälte. Unser Beruf besteht aus dem Gegenteil des Anwaltseins, schon mal uns selbst gegenüber, wir müssen porös sein, uns auch einlassen können, Fremdsprachen lernen und feindliche oder gegnerische Positionen verstehen, aber nicht, um sich besser gegen sie zu stellen, sondern um des Zusammenhangs willen. Wir müssen uns hineinversetzen in das, was uns feindlich ist, um es von innen heraus mit ihm aufzunehmen. Aber auch, um zu verstehen, was es mit einem selbst zu tun hat. Und da hört es mit dem Anwaltsein bekanntlich auf.

Und was können wir dagegen aufbringen? Einzig und alleine die dürre Rede von der »Haltung«. Wieder die Haltung. Ich muss zugeben, bei vielen Dingen hätte ich gerne eine Haltung. Das würde mein Leben einfacher machen. Klar sagen zu können, wie ich zu einer Sache stehe, das ist immer ein langer Weg, und es ist nicht immer eine positive Entwicklung, die zu diesem Ergebnis führt. Es hat nicht nur etwas mit gesichertem Wissen zu tun, eine Sache, die oftmals in der Literatur in Frage gestellt wird, sondern auch mit einer gewissen Blockade und dem Spüren von realen Machtverhältnissen, mit unserer Geschichte mit ihnen, etwas, das uns merklich unbeweglicher macht. Es geht vielleicht die Form der gedanklichen Beweglichkeit verloren, die wir mit Intellektuellen verbinden.

Die Figuren von Heinrich Böll sind selten Intellektuelle, aber es ist erstaunlich, wie viel sie lesen, was sie in die Finger bekommen, sie haben eigentlich das Rüstzeug zur kritischen Auseinandersetzung und scheitern an den irrwitzigen Läufen ihrer Zeit, sie werden vom Leben verprellt. Aber sie werden selten vergessen. Es sind Menschen, über die gesprochen wird. Man erinnert sich an sie, und diese Erinnerungsarbeit gehört irgendwie zum gesellschaftlichen Leben dazu, so viel wissen auch die Erzählinstanzen bei Heinrich Böll.

Woran das liegt? Vielleicht sind wir dank Social Media und Literaturbetrieb von vielen Vergessenen oder sich vergessen Wähnenden umgeben. Heute werden Menschen von Ämtern, von Social-Media-Freund:innen, vom Betrieb, von Universitäten vergessen, in Altersheimen und in Krankenhäusern, wo sie dann allerdings niemals »wirklich« vergessen werden, sie werden Karteileichen und sind irgendwie aus unserer Wahrnehmung verschwunden, und natürlich finden wir sehr viel Gegenwartsliteratur, die sie wieder erscheinen lässt. Mich hat allerdings das Verschwinden der Menschen immer schon beschäftigt. Vielleicht habe ich deswegen psychologische Figuren in meinen Texten vermieden, was mich für einige zu so etwas wie einer komplizierten Autorin macht. Das ist merkwürdig, weil ich mit Rhetorik und Komik sehr viel affektive Nähe und Direktheit erzeugen kann, aber es ist eben nur eine gewisse Form der Einfühlungsmöglichkeit, die als große Öffnung gilt: Der Zoom auf die Einzelperson. Nähe ist das Zauberwort der Stunde, genauso wie das der Niedrigschwelligkeit, es darf alles, nur bloß keine Distanz geben. Selten ist eine literarische Strategie so aus der Mode gekommen wie die, Distanz zu schaffen. Als wäre sie ohnehin ständig da, und es muss ausgleichsweise haufenweise Nähe geben – vielleicht auch, weil sie die komplexe Welt einfacher erscheinen lässt.

Die meisten Schriftsteller:innen, die mich interessieren, spielen mit der Distanz. Sie halten Distanz, keine unbewegliche, aber stellen nicht naiv eine Ich-Perspektive in den Vordergrund. Texte, die voller Unzuverlässigkeitsstrategien sind, voller Hinweise, dass manches nicht mehr eruiert werden kann, und vor allem voller Stimmen, die sich oft gegenseitig durchdringen, interessieren mich. Wenn ich anfangs schrieb, dass Literatur ein Versprechen ist, dann sicherlich nicht ein einzelnes. Es geht immer in verschiedene Richtungen gleichzeitig. Das zutiefst humane Begehren allerdings, die Opfer zu Wort kommen zu lassen, steht im Moment im Vordergrund, als eine Art Ausgleich und Abbitte an das, was im wirklichen Leben aus unterschiedlichen Gründen nicht stattfindet. Aber wie können wir das tun? Wie können sie im Text sprechen, wenn sie da draußen an maßgeblichen Orten nicht zu Wort kommen, ja, wenn ihnen oftmals ihr Opferstatus abgesprochen wird, der gleichzeitig auf der symbolischen Ebene (niemals real) eine begehrte Position ist? Wie deutlich können sie sein, ist es wirklich eine klare Sprache, scharf und prägnant, die uns hier begegnet, eine affektbesetzte oder gerade nicht? Und wer darf ihnen zuhören? Können wir uns identifizieren, wollen wir in ihre Erfahrung als Opfer wirklich hinein und diese merkwürdige Identität bestätigen? Deswegen ist ja im Menschenrechtsdiskurs stets von den Überlebenden die Rede. Als Wertschätzung des wehrhaften Überstehens. Die Widerstandskräfte gegen die Tat und die Täter:innen zeigend. Es ist auch eine literarische

Strategie, die allerdings nicht immer geboten ist, z. B. wenn sie das Problem der Verantwortung zu schnell verlässt, die Sprache der Tat, die oftmals erschreckend stark mit der unsrigen verbunden ist. Und manchmal muss das Schweigen überhandnehmen, wenn ihm zu viel anderes Schweigen gegenübersteht. Viel ist dazu geschrieben worden, von Primo Levi bis Herta Müller, von Judith Butler bis Marguerite Duras – in Zeiten von Täter-Opfer-Umkehrbewegungen und strategischer Diskursbesetzung ist dieses Thema noch komplexer geworden. Und wir erleben gerade heute eine merkwürdige Unsichtbarkeit inmitten einer medialen Explizitheit des Terrors.

Unendlich groß ist der symbolische Raum, wie klein unsere Handlungsmacht! Nein. Unendlich groß der symbolische Raum, in dem Handlungsmacht angerufen wird, die dann sehr klein antwortet. Rituell hier seine Stimme zu erheben, macht man doch nicht nur, um über die erlebte Ohnmacht hinüberzuhelfen. Die Vorstellung allerdings, dass sich Literatur in Stimmen äußert, die nun endlich zu Wort kommen, evoziert bei mir die Idee von Texten als Plattformen, auf denen es zunächst um die Frage geht, wer für wen sprechen darf. Eine wichtige Frage, die aber etwas an der Funktionsweise von Texten vorbeigeht. An deren Gewebe, der Textur der Stimmen, den Hallräumen, der Vielsprachigkeit und der Hegemonialität von Sprachen. Welche Sprachen leben alleine in mir, beherrschen mich? Und dann spricht man ja zudem auch noch ständig miteinander! Martin Seel hat in seinem Buch über *Spiele der Sprache* geschrieben: »Spiele der Sprache spielt man nicht allein, selbst wenn man sie alleine spielt.« Und: »Die Spiele der Sprache sind Spiele der Sprachen. Alleine eine Sprache wäre noch keine.«[117] Diese Wittgenstein'schen Anklänge führen einen auf den Pfad der Vielheit, der Multitude, wie man das noch vor zehn Jahren gesagt hat, des Pluralen. Ein »Wir« mag man heute schlecht daraus konstruieren, es wäre demokratietheoretisch heute schon immer ein aus dem Ausschluss anderer Konstruiertes, Ausdruck jenes demokratischen Paradoxes, dass gerade das Wir konstitutiv auf Trennung beruht.[118] Ein schlechtes Wir, das ein anderes herbeisehnen lässt, und doch unumgänglich. Wir sind ja keine Ansammlung von Ichs, die sich aussprechen können, sondern durch soziale, juristische und politökonomische Strukturen aneinandergebunden. Und Sprache ist ein Medium, das das ziemlich gut herstellen kann.

Bis vor kurzem galt als literarische Tugend, die mir entgleitenden Dinge zu benennen. Ambivalenzen, Dilemmata, Verstrickungen freizulegen. Literatur ist Ambivalenzerzeugung. Doch wie geht das in einer Zeit, in der von außen immer mehr Procontraäußerungen erwartet werden? Thumbs up. Daumen runter. Der politische Druck wächst, und unzuverlässiges Erzählen, Spiel mit dem ungesicherten Wissen, die Taktik, Dinge in einem erneuten selbst zweifelhaften Licht erscheinen zu lassen, all diese Unzuverlässigkeitsstrategien haben an Wert verloren. Gesichertes Wissen an Wert gewonnen, auch wenn es diametral zu anderen Äußerungen gestellt wird. Zu sagen: Ich weiß nicht, ist problematisch.

Ambivalenz ist etwas, das seit einiger Zeit politisch benutzt wird. In der Debatte um den Klimawandel wurde sie lange von Leugnern inszeniert, um die politische Handlung zu unterbrechen. Sie hat ihre Unschuld verloren. Zu viel wurden die »zwei Seiten« medial konstruiert, als agonales Gegenüber, oft sachlich fahrlässig. Deutlichkeit wird heute gefordert. Schon wieder die klare Haltung, am besten in einer reinen Sprache. Doch: »Eine wahre und reine Sprache kann es nicht geben; in ihr wäre die Differenz von Wahr und Falsch, Gelingen und Misslingen gelöscht, und damit alles, wozu sie die Sprechenden befähigt.«[119] Dieses Zitat von Martin Seel muss ich mir heute neu übersetzen.

Wer bestimmt eigentlich, was ich erzähle. Vielleicht lasse ich mich auch von so etwas Alltäglichem wie der Logik der Witze treiben, von Musik, der Form, die etwas hervorbringt. Die Metrik, das Taktgefühl im musikalischen Sinn übernimmt dann. Beim Witzeerzählen z. B. ist Timing alles, die Textökonomie muss stimmen – ein Wort zu viel kann zerstörerisch sein, es braucht eine Pointe, Anspannung und Entspannung, und die Reaktion ist Lachen, das körperlich wird, und wenn man Glück hat, entsteht gemeinsames Lachen, denn Lachen ist ansteckend. In der großen Familie der Komik ist Humor ein Gruppengeschäft, und es gibt nichts Übleres als ausbleibendes Lachen. Dennoch, so wird gesagt, sind Schriftsteller Einzelfiguren. Stimmt das? Bin ich wirklich alleine, wenn ich schreibe? Man wird im Schreiben schnell den eigenen Bevölkerungszustand bemerken müssen, ich suche z. B. in Gesprächen die Erfahrung anderer, arbeite mit Gegenüber, aber in der Frage, für wen ich eigentlich schreibe – eine Frage, die uns Schreibenden verblüffend oft gestellt wird und genauso oft verblüffend beantwortet wird (bei ihrer Selbstvorstellung 2023 in der Akademie für Sprache und Dichtung hat Uljana Wolf die Antwort der südkoreanischen Lyrikerin Kim Hyesoon zitiert: »Für ein Kind, das in 3000 Jahren geboren wird«)[120], muss ich sagen: für mich. Und das ist die im Zeitalter der Zielgruppenevaluation vermeintlich unberechtigste, aber ehrlichste Antwort. Sie bedeutet nicht, dass ich die deutsche Mehrheitsgesellschaft bin. Oder egomanisch (oder, provokativ, vermeintlich William Gaddis: »Damit ich im Alter etwas zum Lesen habe«). Sie bedeutet aber, dass ich mich in Frage stelle, dass ich das fernste Kommunikationsziel werden kann und oft auch muss und vor allem: dass ich nicht alles immer schon von vornherein weiß. Diese Form des Nichtwissens möchte ich bewahren, selbst gegen jede Form der Haltung oder Entschlossenheit, sie muss irgendwo auftauchen, denn sie ist das Herz der literarischen Arbeit und die Ermöglichung von ästhetischer Erfahrung.

Es stellt sich auch die Frage, welche Tiefenbohrungen in die Geschichte uns heute noch plausibel und möglich sind? Sind historische Durchblicke, wie sie Heinrich Böll unternahm, noch so einfach herzustellen? Ist es das verquaste Durcheinander von Fluchtgeschichten, Exilierungen, Migrationen aus Lebens- und Überlebensinteresse, das unsere heutigen Leben ausmacht und uns eher als räumlich Orientierungssuchende denn als historische Menschen ausweist. Oder lassen soziale Diskontinuitäten eine Großfamilie nur noch als Patchwork zeigen? Nein, das alleine wäre es nicht, es ist eher das »jetzt jetzt jetzt«, das unser Lebensgefühl regiert, das Regime der Gegenwart, das Aktualitätskonto, auf das alles gehen muss, als hätten wir diesbezüglich riesige Schulden. Dieses Stakkato hält schon so lange an, dass wir nichts anderes mehr kennen als den Aufenthalt im Augenblick, gegenwartsversessen und immun gegen das Gestern und panisch vor dem Morgen. Unsere Aufmerksamkeit wird stets ins Jetzt gelenkt und zu allem, was dort passiert, müssen wir sofort eine Meinung haben. Das ist unglaublich mühsam. Die Meinungsmechanik ist in vielen Bereichen gut geölt. Ist es die Aufgabe der Literatur, sie zu unterbrechen? Es ist ja eigentlich nicht ihr Auftrag, Sachlichkeit herzustellen, aber sehr wohl, ein sinnliches Verständnis von Zusammenhängen zu bieten. In der Literatur geht es um Verhältnismäßigkeit, aber um Maß und Maßlosigkeit gleichermaßen, Zusammenhang und Brüchigkeit gleichermaßen. Und darum, Ambivalenzen freizulegen, die sich nicht sofort instrumentalisieren lassen, vielleicht auch darum, uns aus einer falschen Immunität rauszuführen. Im Moment, und da komme ich leider zu meinem Anfang zurück, bin ich ratloser denn je, wie man das im Sinne eines guten Miteinanders oder gar eines bloßen Überlebens umsetzen kann.

Ja, manchmal erwächst in mir der Eindruck, als wäre Schreiben eine Fähigkeit geworden, wie Gerüche durchs Telefon wahrzunehmen. Das ist das besondere Talent der traurigen Hauptfigur in Bölls *Ansichten eines Clowns*. Nun wird dieser Roman dramaturgisch von Telefongesprächen bestimmt, umgeben von viel Katholizismus, der um diese Gespräche sozusagen herumschlingert und nur mühsam die ideologische Bruchlandung der Figuren im Nationalsozialismus verdecken kann. Hilft ihm diese besondere olfaktorische Fähigkeit bei der Entlarvung? Oder bringt sie ihn nur tiefer in die Bredouille? Das bleibt unentschieden. Vielleicht ist es weniger dieses Talent, welches unser Interesse verdient, sondern ein anderes, quasi Nebentalent der Hauptfigur. Wir haben es in diesem Werk immer wieder mit Figuren zu tun, die unrecht haben. Und das ist etwas absolut Unzeitgemäßes. Vielleicht müssen auch wir wieder lernen, es mit Figuren auszuhalten, die unrecht haben, nicht um ihnen beizupflichten, sondern um die eigenen Irrläufe besser zu verstehen.

Und insofern könnte man daraus weiter schließen, dass die beste Fähigkeit von Schriftstellern die geschickte Verknüpfung von Unfähigkeiten sein könnte: der Ahnung, stets die schlechteste Autorin werden zu können, mit der Tatsache, die schlechteste Anwältin zu sein, und der verzweifelten Gewissheit, sowieso die schlechteste Ökonomin, denn das sind wir wohl. An ihrer Art der Verknüpfung ließe sich dann vermutlich auch die Hoffnung der Leserschaft ablesen. Und sie haben genauso eine Hoffnung wie auch die Literatur ein Versprechen ist. Allerdings eines, das unausgesprochen bleiben muss, damit die Sprache ihren Weg findet.

Hundert Jahre Radio, 2 Minuten später

Angst, Angst und wieder Angst, das ist ihre Technik. Sie sagen, es wird uns bald nicht mehr geben, wir werden abgeschaltet, uns will niemand mehr, wenn wir so weitermachen in unserer Blase. Wir müssen aus der Blase raus, wir müssen was anderes werden. Wir sind zu alt. Wir sind abgehoben, elitär und arrogant. Wir müssen das werden, was wir nicht sind. Z. B. flexibel, fashionable. Und jung. Das vor allem. Was bedeutet, keine Expertendiskurse, niedrigschwelliges Angebot, niemand soll sich ausgeschlossen fühlen, weil er oder sie es nicht sofort versteht.

Ganz klar, der ÖRR hat tatsächlich ein gewaltiges Legitimationsproblem. Immer weniger und immer ältere

Leute interessieren sich noch für ihn, in der Politik ist eine Attacke auf ihn ein beliebtes Mittel, Populismus, der quasi gratis ist und immer funktioniert. Der ÖRR müsse jetzt seinem potenziellen Publikum zuhören, heißt es. Aber sind das vor allem Leute, die nichts wissen? Die nichts wollen. Die nichts von uns wollen. Muss er deswegen ein derartiger Zuhörer werden, der anderen alle seine Ohren leiht, ein Zuhörer, dessen Ohren nicht nach innen reichen, sondern entlangwandern an den Bedürfnissen anderer wie Tentakel? Muss er deswegen wie die Privaten werden. Die Privaten und ihre Marktmacht. Und wir, die wir in ihm produzieren, wir müssen darin unüberhörbar werden. Selbst von Leuten, die eigentlich gar keine Zeit haben zuzuhören, weil sie lieber selbst quasseln. Wir hätten es wohl noch nicht bemerkt, aber wir würden in einem gewaltigen Wettbewerb mit den Privaten stehen. Zudem gehen wir jetzt ins Digitale, und im Digitalen gibt es nur Plattformkapitalismus. Das Digitale ist anders, das Digitale erfordert eine Nähe zu den Kunden. Es braucht eine affektive Ansprache. Das reine Argument überzeugt nicht, auch nicht die komplexe Formulierung. Nach drei Minuten klicken die Leute heute weg, vor kurzem waren es noch fünfzehn Minuten, bald werden es dreißig Sekunden sein. Ja, warum denn das? Die Aufmerksamkeitsspannen, sie werden kürzer, heißt es, wir haben zu viel um die Ohren. Warum nicht Features machen nach den zehn häufigsten Googleanfragen, das hat doch die dänische Kommunikationsagentur geraten, nein, keine Features, das klingt so altertümlich, warum nicht Podcasts? Das sei ein falsches Verständnis von Aktualität? Nun, Radio ist aktuell. Es lebt davon. Haben Sie das noch nicht bemerkt?

Bitte? Sie haben doch noch die Intendantin im Ohr: »Um das lange Wort zu retten, müssen wir es kürzen.« Noch mal: »Um das lange Wort zu retten, müssen wir es kürzen.« Diese absurde Logik entsteht in unzähligen internen Workshops, von denen mir Redakteurinnen und freie Mitarbeiter erzählen, Workshops, bei denen das Ergebnis schon am Anfang feststeht. Dauernd versuchten sie, das zu erarbeiten, was Zukunft verspreche, und am Ende komme immer das raus, was ihre Programmchefs und Intendantinnen bereits vorgeplant hätten. »Und jetzt macht die Info auch die Kultur«, höre ich aus dem Innenleben der Sender weiter, die journalistische Lebensdauer von Büchern verkürze sich dann auf den Erscheinungstermin und kurz danach. Ein Buch, das vor einer Woche erschienen ist, sei nicht mehr aktuell, und überhaupt dürfe es ARD-weit nur noch eine Buchkritik pro Buch geben, als wüsste man nicht, dass es in der Literatur um verschiedene Perspektiven und die Diskussion um Literatur geht, und nicht um eine Marketinginformation. Es herrsche eine Stimmung des vorauseilenden Gehorsams unter dem Deckmantel der Zusammenarbeit. Viel bekomme ich inoffiziell zu hören, viel offiziell. Diese Positionen sind grundverschieden, was auf Dauer nicht auszuhalten ist: Was im

Rundfunkrat oder in offiziellen Gesprächen zu hören ist und was man am Telefon von Lobbyvertreter:innen oder nach Veranstaltungen erzählt bekommt. Auf der Rundfunkrats- und Gremienseite will man mir zeigen, dass alles super läuft, und von anderer Seite wird mir die Katastrophe angekündigt: Die Vielfalt stirbt, die Experten werden rausgemobbt, die Leute auf die Straße gesetzt, x Wochenstunden Kultur entfallen, die Klangkörper bedroht, und das alles für ein Hirngespinst aus Netflixzukunft und Jugend.[121] Hinzu kommt, die Prozesse wirken immer schon abgeschlossen, wenn man sie in den Blick bekommt. Medienberatungsagenturen haben längst ihre privatwirtschaftliche Agenda durchgesetzt. Ich gebe zu, ich bin polemisch, da hat sich einiges angestaut in Jahren der Hintergrundgespräche, der öffentlichen Podien und der offenen Briefe. Und, nein, ich habe keine überraschende Position zu bieten.

Eine gewaltige Nichtnachfragezukunft zeichne sich ab. Es ist, als ob eine Landschaft aus Nichtzuhörern entstünde, die im vorauseilenden Gehorsam bewohnt wird. Die gefühlte Quote regiert, oder das, was in Statistiken bestellt wird als eine Art Quote. Sagte ich das bereits? Egal, schon kommt das Zauberwort der Stunde: Niedrigschwelligkeit. Dann gerate ich wieder mit einer befreundeten Redakteurin ins Gespräch, die sagt, ich sei abgehoben und würde gar nicht verstehen, wie die jungen Leute tickten. Meine Kinder würden doch auch nicht mehr auf öffentlich-rechtlichen Seiten sein, die würden doch auch nicht mehr nach Infos suchen. Ich

will widersprechen, da geht es schon weiter: Jahrelang
habe sich eine elitäre Blase ihre eigene Spielwiese finan-
ziert, aber das gehe nun nicht mehr, man müsse diese
elitäre Blase jetzt verabschieden, sonst werden wir verabschiedet. Die Nachwachsenden würden keinen Nerv
mehr für komplizierte Klangkunst haben, die wir in den
90ern andauernd gemacht hätten. Das ist erstaunlich,
denn ich erinnere mich nicht an haufenweise Klangkunst. Die Klangkunst ist anscheinend das große Böse.
Die Nachwachsenden würden sich für persönliche Geschichten interessieren. Narrative Kosmen. Podcasts. Die
Nachwachsenden überwachsen uns langsam, das sollte
auch mir schon aufgefallen sein. Also wird verabschiedet. Nicht nur etablierte Sendeformate und Sendungen,
sondern auch die Vorstellung einer an Reflexion inter-
essierten jüngeren Gesellschaft. Menschen unter fünfzig
werden zu rein affektgesteuerten Egomanen stilisiert, sie
werden irgendwie so behandelt, als seien sie mit vier-
zehn stehengeblieben. Die ganze Gesellschaft wird in
eine Art Vierzehnjährigkeit gesteckt. Und ich, ja, auch
ich verabschiede mich langsam von der Vorstellung, daran könnte ich etwas ändern. Ändern ist das nächste
Zauberwort: Wie soll ich denn mit dieser Haltung der
Besitzstandswahrung überhaupt noch was ändern wollen? Wie sollen Reformen möglich sein, wenn alles so
bleiben soll, wie es ist, nur die Hörerschaft immer älter wird und irgendwann wegstirbt? Gleichzeitig wird
die Belegschaft immer älter und die Pensionszahlungen
immer teurer. Für eine weggestorbene Hörerschaft lässt

sich kein Radio machen, das wäre dann weggestorbenes Radio, aber es lässt sich mit Pensionierten auch kein Radio machen – ich gebe zu. Wieder eine Polemik. Aber warum werden die durchaus noch tätigen Redakteur:innen so entmachtet, warum gibt es für jede programmatische Entscheidung einen derart langen Kriterienkatalog, als traute man den eigenen Entscheidungen nicht mehr? Es geht mir um Vielfalt, die eben nicht nur Vielstimmigkeit bedeutet, also dass man unterschiedliche Repräsentant:innen der Gesellschaft zu Wort kommen lässt, oder Themenvielfalt, sondern eben auch eine ästhetische Vielfalt. Und natürlich wird der Kampf um Vielfalt schon politisch von der Seite aufgenommen, die gerne von Staats- oder Systemmedien spricht und unter Vielfalt die Möglichkeit zur Publikation rechtsextremer oder antisemitischer Verschwörungstheorien versteht.

Wenn das Dokumentarische und Gesprächsformat nur noch aus Quotengründen auf Biographie und menschliche Nähe reduziert wird, wie es derzeit geschieht und sich immer mehr als alleinige Dauerschleife durchsetzt, liefert man Positionen der AfD oder jemanden wie Björn Höcke einen immensen Raum. Groß war die Pressekritik nach der Sendung »Die 100 – ist die AfD ein Problem« in der ARD. Rüdiger Suchsland schrieb in Telepolis wütend über ein »Kinderfernsehen für Erwachsene« und schloss mit: »Die Hauptillusion des Formats ist der Selbstbetrug, dass es ›die Menschen‹ gebe und dass man nur ein bisschen ›reden‹ müsse, und schon ›wird aus jedem AfD-Wähler ein Demokrat‹.«[122]

Nur einmal zur Erinnerung: Wir sprechen hier vom öffentlich-rechtlichen Rundfunk, einer wesentlichen Säule unserer Demokratie. Er hat einen Bildungsauftrag – was nicht bedeutet, dass er »Leute besserwisserisch volllabert«, wie jetzt oft formuliert. Er ist auch zutiefst mit dem öffentlichen Raum verbunden, und das bedeutet auch, durchaus Überraschungen bereitzuhalten, nicht nur etwas zu zeigen, auf das ich ohnehin stoßen will, auf etwas, das mir gleicht. Die Reformen in diese Richtung laufen seit Jahren. Viel ist dazu publiziert worden, viel habe auch ich selbst schon öffentlich gesagt und überlegt, publizistische, demokratische, aber auch juristische Maßnahmen erwogen, und jetzt stehe ich da und muss mir *preaching to the own crowd* vorwerfen, denn ich darf davon ausgehen, dass die, die mich lesen, dafür ohnehin offene Ohren haben. Aber manchmal ist selbst das notwendig, denn die crowd wird schnell zur Kröte, wenn sie sich selbst nichts mehr erzählt aus Angst, nicht mehr dazuzugehören – und das scheint mir mehr und mehr der Fall zu sein.

Diese Selbstabschaffung der eigenen Position im Namen einer Sache ist durchaus merkwürdig. Die habe sie überrascht, ja, kalt erwischt, erzählte mir kürzlich eine Justitiarin eines großen Privatsenders, die monatelang ihre ganze Abteilung – immerhin 100 Leute – abwickelte und dann erst ganz am Ende bemerkte, dass sie sich selbst damit arbeitslos gemacht hat. Sie verstehe es nicht, wie sie das nicht habe sehen können. Danach

229

habe sie plötzlich Panik erfasst. Eine hochausgebildete Juristin mit Führungserfahrung, die ihre eigene Abteilung abwickeln musste und letztlich sich selbst, begegnete plötzlich der massiven Vorstellung, keine Arbeit mehr zu kriegen. Das habe sie eine ganze Weile besetzt gehalten. Sie sei dann aus den privaten Medien rausgegangen und in einem ganz anderen Bereich gelandet – öffentlicher Nahverkehr. Da sei die Stimmung erstaunlicherweise besser.

Sind Medien oder Sender Abwicklungsanstalten, Öffentlichkeitsabwicklungsanstalten kurz vor der Pleite, und wir sehen es nicht? In jedem Fall sind es Orte der Einsparung. Im Rundfunkrat des RBB fühlte es sich manchmal an, als wäre man eine Art Insolvenzverwaltungsgremium, dem es allerdings kaum gelingen wird, diese Insolvenz zu verhindern. Die Einsparungen werden allerdings immer performativ kaschiert, die Berichte, die wir erhalten, strahlen nach wie vor Selbstbewusstsein und positive Energien aus, man selbst wird dann nur seitwärts anderweitig informiert, in Hintergrundgesprächen. Ich kann mich nicht erinnern, auf einer Gremiensitzung gehört zu haben, wie fürchterlich fatal die Kürzungen sind und dass es eigentlich einen politischen Aufschrei bräuchte. Das hat gute Gründe, denn leider ist genau die politische Akzeptanz geschwunden, der ÖRR sieht nach Misswirtschaft aus, nach Vetternwirtschaft und Bevormundung, nach allem, was man der Politik negativ anlasten könnte, und er hat überhaupt die größte Legitimationskrise seit Beginn seines Bestehens, und ich habe auch Verständnis für die Sorge der Redakteur:innen und leitenden Kräfte.

Allerdings bringe ich die Information des leitenden Generalintendanten Kai Gniffke, es werde kein Cent in der Kultur gekürzt, nicht mit der Info zusammen, wie viele Hörspielplätze und Kulturformate alle wegfallen, wie viele Stunden Kultur nicht mehr existieren und dass man jetzt nur noch Übernahmen aus anderen Sendern bringen dürfe, keine Eigenproduktion mehr. Die Antwort auf eine Nachfrage nach der Reduktion auf vier gebaute Fünf-Minuten-Beiträge am Tag für RBB Kultur lautet: »Das ist schon lange so. Haben Sie das nicht bemerkt?« Das hat mich etwas kalt erwischt. Ja, vieles ist schon längst umgesetzt, was als neue Abschaffung beklagt wird, wir, d. h. Externe, haben nicht genau genug hingesehen. Aber wird es dadurch besser? Kai Gniffke sprach von Umschichtungen. Wohin umgeschichtet wird, bleibt erst einmal im Raum stehen. Die Zeit bei diesen Gesprächen reicht dann nur zur Bewerbung eines Online-Gaming-Projekts aus dem SWR, das minecraft-artig deutsche Burgen nachbauen lässt. Er wirkt wie nicht der richtige Gesprächspartner für diese Frage.

Podien zu diesem Thema werden mehr und mehr zu Orten, an denen man immer auf den falschen Gesprächspartner trifft. Denn die Gegenüber sind entweder eigentlich nicht zuständig für das, wofür sie eingeladen wurden, oder wenn sie für alles zuständig sind, wird alles dementiert. Organisierte Verantwortungslosigkeit, da zeigt sie sich wieder. Harte Worte – aber vielleicht resultierend aus dem Gedanken, dass der eigentliche Konflikt um Kultur nicht ausgetragen wird. Zu komplizierte, zu reflexive, zu analytische Kunst wird einfach nicht mehr gewünscht, es geht um Snackability, und da das Feuilleton schon lange Snacks zur Kunst erklärt hat, ist das auch möglich. Wobei ich hier auf keinen Fall gegen Unterhaltung sprechen wollte, die ich überaus schätze. Aber es gibt im Medienstaatsvertrag, der juristischen Basis der ARD, neben der reinen Unterhaltung noch den Auftrag für Kulturpoduktion und Kulturvermittlung, der über die reine Unterhaltung hinausgeht, von ihr genau geschieden ist und sinnliche Reflexion der Gesellschaft ermöglichen soll. Und wenn Juristen zwei Punkte in unterschiedliche Abteilungen setzen, meinen sie etwas damit. Ein ÖRR, der sich dessen nicht bewusst ist, verliert seine rechtliche Legitimation. Die im Medienstaatsvertrag explizit ausgewiesene Aufgabe der Kultur, genau geschieden von der Funktion der Unterhaltung, lässt alle Fragen offen. Man kann sich trefflich streiten, was Kultur sein soll, die nicht in Unterhaltung aufgeht. Vielleicht hätte man früher über Kunst gesprochen, aber diesen Begriff nimmt niemand mehr in den Mund, weil er einen negativen Beigeschmack hat. Wieso, frage ich mich seit längerem. Klingt er elitär? Verstaubt? Ich weiß es nicht. Ich weiß nur, dass er vermieden wird, von Seiten der ARD von Personen, die selbst hoch ausgebildet sind, meist aus akademischen

Hintergründen kommen und mir nun erzählen, dass das die Menschen nicht mehr wollen. Es sei arrogant, daran festzuhalten, man müsse ja den öffentlich-rechtlichen Rundfunk für alle machen und nicht nur für einige wenige.

Verlustlisten kann man auf Dauer nicht anschauen. Wenn es um ökologische Artenvielfalt geht, spielen sie deswegen literarisch eine Rolle, weil darin die Schönheit im Augenblick des Verschwindens liegt. Etwas taucht noch mal auf, was man vorher nicht einmal wahrgenommen hat, man kann sagen, etwas taucht auf im Moment seines Verschwindens. Das funktioniert hier nicht. Und der Neubeginn?, werden Sie jetzt fragen, da ist doch jede Menge Neubeginn, den kann ich doch nicht einfach unter den Tisch fallen lassen. Es ist der Neubeginn, der nichts kosten darf. Zumindest nicht an dieser Stelle. An einer anderen wohl. Da ist die Sache mit den Algorithmen und der KI. Da wird was daraus erwachsen, allerdings nichts gesellschaftlich Neues. Es ist jedenfalls nicht das, was ich mit sozialer Intelligenz in Verbindung bringen könnte. Monika Rinck hat im Zusammenhang mit ihrer Walter-Höllerer-Vorlesung »Satanic Mechanic« ChatGPT als ein Beispiel erweiterter Sprachlosigkeit bezeichnet[123], auch weil die nicht in der Lage ist zu protestieren. Ich möchte nicht insinuieren, dass es das ist, was der Rundfunk haben will, aber derzeit ist mir da zu viel Euphorie im Spiel, wenn es um KI, Algorithmen und *large language models* geht.

Und Social Media? Solange in Kenia prekär beschäftigte Menschen unsere sozialen Medien nach Gewalt durchsieben, in Trollfabriken gleichzeitig an alternativen Wirklichkeiten geschraubt wird, politische Hysterien, Populismen und Misstrauen um sich greifen, folgt man der Maßgabe: Niemand soll verstört, niemand belehrt werden, überrascht werden ohnehin nicht mehr, man folge magnetisch den Bedürfnissen eines zu errechnenden Publikums.

Kommen wir also lieber zu den Visionen! Was soll öffentlicher Rundfunk heute sein und in welchem öffentlichen Raum kann er stattfinden? Wer diesen rein blasenförmig denkt, geht an ihm vorbei. Vorbei an seiner Funktion als demokratisches Forum, in dem solide Berichterstattung und Erörterung wesentlicher, die Gesellschaft betreffender Fragen stattfinden. Wie kann es ein Ort der Teilhabe an neuen Entwicklungen in Wissenschaft, Technik und Sport sowie der einer sinnlichen Wahrnehmung und tieferen Reflexion unserer Gesellschaft durch Kultur sein? Es wirkt manchmal so, als fehlte den leitenden Kräften in dieser Transformation oftmals das Selbstvertrauen, der Glaube an die eigenen Fähigkeiten.

Die ARD ist vielfältig und vielschichtig, ein nach wie vor großartiger Ort, und, das sind die guten Nachrichten, es gibt ausreichend Wissen und Fähigkeiten bei den Leuten, die in den Sendern arbeiten. Aber was stimmt mit einer Sendeanstalt nicht, wenn sie exzellente

Tonmeister nicht mehr beauftragen, diese Aufträge an Plattformen wie Audible weitergeben, die wiederum genau diese exzellenten Tonmeister buchen und dann auf das Erstaunen der Auftraggeber treffen, wie großartig dieselben Tonmeister sind, mit denen man seit Jahren zusammengearbeitet hat? Diesen Moment habe ich in den letzten Jahren oft erlebt. Es ist dieses unbedingte Setzen auf etwas Neues, eher Privatwirtschaftliches und die Abwertung eigener Kenntnisse und Erfahrung. Es muss jetzt nach vorne gehen in der ARD, lautet die Devise. Es wäre vermessen, über die Transformation in Gänze zu sprechen, schon allein, weil viele Prozesse nicht sehr transparent ablaufen, und in dem Moment, wo sie sichtbar werden, eigentlich immer schon durchgesetzt wirken. Was mich zudem beunruhigt, sind die Argumentationsmuster, die sich seit Jahren wiederholen: Quotenfixierung und Instrumentalisierung der Jugend für die Abschaffung vermeintlich zu komplexer Formate. Inklusion als Argument, dass gerade in der Kunst nichts mehr den »Experten« überlassen werden kann, während man dies im Fußball selbstverständlich ganz anders sieht. Kunst darf nichts mehr mit Können und mit Wissen zu tun haben, sondern muss jeden gleichermaßen jederzeit »abholen« können. Wiederhole ich mich?

Nein, bleiben wir besser bei den Visionen. Die in der ARD offiziellen Ausrichtungen diesbezüglich lassen sich mit Digitalisierung und Regionalisierung zusammenfassen. Gegen beides kann man nichts haben. Alle verstehen, dass Digitalisierung notwendig ist, will man Menschen unter 50 erreichen. Es gilt, auf digitale Platt-formen zu setzen, am besten hätte man schon viel früher eine geschaffen, dann müsste man jetzt nicht zusehen, wie Kids über Youtube und Spotify und, ja, auch in den von China betriebenen Tiktok-Kanälen auf ARD-Inhalte zugreifen. Aber mit dem Begriff der Digitali-sierung geht eine programmatische Zentralisierung und Mainstreamisierung einher. Und ein gemeinsames Ein-schwingen auf das, was zukunftsfähig ist und was nicht. Was früher eine breitgefächerte Redaktionsstruktur war, wird nun spürbar enger, und das betrifft auch zahlreiche Kulturpartnerschaften: Museen, Theaterhäuser, Opern-häuser, Produktionen. Und das muss man verstehen, dass die ARD nicht nur eine Sendeanstalt ist, sondern ein Produktionspartner und wichtiger Kulturvermittler für den gesamten deutschen Kulturbetrieb. Bricht das ein, steht nicht nur eine Onlineplattform zur Disposi-tion.

Regionalisierung gilt als politisches Zauberwort für eine misstrauisch gewordene Gesellschaft, gleichzeitig ist es tatsächlich die publizistische Leerstelle neben den großen Streamingplattformen und mitten im Zeitungs-sterben. Im Rundfunkrat des RBB wird das meist über-setzt in ein neues Studio in Brandenburg oder Sendefor-mate, die das Gespräch mit den Leuten vor Ort suchen und deren Themen abfragen, schließlich gibt es einen gewaltigen Rededruck dort, der über das hinausgeht, was man hören möchte. »Worüber sollen wir denn mal sprechen?« Ob es auch für eine eigene Kuratierung und stärkere Verbindung mit lokalen Kulturträgern reicht, wird sich zeigen, Selbstbewusstsein und Kooperationsfreude ist den Redaktionen zu wünschen, und vor allem Vielfalt, ästhetische Vielfalt. Was, betrachtet man die gesamte ARD, eher durch Zentralisierung beantwortet wird.[124] Ja, bleiben wir bei den Visionen! »Kunst für alle« sollte vielleicht »Kultur für alle« wieder ablösen. Letzteres war ein Versprechen, das Hilmar Hoffmann als Kulturpolitiker 1979 entwickelt hat, später wurden die Praktiken der Kunst erweitert gedacht, weg von dem rein Repräsentativen. Alle sollen teilhaben an dem Versprechen, das Kunst für unser demokratisches Miteinander bedeutet, was durchaus auch bedeuten könnte, die Partnerschaft für lokale Kulturträger zu erweitern, was wunderbar wäre. Allerdings hat sich der Gedanke, dass die Schwellen für Kultur zu senken seien, vollkommen verdreht, er bedeutet nun, Kunst zu dem zu machen, was alle von vornherein immer schon wollen. Das Wegklicken wird zur Herausforderung, und aus dem Bildungsauftrag wird ein Bedienungsauftrag. Geben wir ihnen, was sie wollen. Und was sie wollen, errechnen unsere Instrumente. Die fiktive Quote und der vorauseilende Wille zur Akzeptanz sind dabei entscheidend. Und wie kann diese entwickelt werden? Durch reine Themenförmigkeit, die Einzug gehalten hat in den Kulturredaktionen, mit Emotionalisierung und einer Kultur der Snackabilty.

Auch der Begriff der Kultur habe mittlerweile einen negativen Beigeschmack erhalten, erklärt man mir im Rundfunkrat auf meine Frage, warum rbb Kultur nun Radio 3 heiße. Warum das so ist? Denkt man zu sehr an die SPD oder an gegenwärtige Kulturkämpfe von rechts? Ringsum, von BR zu WDR, ist jedenfalls ein Abbau in den Programmformaten zu bemerken. Hörspielplätze verschwinden seit Jahren, dazu hat die Akademie der Künste eine Studie gemacht, jetzt braucht man keine Studie mehr, um das zu sehen: Das Hörspiel des Monats gerät aufgrund zu weniger Neuproduktionen in die Krise und stellt sich gerade neu auf. Aber dass jetzt die Hörspielförderung der Filmstiftung NRW abgesetzt wird und der Hörspielpreis der Kriegsblinden aussetzt, der ARD-Hörspielpreis verschwunden ist, zeigt, dass diese Gattung, die seit der Gründung des Rundfunks besteht, nun zu Grabe getragen wird, obwohl sie sich großer Beliebtheit erfreut, wie die Reichweitenanalyse zeigt. Jetzt kommen alleine Podcasts. Die funktionieren anders als Hörspiele, sie zielen auf eine authentische Erzählstimme ab und bauen weniger akustische Räume wie das Hörspiel. Das Hörspiel soll hier nur ein Beispiel dafür sein, dass die akustische Welt flacher wird. Das Radio verlabert sich sozusagen in reiner Gegenwärtigkeit, die Präsenz auf Twitch, einer Livegaming-Plattform, gilt als Ausweis für die neue Gegenwärtigkeit. Die Devise ist, weg vom gebauten Format, hin zum authentischen Live-Format, das Studiogäste und authentische Anbindung verbindet. Die lautesten Proteste gegen die Umformatierung z. B. von rbb Kultur kommen vermutlich deswegen aus der Musik. Was also tun? Ich bin fest davon überzeugt, dass es sehr viele kluge Köpfe und phantasievolle Mitarbeiter:innen gibt, dass die Kreativität in den Häusern sitzt, es wäre manchmal mehr Selbstbewusstsein für diese Expertisen nötig, aber vermutlich scheitert dieser Wunsch an den immer steileren Hierarchien in den Häusern. Mir erscheinen die Entscheidungswege und die neuen zentralisierenden Strukturen als größte Gefahr, neben den Populismen in den Landesregierungen, die immer dann den Geldhahn abdrehen wollen, wenn wieder Wahlen anstehen, und den Budgetkürzungen, die immer einschneidender werden. Meine Vision ist vielleicht wirklich die alte Devise: Kunst für alle!

Über Unsagbarkeiten, Sprechverbote und grassierendes Schweigen

Vermutlich habe ich mir Zeit gelassen, gedanklich, die anderen nicht blieb. Ich konnte es mir leisten, eingebunden in meinen Alltag, der mich im letzten Jahr extrem forderte. Die Affekte waren gleich da. Das Entsetzen. Aber ich blieb in dieser affektiven Unschärfe des Schocks, und ich kann meine lange während Unschärfe kaum noch korrigieren, denn der Diskurs schlägt Volten, verändert sich rasch.

Es hat mich die Pro-Palästina-Demo, die durch meine kleine Kölner Weidengasse führte, Tausende von Menschen, die laut schrien, erschreckt. Studierende, vermutlich, die eine Hamas-Parole am Campus an eine Wand sprayten. Und die Erzählung von Herrn Dr. Offenberg aus der israelitischen Synagogen-Gemeinde Berlins im Rundfunkrat, der kurz nach dem 7. Oktober bereits zahlreichen Besuch von Deutschen bekam. Sie betraten die Synagoge und schrien: »Ihr seid schuld!« Erzählungen von Menschen, die sich nicht trauten, in der Berliner U-Bahn Hebräisch zu sprechen, Demonstrationen auch in Neukölln, von der mein damals fünfzehnjähriger Sohn berichtete, mindestens die Hälfte seien deutsche Rentner gewesen, womit er vermutlich die Menschen meinte, die ich geisterhaft der »Linken« zugerechnet hätte. Und dann: Davidsterne an Häusermauern, der heftige Anstieg antisemitischer Gewalt in Deutschland, Robert Habeck hat es dann in seiner Rede vom 1. November 2023 zusammengefasst.

Aber das Geschehen drang auch an ungewöhnliche Orte. Mein Facebook-Account wurde überschwemmt mit Bildern und Geschichten der Geiseln, der von einer Kollegin mit Bildern aus Gaza. Wir bereiten gemeinsam eine Ausstellungseröffnung vor. Sie möchte darüber reden, ich finde es unangebracht, bei einer Ausstellung, die sich um ein anderes politisches Thema, und zwar Klimawandel, dreht, zu sehr darauf zu setzen, und so habe ich mich nur fünf Tage nach dem 7. Oktober bei der großen Eröffnung in der Akademie der Künste dazu entschieden, nur sehr kurz auf den Terror in Israel Bezug zu nehmen, mehr das politische Thema der Ausstellung zu unterfüttern. Das war ein Fehler. Meine Nachrednerinnen sprachen dann über das Geschehen in Gaza, über das, wie ich bald erfahren werde, angeblich in Deutschland nicht gesprochen werden darf. Ich ärgere mich, hätte die Gräuel der Hamas stärker adressieren müssen.

Vielleicht wollte ich auch nicht wahrhaben, dass das Geschehen in Israel eine Zäsur bedeutet, die absurderweise die ökologischen Multikrisen, das Thema der Ausstellung, in den Schatten stellt und alle diskursive Energie auf sich zieht. Aber war es schon ein Schweigen? In Kürze werde ich nämlich umgeben sein von unterschiedlichen Narrativen des Schweigens. Es heißt dann, in Deutschland werde zu dem Terror der Hamas geschwiegen, in Deutschland werde zu der menschenrechtsverletzenden Kriegsführung der Israelis geschwiegen, den Opfern, die sie hervorruft. Es finde ja gar keine richtige Berichterstattung statt. Israel werde vergessen, es fehle ein klares Bekenntnis zu Israel, wer sich gegen Antisemitismus positioniert und nicht zu dem Staat Israel bekennt, hält Sonntagsreden, schreibt mein überaus geschätzter Kollege Doron Rabinovici. Eine antisemitische Opfer-Täter-Umkehr finde mal wieder in Deutschland statt, entnehme ich anderen Artikeln.

Aber es ist das Schweigenarrativ, das sich durchziehen wird. Ende Oktober kursiert ein offener Brief im Literaturbetrieb, den Hunderte unterschrieben haben. Auch darin wird das Schweigen angeprangert. Ich war inzwischen von der Buchmesse zurückgekehrt und wunderte mich über diesen Vorwurf, denn schließlich wurde dort über quasi nichts anderes gesprochen, oder irre ich mich etwa? War es in der falschen Form, skandalisiert über die Eröffnungsrede von Slavoj Žižek? Literaturhäuser und andere Institutionen, auch wir als Akademie, haben sofort in der ersten Woche Pressemeldungen veröffentlicht, aber vielleicht waren wir wirklich zu wenige und zu leise. Ich hielt diesen Brief für merkwürdig unpolitisch, weil er sich nicht solidarisch mit den bereits erfolgten Aktionen erklärt, sondern diese als nicht geschehen markiert. Das Schweigen wurde für mich zu diesem Zeitpunkt zementiert. Und dieses Schweigenarrativ begann mich zu interessieren. Es weitete sich aus.

Ist es schon ein Schweigen, nicht andauernd darüber zu sprechen? Was wäre ein wirkliches Reden? Hat es ein Ceterum Censeo zu werden, aber sind wir alle Cicero? Natürlich ist mir klar, dass die absurden Volten und deutschen Selbstbezüglichkeiten, die ich hier erwähne, mehr ein Sprechen über Deutschland sind denn über das Geschehen in Israel, etwas, das selbst höchst fragwürdig ist – komme ich da überhaupt raus? In diesem Konflikt gibt es einen starken Sog nach innen, der seine lange Geschichte hat. Es ist also ein verdammt selbstbezüglicher Diskurs, wenn ich hier über das Schweigen schreibe. Dies kann ich schon der Lektüre von Meron Mendels *Über Israel reden*[125] oder Omri Boehms *Israel – eine Utopie*[126] entnehmen, 2020 veröffentlicht, lange vor unserem gegenwärtigen Schweigen.

Omri Boehms Buch beginnt ebenfalls mit dem Schweigen, und zwar dem merkwürdigen Schweigen von Jürgen Habermas, der sich bei dem Thema Israel-Palästina 2012 zu einer Privatperson macht. Vertreter seiner Generation sollten als Privatpersonen dazu schweigen – gefragt wurde er allerdings nicht als Privatperson, sondern als öffentlicher Philosoph. Boehm sieht darin eine Haltung der Exterritorialisierung und Alterisierung des Jüdischen. Es werde so für uns unansprechbar gemacht und sei nicht mehr Teil der Welt. Fehlende Augenhöhe, da Augenhöhe nicht gesucht, könnte man hinzufügen. Omri Boehm argumentiert mit kantischem Universalismus, den er nicht aufgeben will.

Meron Mendel zeichnet allerdings eine andere Situation: Zu Israel haben alle Deutschen eine Meinung, so hat es der Leiter der Anne-Frank-Stiftung anlässlich des Documenta-Debakels in *Über Israel reden* zugespitzt formuliert. Dies könnte erklären, warum die Situation so aufgeladen ist. Eine Meinung ja, aber eine, die mehr zu Wort kommen will, als sie tut. Eine Meinung ja, aber was für ein Wissen? Denn das ist das, was ich an mir bemerke. Den Nahostkonflikt habe ich etwas vermieden – toxisch, zu kompliziert, ein Pulverfass –, jahrelang schreckliche Nachrichten aus der Region, Menschenrechtsverletzungen gegen Palästinenser, Terror von palästinensischer Seite, eine heillose Situation.

Zudem bin ich, was Antisemitismus betrifft, erstaunlich uninformiert. Immerhin ist mir die Nachwende-anekdote einer Freundin aus der Berliner S-Bahn in

Erinnerung, in der sich Nazis und linke Besetzerszene gegenüberstanden und sich gegenseitig, beide, als Juden beschimpften. Dies verdeutlicht den Zustand eines gefährlichen Vakuums. Es ist eine Leerstelle der Beschäftigung – die Arbeit gegen Antisemitismus wurde lange von der offiziellen Gedenk- und Erinnerungskultur als halbwegs erledigt angesehen, er sei sehr leicht zu identifizieren und eigentlich nur in einer migrantischen Szene vorhanden, die sich nicht mit Deutschland verbinden mag. Und plötzlich zeigt er sich überall.

Aber zurück zum Schweigen. Das Thema der fehlenden Rede zieht sich wie ein roter Faden durch die deutsche Diskursgeschichte und wird mich auch in den folgenden Wochen weiter beschäftigen. Zwischen Bekenntniszwang, Redeverbot, Pietätsschweigen, Ohnmachtsschweigen, Schuldgefühl, gemachtem Schweigen, Cancel Culture und schließlich Redegebot wird es hin und her schlingern. Von der Frage, was macht eine geäußerte Botschaft zu etwas Gesagtem, bis zum Redeverbot wird es sich ausdehnen.

Was wäre etwas Gesagtes in diesem Fall? Robert Habeck schien mit seiner Rede vom 1. November 2023 für einen Augenblick den Nerv getroffen zu haben aus dieser innerdeutschen Perspektive heraus: ein klares Bekenntnis zu Israel und gegen den Antisemitismus. Der PEN Berlin veranstaltet in verschiedenen Städten Solidaritätslesungen mit den Menschen in Israel, ich werde in Frankfurt teilnehmen und einen Text von Jean Améry über den *Neuen Antisemitismus*[127] lesen, der es in sich hat.

Er stammt aus den späten Sechzigern und analysiert den neuen Antisemitismus der Linken. Seine Volte ist der Antizionismus, unter dessen Deckmantel alte gedanklichen Muster auftauchen, die gewalttätige Opfer-Täter-Umkehrungen betreiben. Es geht eben nicht nur darum, dass das Existenzrecht des Staates Israels in Abrede gestellt wird, sondern auch: wie. Der Text liest sich verdammt heutig. Aber er ist vielleicht einfach nur die ganze Zeit über auf prekäre Weise aktuell geblieben.

Das Absurde für mich an dem Motiv der Zäsur oder Zeitenwende ist die Erkenntnis, dass die meisten Dinge einfach weitergingen, ich sie aber nicht in der Deutlichkeit gesehen habe. »Muss ich Nahostexpertin werden, um hier zu studieren?«, war eine der studentischen Fragen, die mir aus meiner Hochschule kolportiert wurden. Die KHM in Köln ist eine internationale Hochschule, insofern stehen wir vor der Herausforderung, dass sehr unterschiedliche Diskurskontexte, Erfahrungsräume aufeinanderprallen. Die Studierenden kommen aus ganz unterschiedlichen Teilen der Welt und fühlen sich von diesem deutschen Diskurs überfordert. Bald schon werden sie sich über Silencing beschweren.

Die Hochschule begegnet dem durch einen gemeinsamen Mediationstermin, an dem ich nicht teilnehmen kann. »Warum darf ich nicht sagen, dass Israel ein faschistischer Staat ist«, habe in diesem Kontext jemand gefragt – leider habe ich die Antwort verpasst. Zu jenem Zeitpunkt ist mir allerdings längst klar geworden, was ich nur undeutlich vor dem 7. Oktober wusste, dass sich der Hass der Hamas nicht etwa gegen die Politik Israels richtet, sondern ganz grundsätzlich gegen den Staat Israel. Die Ahnung, wie weit weg wir von einer Zweistaatenlösung schon lange sind, wird durch meine Lektüre von Omri Boehm zur Gewissheit. Die Diskussion um die IHRA-Definition von Antisemitismus, der sich auch Deutschland verpflichtet sieht, wird auch von Wissenschaftler:innen in Frage gestellt. Als besonders problematisch wird ihre Rechtsunsicherheit erachtet, sie ist einfach kein rechtliches Instrument und wird jetzt durch Vorhaben wie Antisemitismusklauseln und eine Bundestagsresolution zu etwas anderem gemacht, ein Instrument mit einer Unschärfe sozusagen, die sich schnell politisch instrumentalisieren lässt. Längst ist klar, dass der Konflikt auch um uns herum stattfindet.

Unumstößlich bleibt aus meiner historischen Verantwortung, dass das Existenzrecht von Israel von unserer Seite verteidigt werden muss – selbst wenn, das muss ich hinzufügen, sich dieses Land in eine rechtsradikale Richtung bewegt. Gleichzeitig, so lese ich bei Boehm, ist etwas an seiner Verfasstheit problematisch. Wenn der Charakter des Landes, wie das oberste Gericht entschied, ein dezidiert jüdischer sein soll, wenn sich die Staatsräson auf die Erinnerung an den Holocaust gründet und es an gemeinschaftlicher Basis fehlt, um die palästinensischen oder arabisch-israelischen Menschen, die eben auch da leben, zu integrieren, wird es schwierig für die liberale Demokratie. Aber ist dem wirklich so?

Wurde nicht in den obersten Gerichtshof ein arabischer Israeli gewählt? Natürlich gehört es zu einer Zäsur und Zeitenwende, dass sie eingebunden ist, es gibt nicht das eine Ereignis, das alles verändert. Es wurde produziert, auch wenn es dann als Trauma einen Zustand schafft, der nicht vorübergeht. Das war beim 11. September nicht anders. Am Ende ist es im Rückblick das eine Datum, das ein Vorher und Nachher schafft, welches die Politik verändert. Eine neue politische Sprache wird erschaffen, wobei Sprache hier eine absurde Vokabel ist, eher ein neues politisches Schweigen. Ja, zurück zum Schweigen! Nun ist mein Schreiben hier eher ein Beweis dafür, dass der Konflikt in Israel eher weiteren Diskurs hervorbringt, es bleibt nur die Frage, was für eine Art des Wissens und Expertentums, und letztendlich, wie viel Rechthaberei darin liegt, beziehungsweise wo es wichtig ist, genau zu sein. Klar mit Begriffen zu werden, die Geschichte möglichst nicht zu instrumentalisieren und zu polemisieren, aber das ist gar nicht so einfach.

Eine Zeitenwende zeichnet sich absurderweise durch eine enorme Beschäftigung mit ihr aus wie durch ihre Abwehr. Schon in den ersten Tagen tauchten Vergleiche mit dem 11. September auf. Und es ist klar, dass dieser äußerst brutale Angriff auf eine feiernde Zivilgesellschaft, die für den Frieden stand, auf Kinder, nicht nur einfach ein Angriff war, sondern uns auch eine Botschaft überbrachte.

Die Frage nach der Unwissenheit des israelischen Geheimdienstes tauchte auf. Die Phantasie, dass extreme

Rechte und Hamas auf eine Weise zusammenarbeiten, die etwas Bösartiges enthält und Anlass zu Verschwörungstheorien bietet, sofort das alte Narrativ bedient. Vergleiche werden gezogen. Da gibt es Opfer, und dort gibt es Opfer. Opfer mit Opfer aufzuwiegen ist eine hässliche Sache, und Opferzahlen sind ihre noch hässlichere und unzuverlässige Grundlage. Unmenschliche Haltungen ziehen in die Gespräche ein. Die Dekontextualisierung von menschlichem Leid, das tatsächlich einen Moment der Dekontextualisierung braucht, weil diese Toten niemals gerechtfertigt sein können, wird zu einer nicht zu tolerierenden Angelegenheit. Gleichzeitig werden das Framing und die Instrumentalisierung der Toten grausam sichtbar.

Aber zurück zum Schweigen. Die öffentliche Rede verschafft dem Wort eine andere soziale Kraft. Aber manchmal absurderweise nicht. Dann entsteht ein Gefühl des Schweigens trotz der vielen Rede. Wann ist etwas gesagt? Als Schriftstellerin beschäftigt mich diese Frage enorm, denn die Wirkungslosigkeit der Sprache ist ein Angriff auf meine Arbeit, selbst wenn Schriftstellerinnen selten die eine direkte Botschaft in ihren Texten transportieren. Ein beliebtes Bild im Literaturdiskurs: »Was wollten Sie mit ihrem Text sagen?« – »Ich wollte den Text sagen.« Aber etwas nicht recht zum richtigen Zeitpunkt gesagt zu haben, den richtigen Zeitpunkt verpasst zu haben, ist auch eine literarisch tragische Situation, allerdings ohne Heroik, mehr in der Nähe des Lächerlichen. Warum konnte man etwas nicht formulieren, durfte es nicht? Auf der anderen Seite ist das Gefühl, sich endlich aussprechen zu dürfen, für traumatisierte Menschen auch nicht unbedingt immer das Wünschenswerte. Die Wiederholung des Traumas im Wort muss vorsichtig hervorgerufen werden.

Im Literaturbetrieb ging nur kurze Zeit nach dem 7. Oktober ein erbitterter Kampf darum los, wer denn jetzt reden dürfe. Welche Veranstaltungen wie gerade stattfinden können, welche Ausstellungen jetzt möglich sind. Absagen und Verschiebungen, Preisrückgaben, Jurykämpfe ließen erahnen, was unter dem Begriff »Cancel Culture« salopp zusammengefasst wird. Übertreibe ich da schon? Wo beginnt aber das Canceln? In der Vorauswahl von Podiumsteilnehmern, die auch schon vor dem 7. Oktober ausgewählt wurden, die immer auszuwählen sind? Ist es ein Canceln, wenn ich aus politischer Vorsicht ein Podium so gestalte, dass es kontrovers, aber nicht toxisch wird? Wo liegen die Grenzlinien? Können postmigrantische Autorinnen keine Literaturpreise mehr bekommen, weil sie dem BDS zu nahe sind oder waren?

Die ganze Situation zeichnet sich durch eine Fahrigkeit, Hektik und Hysterie aus – und, ja, auch durch Absagen, ein Zeichen dafür, dass es schon lange viel weniger um die Texte selbst geht, um die künstlerischen Arbeiten, sondern um die Frage, wer jetzt zu Wort kommen soll. Es zeugt von einer enormen Politisierung der Kunstszene, in der Kunstwerke hauptsächlich als politische Markierung gelten. Das komplexe System der Zeichen, die Melodie und die ästhetische Formierung treten krass in den Hintergrund. Alles ist Symbolpolitik.

Ich konsultiere *Hyperpolitik*[128] von Anton Jäger in der Hoffnung, etwas zu erfahren über diese merkwürdige Überfrachtung der künstlerischen Handlung mit Politik ohne Wirkung. Über dieses Symbolgeschehen, das sich nicht mehr in Handlung übersetzt. Es mag politisch sein, öffentlich eine Haltung zu vertreten, aber das allein verändert die Welt nicht. Nur in seltensten Fällen kann es zu einem Kipppunkt, zu einer Protestwelle führen, die nachhaltig ist. Heute entsteht der Eindruck, als wäre es die wichtigste politische Handlung. Dass es politische Organisation braucht, wird vergessen, aber diese neue Welle der Hyperpolitisierung ist auch institutionenfeindlich, sie schafft Erregung, so Jäger, moralische Mobilisierung, verebbt aber wieder. Das ist für Demokratien destruktiv. Wir schweigen, indem wir reden. Wir schweigen, indem daraus vermeintlich nichts folgt. Der Diskurs dreht sich in sich selbst in einer irrsinnigen Geschwindigkeit. Darin finden sich auch kluge Gedanken, tolle Essays, aber nicht mehr einzuholen, nicht mehr alle nachzulesen.

Ich selbst gerate in eine Krise: Gibt es mich als Sprechende in diesem Kontext überhaupt noch? Faktisch ja. Wäre ja sonst ein performativer Widerspruch. Seltsamerweise grassiert dieser Widerspruch, er wandert seit Jahren durch die Medien. War da nicht Daniel Kehlmann, der vor sechshundert Leuten sagte, er dürfe nicht sprechen? Ich muss mich wohl irren. Jetzt jedenfalls Susan Neiman. Es ist erstaunlich, wer alles nicht sprechen darf und wie laut das ist, gleichzeitig werden diese Menschen tatsächlich bedroht. Müßig zu sagen, dass das Narrativ sattsam bekannt ist und in den letzten Jahren zunehmend rechteren Geschmack bekommen hat. Man wird ja wohl sagen dürfen. Darf man das nicht aussprechen? Das rechte Opfernarrativ setzt nur zu gerne darauf und treibt das diskursive Schweigen verschärft in seinen performativen Widerspruch.

Adrian Daub beschreibt in *Cancel Culture*, wie Sprechverbote beschworen werden, wie der Political Correctness die Schuld an einer zunehmend weiter gespaltenen Gesellschaft gegeben wird, restriktive Instanzen konstruiert werden, die die Rede verengen, ja zum Schweigen verurteilen. Es geht ein Phantasma der Zensur durchs Land, während man gleichzeitig andauernd spricht – und während tatsächlich Fotobiennalen abgesagt werden, Intendant:innen und Sprecher:innen von meist rechter Seite angegriffen werden. Diskurspolizei wird gerufen, und gleichzeitig wird in der Literatur die Fabel transportiert: Ich muss mich gegen alle Widerstände zur Sprache bringen, und wenn sie nicht da sind, muss ich sie konstruieren. Heikel wird es, wenn ich zu dem betroffenen »Wir«, das ich ausspreche, gar nicht wirklich gehöre, wie Meron Mendel anlässlich einer Podiumsdiskussion in Frankfurt im Dezember 2023 anekdotisch berichtete. Aber der Sog ins Betroffensein ist mächtig, schließlich legitimiert es die eigene Position.

Adrian Daub geht der langen Geschichte einer moralischen Panik über Wokeness und Political Correctness nach, die in Deutschland einen eigenen antiamerikanischen Zungenschlag hat. Der Literaturwissenschaftler macht klar, wie das Narrativ geschürt wird und sich auf wenige Anekdoten gründet. Selbst die dafür eingerichtete Sammelwebsite eines Colleges gebe keinen klaren Befund. Das Phantasma, dass man das Sagbare immer weiter eingrenzen muss, die moralische Panik, die das Sprechen erfasst, verbindet sich mit anderen Gespenstern wie zum Beispiel der Vorstellung, vor Gericht zu stehen. Wie sah es mit dem Canceln diesen langen Herbst aus? Adania Shibli und Sharon Dodua Otoo sind nur zwei Beispiele einer hektischen Reaktion auf die Situation, die sich fragt, was jetzt angemessen ist? Dummheit mischt sich hier mit Vorsicht und Pietätsgefühl. Aber es geht schon weiter. Diffamierungen von so unterschiedlichen Menschen wie A. L. Kennedy, Ulrich Khuon, aber auch Julian Warner, dem Leiter des Brechtfestivals in Augsburg finden statt. Die Frage, ob der deutsche Kunstdiskurs einfach weiter seine Kritik an der israelischen Politik betreiben kann, wo dieses Land so brutal attackiert wird und sich hierzulande die antisemitischen Attacken mehren, verändert sich langsam in ein Instrument – für wen und was? Wie sieht es mit der Meinungsfreiheit aus? Denn es gibt ja tatsächlich Konsequenzen aus der Rede. Aber was machen wir mit 1100 antisemitischen Straftaten, die der *Spiegel* für das letzte Quartal 2023 erwähnt, eine Verdoppelung der bisherigen Zahlen?

Gleichzeitig bekomme ich von außen Artikel zugespielt: Was ist da in Deutschland los? Ein Text von Susan Neiman, ein Interview mit der Hannah-Arendt-Preisträgerin Masha Gessen. Neiman vergleicht die Situation mit der McCarthy-Zeit, »Gesinnungsschnüffelei«, wie es nicht nur die Schriftstellerin und PEN-Berlin-Sprecherin Eva Menasse, sondern auch Claudia Roth bezeichnet hat, Gessen vergleicht Gaza mit einem osteuropäischen Ghetto unter den Nazis, was mich in einem ersten Reflex nach ihrer Preiswürdigkeit fragen lässt. Werden hier politische Positionen auf diese Weise abgefragt, überprüft, und diejenigen kaltgestellt, die nicht auf der Linie des Bundesbeauftragten für Antisemitismus stehen? Nur einige Monate später wird vom Bundestag eine Resolution »zum Schutz des jüdischen Lebens« verabschiedet, die im rechtlichen Graubereich agiert und viele Register der Zensur aufruft.[129]

Warum sind sie dennoch laut zu hören? Und was machen wir mit »Strike Germany«, jener Antwort vieler internationaler Künstler:innen, darunter Annie Ernaux, ein Boykottaufruf gegen Deutschland aufgrund seiner angeblich McCarthy-artigen Politik? Und was machen wir mit der Überlegung, dass die oben Genannten noch zu hören seien, »aber die anderen nicht mehr?« Oft wird mit dieser Reihe von zum Schweigen gebrachten Unsichtbaren gekontert. Was es hier bräuchte, wäre eine wehrhafte Kunstszene. Wehrhaft gegen den politischen Zugriff, der tatsächlich einen großen Einschnitt in die Freiheit der Kunst bedeuten würde. Was ist das überhaupt?, fragt mich ein Kollege in einer Diskussion. »Eine leere Floskel«? Nein, wie der große Widerstand gegen die vom Berliner Kultursenator bemühte Antisemitismusklausel zeigte. Und kann ich überhaupt noch wie Adrian Daub für die USA viele Phänomene der Cancel Culture als normalen akademischen Streit beschreiben? Können wir nicht mehr streiten? Oder bräuchten wir jeweils zwölf Stunden, um uns zu verständigen, haben aber stets nur ein Podium von neunzig Minuten, um es auf den Punkt zu bringen?

Zurück zum Schweigen. Sprechen bedeutet, gewisse Dinge zu erwähnen und andere nicht, was noch nicht heißt, dass man etwas verschweigt. Mich beschäftigte im Sommer die Reaktion von Schülern in Nordhessen anlässlich von Marcel Beyers Rede am Imshausener Kreuz zum 20. Juli. Jedes Jahr hält eine Person aus dem öffentlichen Leben eine Rede, die das Erinnern mit der Gegenwart verbinden soll. Schüler bemerkten im Nachgespräch, der Schriftsteller hätte weniger über die Ukraine und Sachsen sprechen sollen als über ihre nordhessische Wirklichkeit. Das hat mich verblüfft, sollte mir aber immer wieder begegnen: Eine Rede danach zu beurteilen, was nicht in ihr enthalten ist. Wie soll das gelingen? Einen literarischen Text zunächst einmal danach abzusuchen, was er nicht erzählt, scheint mir ebenso absurd. Oder gar einzufordern, was man gerne in ihm lesen würde.

Vielleicht ist das schon ein Ausdruck einer Ära, in der ich von Algorithmen gesteuert immer nur das geliefert bekomme, was ich ohnehin hören möchte? Dass ich nicht mehr etwas über die Welt zu erfahren suche, sondern meine Welt erwarte.

Aber zurück zum Schweigen. Als Deniz Yücel von dem Recht auf Schweigen sprach, gefragt, warum der PEN Berlin sich anfangs nicht deutlicher zu den Gräueln der Hamas geäußert habe, ging ein Unmut durch den Literaturbetrieb. Ein Recht auf Schweigen nehmen eher Angeklagte in Anspruch. Was soll das sein? Es bezeichnet einen Rededruck, dem widerstanden wird. Ist das hier angemessen? Monika Rinck macht mich auf Ilse Aichingers positiven Begriff des Schweigens aufmerksam. Ein Schweigen, das die Rede deckt, das vor dem Zugriff schützt. Können wir das wirklich für uns beanspruchen?

Aber die Krise, die mich erreicht, ist bestimmt von einer Funktionsveränderung der Kunst, der Literatur, ihrer Politisierung, die allein von Sprecherpositionen ausgeht und nicht vom Gesagten selbst, die immer nur das Framing im Blick hat und nicht die Suche nach dem Gedanken. Natürlich sind das alles wichtige Errungenschaften, aber sich nur noch auf sie zu fokussieren, scheint mir merkwürdig. Es ist eine Form von »Podcast«-Denken, das allein aus Zugänglichkeit durch eine ich-bezogene Sprecherposition besteht. Das Gerücht geht, dass seine leichte Zugänglichkeit und Niedrigschwelligkeit daraus resultierten, doch vielleicht stimmt das überhaupt nicht. Die Idee der einen Sprecherposition als Leitbild der Literatur ist darüber hinaus arm und ihr Selbstermächtigungsmoment hat sich verloren.

Nun hat die extreme Rechte diese Diskursmechanik schon längst erkannt. Sie ist die, die stets als Gewinnerin aus den gegenwärtigen Diskurskämpfen hervorgeht, in dieser Zeit der Hyperpolitik und der Geisterbeschwörung. Sie führt ihren antiinstitutionellen Kampf weiter. Die rechtlichen Instrumente, die wir heute entwickeln, um Sicherheiten in Bezug auf politische Positionierungen in der Kunst zu erlangen, können morgen schon gegen uns gewendet werden, sehr sichtbar, aber auch unsichtbar in einer Kultur der Angst. Es bleibt, darauf mit viel Gespräch zu reagieren, ein Gespräch mit Empathie und im Versuch, die Erregung und Selbstgerechtigkeit zu minimieren, ja, das Gespräch, das das Schweigen zu integrieren vermag, wäre eine Notwendigkeit. Ansonsten ist das Schweigen auch bald vorbei, und dann wird nur noch geredet. Die Rede kommt dann nur noch von einem, dafür aber die ganze Zeit!

Wiedergefundene und verlorene Lautstärke

– *Ähäm, naja, tja, mhm…*
Wir sind so verdammt leise geworden, findest du nicht? Müsste man nicht brüllen? Ist es nicht geboten, jetzt einmal sehr laut zu werden. Was sollen wir unseren Kindern erzählen? Wie bekommen wir eine ordentliche Lautstärke zusammen? Kampagnen, Lobbyarbeit, die

politische Arbeit rauf und runter, Social Media, Agenturen, Kommunikationsberatungsfirmen... und eine Lautstärke brauchen wir, das ist doch logisch, nicht irgendeine Lautstärke, wir müssten überhaupt mal zu hören sein!

– ... *bphh, (schnalzen, klackern, ausatmen)*

Unsere Zeitfenster schließen sich, die 1,5 Gradmarke ist seit einem Jahr geknackt, jetzt geht es stramm auf die zwei Grad zu, an manchen Orten hat sich das Klima bereits extrem verändert. Wenn man etwas zu oft gehört hat, hört man es irgendwann nicht mehr. Hatten wir schon.

– *Tja...mhm...*

Trump habe im TV-Duell von 2020 Biden 100-mal unterbrochen, im vergangenen Wahlkampf habe man die Mikros einfach zugemacht, so dass er das nicht tun konnte, und jetzt gehen sie wieder auf. Alle Mikros offen für den neu gewählten Präsidenten. Der Schluss lag wohl nicht nahe: Wenn jemand seinen Kontrahenten in so einer kurzen Sendung 100-mal unterbricht, dann ist er zu keinem Gespräch in der Lage. Oder er wurde gezogen, man hat sich aber gesagt: Man braucht keine gesprächsbereiten Präsidenten mehr. Man braucht einen mit radikalem Nichtzuhörenkönnen, das ist der Beweis, dass er alle niederwalzt und seine Agenda durchkriegt. Ein Ausweis seiner Befähigung...

– *Nein...*

Wie laut müssen wir sein, um gehört zu werden? Müssen wir »Genozid« sagen, müssen wir »McCarthy-Ära«

sagen, muss es immer gleich der Superlativ, das Schlimmste sein. Als würden wir sonst nicht gehört, nicht verstanden. Muss von Silencing derart laut die Rede sein? Ja, das muss wohl so sein. Ist ja auch so, dass die Angst an den Hochschulen und Institutionen umgeht, wen man noch einladen darf und wen nicht. Es entstehen Antisemitismusklauseln, auf die eine oder andere Art – die im Grunde eine Blaupause für andere Zensurmaßnahmen darstellen. Wer bekommt noch öffentliche Gelder, wer darf bleiben, wer muss gehen? Das kann man gar nicht schnell genug aussprechen…

– *Sch… sch…*

Dabei ist zu vermerken, dass selbst der BDS-Beschluss des Bundestages nicht rechtlich bindend ist. Und dennoch herrscht eine Hysterie und ein vorauseilender Gehorsam. Das ist das Schlimmste. Der vorauseilende Gehorsam. Aber die Angst, die macht dabei immer die Hauptarbeit. Wir dürfen die Situation in Gaza nicht erwähnen. Wir dürfen nicht über die Gräuel sprechen. Es dürfen keine Reporter ins Kriegsgebiet, wir können nicht von innen berichten, wir können nur embedded mitgehen. Wir dürfen die Nakhba nicht aussprechen – doch doch – nein, wir dürfen nichts sagen.

– *Hhhhhhh…*

Müssen wir sofort, wenn das Leid in Gaza kommt, vom Leid in Israel sprechen? Aber andererseits – Nennen wir etwas »das NRW-Problem«, sagt einer: Demos in Gelsenkirchen schon 2021, die die Vernichtung des Staates Israel einfordern. Kann es mal ohne das gehen? Und dann diese Wahnsinnigen in Berlin, die Pyrotechnik als Argument gegen den Kultursenator verwenden, verprügelte jüdische Studierende in Berlin und anderswo.

– *Hhhhhh…*

Wir können nicht miteinander reden, aber das ist unglaublich laut. Wir hören immer schon vorher, was das Gegenüber gesagt haben wird, und es weiß immer schon unsere Antwort. Und beides ist so laut, dass man sein eigenes Wort nicht versteht. Wie können wir Diskurse führen raus aus der Polarisierung, der gegenseitigen Diffamierung? Ohne Bagatellisierung immer gleich neben Kriminalisierung zu stellen! Welche Formate der Verständigung können wir bauen? Was können wir anbieten, um Differenzierung zu bewahren? Einen Raum stellt man noch nicht her, in dem man ihn einfach öffnet – »du glaubst noch an herrschaftsfreie Diskursräume, ja?«

– *Hhhhhhat!*

Das kam aber jetzt von woanders.

–

Hast du gehört, sie sagte das mit den Hateposts beinahe stolz, dass sie so viele Hateposts bekommen haben würden, weil sie die Veranstaltung gemacht haben. Als würde man einen erst dann ernst nehmen. Das ist doch verrückt. Aber so ist die Kunstszene derzeit. In Wirklichkeit gebe es eine radikale Entpolitisierung – ja, auch an den Hochschulen. Niemand geht mehr wählen.

– *Hhhhatschi!*

Du bist erkältet.

Verschnupft.

Du hast einen Schnupfen.

– *Ja.*

Verstehst du? Begriffe sind nur noch Waffen, es gibt keine Diskussion mehr. Immer diese Angst, jeden Moment kommt gleich: Free Gaza from German Guilt? »Tut mir leid, ich kann Ihnen nicht zuhören, ich bin selbst so mit Sprechen beschäftigt.«

Was sagten Meron Mendel und Saba-Nur Cheema in diesem Workshop, als sie die Memo-Studie zur Erinnerungskultur erwähnten – nur noch 20 % der U20 verstehen weltweit den Holocaust als Tatsache? Ach nein, das war der *Economist*. Und: 36 % denken, dass die Israelis jetzt mit den Palästinensern machen, was die Nazis gedacht haben. War ne andere Studie. Aber ja, ich verstehe, das war lange her.

Es war die Zeit davor.

Die Zeit danach wird im Westen nur im *Guardian* beschrieben.

Und in offenen Briefen. Andauernd gibt es diese offenen Briefe, und die betreiben nichts als Selbstimmunisierung. Wir möchten nur noch recht behalten. Wir missverstehen jede unserer Äußerungen als große politische Handlung.

Mist, Ich wiederhole mich.

– *Hhhhatschi!*

Steckengebliebenes Gelächter

Weiß jemand noch, warum wir eigentlich lachen? Also wie das angefangen hat? Weil, ich erinnere mich nicht mehr, ich weiß nur, aufhören können wir irgendwie nicht. Es ist Alkohol geflossen, sagen die einen, wir sind auch wirklich übernächtigt – mal ehrlich, wer von uns hat überhaupt geschlafen letzte Nacht? Dieser andauernde Stress ist schuld, sagen wieder andere, ich meine, wenn man in so einem Hamsterrad drin ist, wie soll man sich da überhaupt Luft verschaffen. Ich finde wir könnten langsam aufhören, aufs Lachen folgt doch immer Weinen, das ist doch bekannt, und dann ist der Jammer groß. Wir hören aber nicht auf. Wir machen immer weiter, als wären wir besessen. Halten uns die Bäuche vor Lachen, giggeln, husten, schnappen nach Luft und machen immer weiter.

Nein. Weiß wirklich niemand mehr, wie das angefangen hat? Weil, ich erinnere mich nicht mehr, es muss Alkohol geflossen sein, anders ist es nicht erklärbar, wiederholen die einen, wir sind auch wirklich übernächtigt, wiederholen die anderen, wir haben zu viel gesehen, einfach zu viel gesehen, ergänzen die dritten, obwohl niemand sich mehr vorstellen kann, was damit gemeint ist. »Es war die Geschichte mit Herrn W.«, sagen die vierten, eigentlich eine todtraurige Geschichte, aber sie hat sich irgendwie verselbständigt. Über einen selbst ernannten Plagiatsjäger, der aus seiner gekränkten Eitelkeit wohl einen Beruf gemacht hat, neuestens von Rechtsaußen-plattformen bezahlt. Rechtsaußen, ein merkwürdiger Begriff, der uns schon wieder zum Lachen bringt. Genauso wie »Gefährderansprache« oder »Terrorismus-abwehr«. Da sind wir jetzt, angefangen haben wir ganz woanders. Immer mehr Begriffe reizen uns dazu loszu-lachen. Da sollte man meinen, es gibt nichts zu lachen, aber gerade deswegen tun wir es.

Als hätten wir uns geeinigt auf dieses Lachen vor gerau-mer Zeit, aber wir haben uns sicher nicht dazu verabre-det. »Ich bin überzeugt davon, dass ich nicht Teil dieser plötzlichen Einigung sein wollte«, hat eben zaghaft eine junge Frau geäußert und wieder Lachen geerntet. Es war ja nicht so: Man kommt einfach in diesen Fahr-stuhl hinein und weiß, das wird jetzt lustig und plant ein Lachen mit ein. Fahrstühle sind eigentlich unlus-tige Aufenthaltsorte, jemand muss also einen Witz von außen mitgenommen haben, hier hereingetragen, als dürfte man das. Einen Witz, den ich nicht einmal ge-hört habe. Aber dann ist es ganz plötzlich passiert. Mit einem Giggeln hat es begonnen. Ich bin mir sicher, dass es mit einem Giggeln begonnen hat. Das Giggeln haben wir natürlich erst einmal nicht ernst genommen, wir dachten, es ist gleich vorüber, aber es war nicht vor-über: »Ich kann einfach nicht aufhören, also ich kann das nicht«, ruft jetzt jemand neben mir aus, und alles legt erneut los. So einfach ist es: Jemand erinnert einfach daran, dass es einmal losging, im Grunde reicht schon, dass wir lachen, und dann setzt es von neuem an. Auch ich kann da nichts dafür, also ich nehme die Situation ja durchaus ernst, aber kann mir nicht helfen. Selbst ein »Das ist nicht lustig« löst neues Lachen aus. Nein, das ist nicht lustig, das haben wir ja schon vorher festgestellt. Jetzt können wir nicht mehr zurück. Das Lachen hat uns aus dem Raum befördert, in dem noch Entscheidungen getroffen werden könnten.

Wir wollten sicherlich alle aus dieser Lage rauskommen, irgendwann, als wir sahen, dass der Anlass nicht für dererlei Äußerungen gegeben ist, dass es völlig deplatziert ist, schließlich sieht man, was da draußen los ist... Wir haben uns auch sicher nicht erhoben über das Leid anderer, wir sind nicht die, die aus sexistischen und rassistischen Gründen lachen, sind wir nicht müde zu erklären, was uns wieder losprusten lässt. Nein, dazu wäre es viel zu hysterisch. Unser Lachen bringt allerdings jede mögliche Handlung zum Stillstand. Wer oder was holt uns da wieder raus?

Man hat ja versucht, die Situation zu erklären. So heißt es jetzt, wir lachten so, weil wir dermaßen erleichtert sind, aber das kann ich nicht bestätigen. Wir sind ganz und gar nicht erleichtert. Davor hieß es, wir lachten mit denen mit, die sexistische Witze machen, weil wir gerade einmal nicht gemeint sind. Und noch früher sagten sie, wir lachten uns krumm, weil wir einen antisemitischen Witz gegen uns interpretiert haben. Erleichterung, wir sind nicht gemeint. Wir lachten, weil wir gerade nicht gemeint sind. Aber das stimmt nicht. Wir sind immer auch mitgemeint. Und das wissen wir. Wir lachen trotzdem.

Es habe sich noch nie jemand totgelacht, versucht man uns schließlich zu beruhigen, aber das hilft nicht viel, schließlich wissen wir, dass der Witz als tödliche Waffe schon lange in Kriegen eingesetzt wird. »Emissionsarm« würde man heute hinzufügen, was niemand hier tut, das Lachen darüber wäre schrecklich. Außerdem verhindert es praktisch jegliches Gespräch. Längst haben wir vergessen, dass wir in einem Fahrstuhl stecken. Da waren wir einmal eine Fahrstuhlgemeinschaft in Aufwärtsbewegung, nur, wo ist die geblieben? Jedenfalls ist die Bewegung nicht mehr zu spüren. Neue Technologie oder so.

Ja, wir waren einmal eine Fahrstuhlgemeinschaft, erkennen uns auch seit Jahren so halbwegs an den Gesichtern. Oder an kleinen Gesten. Dem Accessoire. Manche kann man den Etagen zuordnen, andere wiederum nicht. Vielleicht sind wir auch steckengeblieben, und das, wo wir uns befinden, ist streng genommen kein Fahrstuhl mehr. Der Zufall hat uns zusammengewürfelt, hätten wir früher gesagt, was heißt Zufall (erneutes Prusten), und jetzt kommen wir nicht mehr voneinander los

(Prusten), weil wir so lachen müssen, aber zusammen kommen wir auch nicht. Wir haben uns aufwärtsbewegt, hinauf zur Chefetage, da wurden wir vorgeladen, weil es vermutlich ein Problem gab, an dessen Lösung wir beteiligt würden (Kichern) – das war zumindest das Versprechen, das einzige derzeit mögliche Versprechen, das unsereins hier gegeben wird. Vermutlich waren wir nervös, sehr nervös, wissend, jederzeit kann es passieren, dass man danebenliegt – eine perfekte Basis für unser Gelächter. Und haben wir früher alles richtig gemacht in dieser Fahrstuhlfahrt, waren wir früher natürliche Konkurrenten, sind wir jetzt gar nichts mehr. Das ist alles Vergangenheit.

Im Grunde macht alles die Technik hier, hat man uns versprochen, hoch kommen wir in jedem Fall, da brauchten wir nichts zu machen. Das war eine Lüge, wissen wir jetzt, wo alles steht. Vielleicht ist daran unser Gelächter schuld, die ständigen Vibrationen, die es verursacht hat. Der Fahrstuhl hat auf Dauer unseren Lachanfall einfach nicht ausgehalten. Gleich wird die Technik uns demnächst automatisch ansprechen, vermutlich, weil die darin verbaute KI es für notwendig hält. Nun, auch diese Stimme wird nicht mehr durchdringen. Sie sollte es besser mit Gelächter versuchen, denn derlei Äußerung einer Fahrstuhlstimme wäre nicht ansteckend, im Gegenteil, es würde die unsrige mit Sicherheit beenden, es wäre einfach zu creepy. Aber wir hören nur im Hintergrund, wir sollten Ruhe bewahren, es komme schon bald jemand, um uns zu helfen. »Helfen? Was für ein Wort!« Und: Hat sich da nicht gerade jemand komisch bewegt? Schon geht es weiter, das Lachen überträgt sich sofort. Zu bemerken ist, dass es bereits die Karriere des normalen Gelächters hinter sich gelassen hat, der üblichen Dramaturgie nicht mehr folgt. Nach seinem harmlosen und kleinteiligen Beginn war es für einige Zeit ziemlich laut geworden, hat sich verstetigt, nährte sich nahezu aus allem und findet nun kein wirkliches Ende. Es ist über weite Strecken ein Fast-nicht-mehr-Lachen und bewegt sich zu einer ziemlich ruhigen Situation, allerdings in einer Landschaft, die die Beschaffenheit eines Minenfelds hat. Wir wissen, ständig kann es wieder ausbrechen. Insofern lachen wir jetzt fast nicht mehr, aber uns ist klar, es ist noch da, es ist noch unter uns und kann jederzeit erneut ausbrechen. Streng genommen herrscht eine Totenstille, aber eine, die durch jede Regung wieder ins Loslachen umschlagen kann, was uns erst recht erstarren lässt. Wir können einfach nichts machen. Und so halten wir alle still. Wir halten alle still ungefähr im 8. Stock, es passiert immer im 8. Stock. Jedenfalls, das wollte ich damit sagen, ist das der Grund, warum ihr nichts mehr von uns hört.[130]

Theater der Zukunft

Wenn von der Zukunft die Rede ist, wird der Blick meist starr nach vorne gerichtet. Autoren wie Walter Benjamin oder Peter Weiss lehren einen, den Kopf zu drehen und erst einmal zurückzublicken. Mit dieser Kopfbewegung möchte ich heute beginnen und meinen Schreibtisch vor zwei Jahren betrachten, auch wenn das ein etwas banaleres Unternehmen ist, als die Gedanken von Walter Benjamin und Peter Weiss implizieren. Unter den Dateien vom Januar 2021, jener Zeit des Coronalockdowns, fand ich einen Textentwurf mit dem Titel »Theater der Zukunft«, den ich für einen mir nicht mehr erinnerlichen Anlass schrieb. Ich begann damals folgendermaßen:

»Das Theater der Zukunft ist vielfältig. Es hat unterschiedliche gestaltende Kräfte. Schriftstellerinnen, Schauspieler, Bühnenbildnerinnen, Filmleute, zivile Menschen und unzivile – Es forscht in der Geschichte, es blickt zurück, um nach vorne zu kommen, es ist ein Studio der Präsenz, das den Gedanken der Präsenz als politische Möglichkeit durchspielt – Kairos als der günstige Moment. Es ist ein Labor der Gegenwärtigkeit und ein persistierender Crashkurs der Begegnung – Das Theater der Zukunft ist an Zukünftigkeit interessiert, also an offenstehenden Möglichkeiten. An der echten

Wahlmöglichkeit, d. h. allerdings auch an der Beschreibung von temporärer Ausweglosigkeit.

Das Theater der Zukunft findet immer heute statt. Es ist im Hier und Jetzt und verbindet sich daher mit der Vergangenheit. Es gibt eigentlich kein Theater der Zukunft im engeren Sinn. Es ist kein rechthaberischer Ort, aber ein streitbarer.« Und dann wiederhole ich mich, als müsste ich mich daran erinnern: »Wer arbeitet mit am Theater der Gegenwart? Schriftstellerinnen, Schauspieler, Filmleute, Regisseurinnen, Bühnenbildner, zivile Organisationen, Programmierer:innen, Sounddesigner, Menschen, die etwas erlebt haben, oder gerade nichts erleben…« Hier bricht der Text kurz ab, dann setzt er neu an, einige Tage später:

»Im Moment gibt's kein Theater der Zukunft, denn das Theater der Zukunft findet immer heute statt. Und dann immer im Hier und Jetzt, und verbindet sich so mit der Vergangenheit. Es gibt eigentlich kein Theater der Zukunft. Die Sehnsucht nach dem Kairos, dem günstigen Moment, und nichts anderes ist wirkliche Gegenwärtigkeit, die eben auch nicht nur eine online Gegenwärtigkeit ist, nicht alleine die Zoomkonferenz, auch wenn da schon viel substituiert werden kann, diese Sehnsucht ist im Moment so stark wie nie. Aber wir sprechen hier in dieser Runde über Texte, wir sind hier Dramatikerinnen –

Für wen und mit wem schreiben wir in diesem Theater, und in welcher Organisationsform tun wir das? Ich kam mir immer als Außenstelle der darstellenden Kunst vor, als Anhängsel (und da spreche ich aus Akademieerfahrung wie aus der praktischen im Theater), und das ist schwierig. Vielleicht wird man gerade im Moment wieder mehr zur Verknüpfungsstelle? Sprache spielt ja eine Rolle im Theater, Sprache ist ja gesellschaftlich höchst relevant. Wir verhandeln auch in Zukunft in Sprache. Sie hat Form und gibt auch Form vor, auch wenn diese Vorgabe vielfältig zu durchkreuzen ist. Sie ist ein Medium. Sie schafft Räume aus der Zweidimensionalität ihrer linearen Organisation und gerade jetzt können wir diesen Aspekt sehr stark brauchen.« Schon wieder ein Absatz. Danach folgt, zum dritten Mal: »Es gibt Schauspielerinnen, Regisseure, Bühnenbildner:innen, zivile Organisationen, Film- und Soundleute, für das Bühnenbild zuständige, für den realen Raum – Wir sind nicht mehr alleine im Theater der Zukunft.« Als müsste ich die Vielheit der Beteiligten ausrufen in jenem Lockdownzustand im Januar 2021, als wäre meine Faszination über Menschenansammlungen in jenem Pandemiezustand zur Besessenheit ausgewachsen. Ist es nicht das, was Theater seit jeher auch tut? Menschengruppen zeigen? Chöre in den unterschiedlichsten Formationen und Formierungen? Am liebsten würde ich in Anknüpfung an Arbeiten von Peter Handke oder noch mehr Valère Novarina andauernd nur Menschen auf die Bühne rufen, sie dort benennen, ihre Namen hörbar machen, sie zeigen. Ein Panorama der Menge eröffnen. Schaut, die gibt es und diese auch, und dort drüben stehen die anderen. Was für ein Vergnügen, Menschen in ihren unterschiedlichen Inszenierungen zu beobachten! Und so habe ich es bis heute nicht wirklich geschafft, ein Stück für zwei Figuren zu schreiben. Das wäre eine wirkliche Herausforderung, der ich mich aber durchaus stellen möchte. (Zukunft!)

Aber als ich das »Gebet für alle Menschen, die da gewesen sind, und Gebet für alle Menschen, die da zu sein vergessen haben« las, mit denen der französische Dramatiker Valère Novarina sein Buch und Stücktext »Mensch außer sich« beginnt, fühlte ich mich sehr zu Hause. Er lässt in der kongenialen Übersetzung von Leopold von Verschuer seinen »Dramenarbeiter« sehr unterschiedliche Figuren aufzählen: Vom »Katapultwerfer«, »Hunderfachmann« und »Kraftradraser Sudel« kommen wir zum »Lungenflüglerkind«, zum »Uterurist« und zum »Unterhulischen Kind«, wir treffen auf den »Nager Sprachgewandel«, »Das Taschenkind«, den »Hund Üt«, »Die Zurechtfinderleute«, »Das Chronophobe Kind« oder die »Trennerin«, den »Überstürzten Menschen«, die »Burufer«, »Esser von Gruppe vier« und die »Frau mit der Gesichterin«.[131] Eine Aufzählung, die über 13 Seiten geht. Ansonsten passiert nichts. Das verstehe ich. Listen, Aufzähl- und Abzählreime, das Wort, das sich in Litaneien Präsenz verschafft. Das bin auch ich, doch das ging symbolisch eine ganze Weile lang nicht.

Noch einmal auf den Text von 2021 blickend – war es eine Skizze für eine Zoomveranstaltung der Akademie der Künste mit dem ITI, dem Internationalen Theaterinstitut? War es ein Statement für den digitalen Fischer Theatersalon oder gar eine Vorbereitung für ein Burning-Issues-Programmtreffen? Nein, Letzteres eher nicht – also nochmals auf den Text von 2021 blickend, stelle ich fest, dass der Entwurf in diesem Moment der Gruppennennung abbricht und ich woanders weitergemacht haben muss. Zugegeben, die darin geäußerten Gedanken sind nicht sehr originell, sie zeigen Verletzungen, legen eine Wunde frei, nämlich außen vor zu sein.

2021 dachte ich, es geht mit mir und dem Theater nicht weiter, zwei Uraufführungen wurden gecancelt, der große Coronastopp hat mich mehr als andere in diesem Medium erwischt. Eine Zoominszenierung durfte ich mit dem Burgtheater machen, und das war's. Gottseidank sprechen wir heute von postpandemischen Zeiten und Gottseidank füllen sich die Säle wieder, die Leute rennen wie verrückt in die Veranstaltungen, sagt man mir, freilich nicht überallhin, und auch ich hatte 2022 zwei richtige und eine halbrichtige Uraufführung. Aber bei uns Dramatiker:innen geht es trotzdem immer mal wieder nicht weiter, die Arbeitskontinuität von Regisseur:innen, die ich wahrnehme, ist uns auf Dauer nur in sehr wenigen Ausnahmen vergönnt. Dass unsere Arbeit immer mal wieder abbricht und Gegenwartsdramatik eher marginalisiert ist, gehört zu unserem Alltag. Nicht umsonst ist in den letzten Jahren ein Verband wie der *VtheA* entstanden, der sich zur Aufgabe gemacht hat, die Gegenwartsdramatik zu stärken. Schon beim ersten Treffen zur Gründung des *VtheA* wurde interessanterweise gleichzeitig vom fehlenden Gedächtnis wie der fehlenden Zukunft der Dramatik gesprochen, der man entgegentreten soll. Das war 2019.

»Nach der Pandemie«, wie man jetzt immer noch sagt, ist ganz allgemein die Ahnung geblieben, dass wir ein Problem haben mit dem Hier&Jetzt, und zwar als gesellschaftlichem Ort. Theater muss diesen Kairos-Moment immer wieder herstellen. Präsenz ist heute konstruiert. Ob als Liveness, als Moment der Ausschließung und Einschließung, als Gegenwärtigkeit von Teilhabe und Ausschluss, ein ortsübergreifendes Dabeisein, eine mediale Situation. Das Hier&Jetzt ist ein Ort mit sozialer Signatur. Wenn meine Tochter ruft: »Ich kann jetzt nicht zum Abendessen kommen, jetzt ist der und der live«, dann zeigt sich, dass das Hier&Jetzt durchaus ins Handy wandern kann, und sei es als Livestream eines K-Pop-Bandmitglieds, das auch nur in einem Zimmer am Bett sitzt und auf etwas wartet. Gegenwart ist dann die soziale Macht, wenn jemand live ist und wir uns anschließen wollen. Es ist eine unheimlich komplizierte Sache, die medial hergestellt werden muss. Gegenwart ist damit auch etwas unglaubliches Fiktives geworden und umgekehrt Zukunft etwas immer schon zu Reales. Sie ist da irgendwie nicht mehr angebunden und wirkt immer schon in ihren Versionen erstarrt.

Vielleicht helfen uns da die fiktiven grammatischen Zeiten, zu denen im schon erwähnten Buch und Stück des Dramatikers Valère Novarina *Mensch außer sich* der Dramenarbeiter findet:

>*Sechzehnhundert dreizehn-und-elf Zeiten sind unser!*
Die ferne Gegenwart, das Futur Inaktiv,
die Vordermöglichkeit, der Inkonditional,
der Verfallsdatal, das latente Futur, der Stagnativ,
der Erfindativ, der Reminiszens, der Noch nicht da,
das Schlimperfekt, die laufende Gegenwart,
das Mehr als Vorbei, der Konjugativ,
das Minder als Präsens, die unvollendete Vergangen-
heit,
die Schlimmer als Gegenwart, der Geduldskonjunktiv,
die Unwünschenswart, das Schlimmstertum,
die Hintergangenheit, der Subkonditional,
das Zwangspräsens, das Hypochron, die Missvorigkeit,
das Müdungsfutur, der Prolego Grübelativ,
der Perhypotal-Hintergrammativ,
das Deblockativ Präsens,
das Plusquampräsens, der Widmativ,
das Kürzlich schon weg, die Nachgegenwart
die Sichtbarkeit, das mehr als Futur, der Fortbestan-
tiv...«[132]

Ja, der Fortbestantiv, der beschäftigt uns auf die eine oder andere Art besonders. Was besteht weiter, was wollen wir geändert haben, vor welchen Änderungen haben wir Angst? Wir? Ein schlechtes Subjekt. Ich, ein noch schlechteres. Er, sie, ihr – wird es besser? Genau zwischen diesen Momenten – ich und wir und ihr – und Gegenwart und Zukunft – vermittelt die Sprache.

Wenn wir im derzeit modischen Nachdenken über die Storyfizierung der Gegenwart verharren oder über die Aufgabe der Literatur, Stimmen hörbar zu machen, zu sprechen, Übergriffigkeiten zu verhindern, und im Theater über Repräsentation zu diskutieren, vergessen wir, dass Sprache meist etwas Infektiöses, Zwischenmenschliches ist, vergessen wir auch, dass Subjektkonstruktion aus Sprachmaterial erfolgt, dass ich nicht aus einer Stimme bestehe, sondern aus vielen, die sicherlich nicht ungeordnet nebeneinander existieren, sondern sich nach einer hegemonialen Matrix ausrichten.

Es gibt andere gesellschaftliche Orte, in denen das Hier&Jetzt jenseits der Medien rituell hergestellt wird, gerade weil es so mächtig ist – im Gericht, in religiösen Gemeinschaften, in Selbsthilfegruppen, in Kommissionssitzungen, das ist das, was mich seit längerer Zeit fasziniert, vielleicht auch mit dem Hintergedanken, dass just dann auch gesellschaftlich gehandelt wird, während im Theater immer nur symbolisch gehandelt wird. Doch stimmt es, zu sagen, dort werden Entscheidungen getroffen, die Auswirkung haben, hier nicht? Erhebt nicht das Theater mehr und mehr den Anspruch, in die Gesellschaft zu gehen und direkt etwas zu verändern? Ist nicht durch Theaterformen wie die von Milo Rau und Rimini Protokoll dieser Ort seit langem neu definiert worden? Es hat sich geöffnet, ist stellvertretender Raum, soziale Plastik, verfranst mit anderen medialen Situationen und Kontexten. Und damit definiert sich auch die Rolle des Textes völlig neu.

Auch gesellschaftlich hat sich die Sprache neu ausgerichtet. So fällt es erst einmal leicht zu behaupten, wir lebten in Zeiten eines Überhangs an Symbolpolitiken, dem leeren Gequassel der Politiker, die Verkehrswenden und Energiewenden versprechen, und dann geschieht doch nie etwas wirklich. Oder wir lebten in Zeiten heilloser Hatespeech, deren affektive Unlogiken eine ständige Verschiebung der Diskurse erzeugen. In Zeiten identitärer Repräsentationsvorstellungen, die das, was auf der Bühne gesprochen wird, unter den Verdacht des Illegitimen stellen. Aus diesen drei sehr unterschiedlichen und hier sehr rough zusammengestellten Um- und Zuständen entsteht die Notwendigkeit, dass wir die Sprache selbst neu betrachten und mit ihr umgehen. Ihre öffentliche Funktion hat sich verändert, und das hat auch Auswirkungen auf den Text und die Sprache im Theater, das sich selbst verändert hat.

Vielleicht finden wir keinen sozialen Raum, den wir in Anspruch nehmen wollen, der nicht bereits voller Sprache ist, voller Memes, Jingles, Instagramstorys? Wie angefüllt ist unsere Gegenwart mit Text&Ton&Bild?

Durchkreuzt und definiert durch toxische Debatten, die immer schon schneller sind als man selbst. Daneben steht freilich das Wissen, dass sich gleich nebenan autokratische Länder befinden, in denen Zensur wieder an der Tagesordnung ist. Die Autorin Angela Steidele erinnerte in ihrem Essay »Von leeren Blättern und Literatur ohne Narrativ« im Deutschlandfunk an die weißen Blätter, die in China Zeichen des Protests wurden. Silencing steht also neben dem Geschwätz der Hatespeech von Chatbots.

Einen Theatertext zu schreiben bedeutet eigentlich, mit der Lücke zu beginnen. Der grundlegende Fehler angehender Dramatiker:innen sind Klippklappdialoge und Durchgerede. Alles wird Sprache, die stets aufeinander reagiert. Die räumliche Sprache fürs Theater braucht allerdings Situationen, ansonsten würde das Wort mit Jelinek'scher Manier alles plattmachen im Raum, was durchaus ein Kalkül sein kann, sich vielleicht aus dem etwas leergelaufenen Heiner-Müller-Zitat speist, dass Literatur dem Theater Widerstand leisten soll, sonst ist es nichts. Zu viel Sprache und zu wenig Restgegenwart, zu viel sich nicht einlösende aber raumfordernde Sprache, Sprachgewalt, die alles verdrängt, was bloß sein will. Das restliche Bühnengeschehen kann da nur konterkarieren, kann nur etwas ganz anderes, Zusammenhangloses machen und kommt inszenatorisch auf die immer gleichen Ideen, die sich aus der Revue oder dem Konzert, der chorischen Inszenierung oder der Show bedienen, was etwas unbefriedigend ist. In meinen Inszenierungen war es sehr oft eine Mischung aus Minimalismus und Pop, in der Revue-, Show- und Medienelemente hervortraten. Die soziale Schärfe der Sprache wird so spielerisch geframed, in den Unterhaltungsrahmen gesetzt und auf eine Weise verharmlost.

Vielleicht ist aus dem Gedanken von Heiner Müller, dem Widerständigen der Literatur, doch etwas herauszuholen, ich denke nur, dass eine echte Reibung heute mehr mit einer Krümmung des kommunikativen Raums zu tun haben muss. Textflächen oder Teppiche alleine sind es also nicht, Verlautbarungsmonologe oder einfache Rahmendurchbrüche, wie sie Wolfram Lotz in seinen frühen Theaterstücken unternommen hat. Man müsste noch einen Schritt weitergehen. Und so arbeite ich mit der Raumfaltung. Ich verwende ein Ich, den Konjunktiv, die Zukunftsform, fiktive szenische Grammatik. In letzter Zeit wende ich mich gerne an das Futur. Nein, auch das habe ich nicht erfunden. Unvergessen ist mir die Inszenierung *Tomorrow's Parties* von Forced Entertainment von 2011. Sich ganz einfach, auf einem Büdchen stehend, die Zukunft auf der Bühne als Politikerdarsteller:innen auszumalen, ging damals noch. Ich hätte gedacht, die Inszenierung ist älter, rund 20 oder 25 Jahre alt, aber tatsächlich war sie noch vor ein paar Jahren jung.

Jetzt aber malt sich niemand mehr öffentlich eine Zukunft aus. Sie ist sozusagen schon vorbei, sie ist im-

mer schon längst angekommen. Nichts ist älter als die
Zukunft von gestern. Gottseidank sprechen wir ja hier
nicht von der Zukunft des Theaters, sondern der Zukünftigkeit, diesem Benjamin'schen Begriff voller Di-
alektik und Dynamik, das gibt uns eine ganz andere
Möglichkeit. Es geht mehr um dieses Verhältnis, unsere
erlahmende Möglichkeitsform, die soziale Energie, uns
etwas vorzustellen bzw. vorgestellt zu haben, die nie uns
ganz alleine gehört, sondern immer Bestandteil der politischen Ökonomie, des technisch-medialen Systems,
der gesellschaftlichen Organisation um uns herum ist.

Ein weiterer Irrtum im Schreiben von dramatischen Texten, die versuchen sozialen Raum zu zeigen, ist das Lo-
gische. Im realen Leben bleiben Leute in ihrer Spur, sie
reagieren nicht unbedingt aufeinander, sie denken nicht
immer beim Sprechen, sie machen einfach weiter, sie
wiederholen sich, sie kapieren das Gegenüber nicht, sie
lügen oder glauben ihre Unwahrheiten selbst, sie treten auf der Stelle, sie verhaspeln sich gedanklich, sie gehen über ihr Gegenüber hinweg, sie wissen nicht, mit
wem sie sprechen, sie sprechen mit den falschen Leuten,
zum falschen Zeitpunkt. Sie sprechen für den anderen,
für die andere, sie verstehen was falsch. Sie machen Fehler, ihnen passiert irgendetwas, gerade sprachlich, was
sie nicht kontrollieren können, sie werden abgelenkt.
Sie behaupten einfach irgendwas anderes, um nicht über
das sprechen zu müssen, was da ist. Die Leute reden also
immer wieder Blödsinn, der allerdings absolut wirksam

ist. Und sei es, um ein Beispiel herauszugreifen, dass sie behaupten, etwas stünde in Statuten, in Regelwerken, in Verträgen, was da gar nicht steht, um etwas durchzudrücken, was in der Situation nicht mehr verifiziert werden kann. Auch so werden Entscheidungen getroffen.

Auch in den großen diskursiven Verwerfungen erleben wir derzeit viel Unlogik, die uns in Erstaunen versetzt. Wie geht man mit der massiven Verquastheit und fehlenden Folgerichtigkeit von so mancher politischen Behauptung um? Das bereits erwähnte Buch des Soziologen Nils Kumkar über *Alternative Fakten* war in letzter Zeit diesbezüglich hilfreich, weil es sich von der Aufmerksamkeit auf den Wahrheitsgehalt eines Statements wegbewegt und hinwendet zu dessen kommunikativer Funktion. Es nimmt das Auseinanderklaffen von Überzeugungen und rechtpopulistischer oder verschwörungstheoretischer Argumentation wahr. Insbesondere beschäftigt sich das Buch mit der Leugnung des Klimawandels und der Strategie der sogenannten Klimawandelgegner. Deren wegrutschende Argumentationen lassen Kumkar zu dem Schluss kommen, dass es in den besagten Positionierungen, hier der Klimawandelleugner:innen, nicht um ein feststehendes Wissen oder um Überzeugungen, sondern um ein dramaturgisch-strategisches kommunikatives Verhalten geht, das die politische Aktion ausbremsen soll. Diese Unlogik, die erstaunlich oft der Struktur von Witzen folgt, könnte gerade auf der Bühne wunderbar thematisiert werden.

Schon an den fulminanten Texten von Elfriede Jelinek zeigt sich diese Erforschung der kraftvollen Unlogik.

Aber: Die Wahrheit ist immer konkret. Naja. Das Konkrete war in letzter Zeit hinderlich. Im Theater gibt es Umwege zur Konkretion: Themenförmigkeit. Stoffe. Material. Klimakrise ist ein beliebtes Zukunftsthema. Ein bisschen Mythologie verschafft ihm sein theatrales Format. Weitere Zukunftsthemen sind »Planetary Boundaries, Osteuropa und die Spirale der Gewalt, Migration, Verschuldung«. Vergangenheitsthemen laufen auf die Thematisierung von Schuld, Umbau, Geschichte, Generationen und Familiengeschichte hinaus. Gegenwartsthemen: Queere Identität und Rassismus in Deutschland. Aber Themen bringen ihre eigenen Formatierungen mit sich, unbegriffene Formatierungen, sie sind die ständig verkehrte Perspektive, die im Produktionsprozess nichts zu suchen hat. Nichts Unkonkreteres als Themen. Und der Staub sitzt dabei immer schon in den Ritzen.

Handlung

Am Ende bleiben die halben Sachen. »Wenn einmal die Wendezeit gekommen ist, dann machen wir Deutschen keine halben Sachen«, versprach ein rechtsextremer

Verdachtsfall im Kostüm des autoritären Politikers.[133] Er dachte wohl, keine halben Sachen, darauf können wir uns schnell einigen. Einige haben die Hälften längst zusammengefügt, so dass es aussieht, als wären sie ganz. Der Klebstoff wurde auch schon längst benannt. Mit den Lieferzeiten gibt es diesbezüglich keine Engpässe. Nicht einmal die Presse fehlt. Fehlt nur der Umschlag in die offene Gewalt.

Handlung

Es wirkt im Nachhinein wie ein Wunder, denn einmal ist nicht das Vorhersehbare geschehen: Die Menschen waren über Jahre einfach nachts heimlich auf das riesige Areal des Großgrundbesitzers eingedrungen und hatten den Wald wieder angepflanzt. Der neue Eigentümer, dem das Gebiet einfach zugesprochen worden war, hatte es gar nicht gemerkt, zu groß war dessen Fläche. So konnten sie einen Teil der Region wieder für das Ökosystem zurückgewinnen, ohne dass es dem Besitzenden auffiel. Von einer Wiederaneignung allerdings wird in einer Sprache gesprochen, die wir nicht verstehen.

Die drei Affen bewegen sich endlich

Die drei Figuren sitzen immer noch da, man kann sie kaum noch erkennen, so zugedeckt sind sie mit dem Staub und dem Dreck, der um sie herumfliegt und sich langsam setzt. Jemand muss ein Fenster geöffnet haben, oder das Fenster ist schon lange offen, oder es wurde zerschlagen. Vielleicht hat es einen Bombenanschlag gegeben, eine Attacke in der Wohnung, in der die drei Affen sich aufhalten. Vielleicht war es eine Drohne, ein gezielter Angriff, vielleicht war es auch nur ein Chemieunfall wie der in dieser Fabrik in Toulouse in den 90er Jahren, der viele Fenster der Stadt zum Zerbersten brachte, oder in Beirut in dieser Hafenanlage. Die Affen jedenfalls haben Mühe, überhaupt noch irgendwie auszusehen. Immerhin haben sie sich keinen Zentimeter bewegt. Ihre Position bleibt fest. Sie sind vermutlich aus Stein, ansonsten wären sie längst schon auseinandergefallen. Holz hätte das nicht ausgehalten. Sie haben steinerne Herzen, ist insofern anzunehmen. Wo sie sich doch so ganz und gar nicht rühren. Sie überdauern. »So geht Überdauern«, flüstert jemand, »seht sie euch an!« Ja, das ist ihre letzte Botschaft an uns: Sie überdauern alles. Das ist gar nicht mal so schlecht, welche Optionen hätten sie sonst. Sie sind nicht die Einzigen mit Beharrungsvermögen, nicht die Einzigen in der Versteinerung. Da ist auch dieses Mädchen, das in einem Bunker den dritten Weltkrieg überlebt, während sie sich noch mal die Folgen von *Friends* ansieht. Das Mädchen ist auch aus Stein. Nur die TV-Serie hält sie noch am Atmen. Sie ist eine Figur aus dem Film *Leave the World behind*[134], der davon erzählt, dass ein Land erst destabilisiert wird (diesmal zur Abwechslung mal die USA) und sich in der Folge selbst im Bürgerkrieg zerstört. Man initiiert über einen Blackout ein Chaos, lässt aber die Hauptarbeit von den Leuten im Land selbst erledigen, lautet der zynische Kommentar. Es sei einfach die billigste Art, Krieg zu führen. Das 13-jährige Mädchen im Bunker vertritt einstweilen die neue Position des Steines. Sie bedeutet, mit aller Macht an etwas festzuhalten. Sie hat instinktiv die Einzelversteinerung gewählt, unsere Affen sind ja immerhin zu dritt. Wer weiß, ob sie sich irgendwann gegenseitig wahrnehmen werden, falls sie jemals aus dem Stein aufwachen. Was werden sie dann machen? Werden sie voreinander fliehen? Werden sie gemeinsam Ausreiß nehmen? Werden sie sich besprechen? Wird der Blinde sprechen über das, was er gehört hat, schließlich der Taube erzählen, was er gesehen hat, und der nicht Sprechende wird das in einer Handlung zusammenbringen? Oder plötzlich doch ins Sprechen geraten? Es wäre ihm zu wünschen. Auf diese Dramaturgie können wir nur hoffen. Die drei Affen bilden dann vielleicht eine Kommune. Oder sie gehen zu anderen

Affen, zu denen, die nicht im Bild sind, und holen sich dort andere Erzählungen über die Welt ab. Die Affen, die wir nicht sehen, die sich bereithalten im Hintergrund, die ich mir ausmalen muss. Aber vielleicht ist da niemand mehr. Die Affen sind alleine zurückgeblieben in einer Welt, die sie nicht mehr zu verstehen vermögen. Sie haben keine hungrigen Augen, keine empfindlichen Ohren, keinen wässrigen Mund. Aber so genau ist das nicht zu sagen. Der Staub verbindet sie mit der Szene. Der Staub wird sie unkenntlich machen. Der Staub wird weitergehen.

Aber seht, die drei Affen haben sich nun doch bewegt.

Anmerkungen

Einige der vorliegenden Texte sind in einem anderen Zusammenhang entstanden und in anderer Form schon publiziert worden. So *Ganz Ohr* in der *Neuen Rundschau* im Herbst 2023; *Mitschrift und Vorhalt* verdankt seine Initiation einer Albert-Drach-Konferenz im Winter 2023; *Das Schneckentempo* erschien im Rowohlt Verlag im Herbst 2024 in dem Band *Demokratie: Wofür es sich jetzt zu kämpfen lohnt*; *Aussetzer* ist in einer anderen Form in dem Akademieprojekt *Kafka Kaleidoskop* im Juni 2023 entstanden; *Im Auserzählten* wurde für den Kongress *Auserzählt?* von *Deutschlandfunk Kultur* im März 2023 geschrieben; *In die Irre gehen* entstand im Rahmen des Akademieprojekts zum *Unbekannten*; *Der Schwarzweißböll* hat seine Entstehung der Dankesrede für den Heinrich-Böll-Preis 2023 zu verdanken; *Hundert Jahre Radio, 2 Minuten später* verdankt sich zum Teil einer Reihe in der *Süddeutschen Zeitung* zum öffentlich-rechtlichen Rundfunk im Sommer 2023; *Über Unsagbarkeiten, Sprechverbote und grassierendes Schweigen* ist in der schwer verdienten *trotzdem-sprechen*-Anthologie des Ullstein Verlages und in der Frankfurter Allgemeinen Zeitung 2023 erschienen; das *Theater der*

Zukunft verdankt sich dem gleichnamigen Kongress in Mainz 2022.

1   So der Titel des berühmten Buchs von Niklas Luhmann: *Legitimation durch Verfahren*. Frankfurt am Main 1969.

2   https://www.fr.de/politik/trump-fuehrt-podcast-tour-vor-us-wahl-weiter-naechste-station-bei-joe-rogan-zr-93373145.html. Es kommt auch nicht von ungefähr, dass Trumps Bildungsministerin Managerin von Wrestlingkämpfen ist.

3   Vgl. Kai-Ove Kessler: Die Welt ist laut. Eine Geschichte des Lärms. Hamburg 2023; Sieglinde Geisel: Nur im Weltall ist es wirklich still. Vom Lärm und der Sehnsucht nach Stille. Berlin 2010.

4   Man sollte vielleicht an dieser Stelle vorausschicken, dass das Zuhören ein großer Teil meiner schriftstellerischen Arbeit ist, etwas, das selten erwähnt wird. Wie und ob es gelingt, ist dabei erstaunlich überprüfbar, denn ich transkribiere die meisten Gespräche, die ich geführt habe. Beim Abhören wird jedes Zuhören sozusagen betretbar: Warum hast du da nicht nachgefragt? Warum bist du nicht weiter rein? Hier hättest du einhaken können, und wieso hast du das und das überhört? Überhaupt – wo warst du in deinen Gedanken? Scheinbar oft weg.

5   Alexander Kluge: *Chronik der Gefühle*. Frankfurt am Main 2004.

6   Und existierte bereits in den Mitschriften von NSU-Watch: https://www.nsu-watch.info/prozess/

7 Cornelia Vismann: *Medien der Rechtsprechung*. Hrsg. von Alexandra Kemmerer u. Markus Krajewski. Frankfurt am Main 2011.

8 Ebd., S. 131 f.

9 Jean-Luc Nancy: *Zum Gehör*. Aus dem Französischen von Esther von der Osten. Zürich 2022.

10 Ursula Krechel: *Landgericht*. Salzburg 2012.

11 Petra Morsbach: *Justizpalast*. München 2017.

12 Lydia Mischkulnig: *Die Richterin*. Innsbruck 2020.

13 William Gaddis: *Letzte Instanz*. Reinbek 1996.

14 Albert Drach: *Untersuchung an Mädeln*. Wien 2002, S. 375 f.

15 Christina Clemm: *AktenEinsicht. Geschichten von Frauen und Gewalt*. München 2020.

16 Albert Drach: *Die kleinen Protokolle und das Goggelbuch*. Berlin 1967.

17 Annette Ramelsberger, Wiebke Ramm, Rainer Stadler und Tanjev Schultz (Hg.): *Der NSU-Prozess*. München 2018.

18 Drach: *Untersuchung an Mädeln*, S. 380.

19 Kathrin Röggla: *Laufendes Verfahren*. Frankfurt am Main 2023.

20 Drach: *Untersuchung an Mädeln*, S. 388.

21 Joachim Wagner. *Rechte Richter*. Berlin 2021.

22 *Recht gegen rechts. Report 2024*. Frankfurt am Main 2024.

23 Stefan Nowotny. Sprechen aus der Erfahrung von Gewalt. Zur Frage der Zeugenrede. In: Michael Staudigl: *Gesichter der Gewalt*. Paderborn 2014, S. 285–314.

24 Laut BKA hat der sexuelle Missbrauch an Kindern in den letzten fünf Jahren um 20 % zugenommen: https://www.bka.de/DE/AktuelleInformationen/StatistikenLage

bilder/Lagebilder/SexualdeliktezNvKindernuJugendlic
hen/2023/BLBSexualdelikte.html

25   Christina Clemm: *Gegen Frauenhass*. Berlin 2023.

26   Maxi Obexer: *Unter Tieren*. Berlin 2024.

27   https://www.hessenschau.de/panorama/prozess-gegen-
reichsbuerger-gruppe-um-prinz-reuss-mammutverfah
ren-im-schneckentempo-v2,prinz-reuss-reichsbuerger-
prozess-zweite-woche-100.html

28   https://www.sueddeutsche.de/panorama/prozess-reichs
buerger-prozess-in-frankfurt-startet-holprig-dpa.urn-
newsml-dpa-com-20090101-240521-99-110158

29   https://www.youtube.com/watch?v=fHypQVgYPtQ,
in der SWR-Doku »Schattenreich«, abgerufen am
13.6.2024.

30   Ebd.

31   https://www.sueddeutsche.de/projekte/artikel/politik/
reichsbuerger-prinz-reuss-terrorismus-reuss-gruppe-
e940243/

32   https://www.sueddeutsche.de/meinung/afd-ostdeutsch
land-europawahl-kommunalwahlen-kommentar-lux.Wy
UFHWjDnuHbV1PaA4u0Nt?reduced=true

33   Carolin Amlinger u. Oliver Nachtwey: *Gekränkte Freiheit.
Aspekte des libertären Autoritarismus*. Berlin 2023.

34   Zygmunt Bauman: *Retrotopia*. Aus dem Englischen von
Frank Jakubzik. Berlin 2017.

35   Ein der rechtspopulistischen Verschwörungsszene zuzu-
rechnendes Portal, in dem als Dauergast Hans-Georg
Maaßen publiziert.

36   Wer die Position von Seda Başay-Yıldız nachlesen möchte,
dem sei Heike Kleffners Buch *Staatsgewalt. Wie rechtsra-*

dikale Netzwerke die Sicherheitsbehörden unterwandern, Freiburg 2023, empfohlen.

37 https://www.deutschlandradio.de/rechtsextreme-vor-gericht-dokuserie-100.html

38 Uraufgeführt im Theater Landungsbrücken Frankfurt 2022: http://www.landungsbruecken.org/de/programm_aktuell.php?t524=detail,4781 und mittlerweile von diversen Spielstätten übernommen: https://www.schauspiel frankfurt.de/spielplan/a-z/werwolfkommandos/

39 Tobias Ginsburg: *Die Reise ins Reich. Unter Rechtsextremisten, Reichsbürgern und anderen Verschwörungstheoretikern.* Hamburg 2021, S. 103.

40 Aus dem erwähnten Podcast *Rechtsextreme vor Gericht.*

41 Carolin Emcke: *Was wahr ist. Über Gewalt und Klima.* Göttingen 2024.

42 Zit. nach: Christoph Schönberger u. Sophie Schönberger: *Die Reichsbürger. Ermächtigungsversuche einer gespenstischen Bewegung.* München 2023, S. 74 f.

43 https://www.spiegel.de/ausland/donald-trump-wie-die-neue-behoerde-fuer-tech-milliardaer-elon-musk-funktio nieren-soll-a-1398d08d-d5e4-4011-a2e1-20d0b64c3c3c

44 Hannah Arendt: *Elemente und Ursprünge totaler Herrschaft. Antisemitismus, Imperialismus, totale Herrschaft.* München 2022, S. 754.

45 Ebd., S. 780.

46 Ebd., S. 781.

47 Ebd., S. 782.

48 Johannes Hillje: *Das »Wir« der AfD. Kommunikation und kollektive Identität im Rechtspopulismus.* Frankfurt am Main u. New York 2022, S. 7.

49 https://extremismusmonitor-thueringen.de/#belege

50 Zitiert nach: WDR-Doku *Höcke und seine Hintermänner* (Minute 39:06, abgerufen am 11.9.2024): https://www.youtube.com/watch?v=IyBia3AxIXw

51 https://www.spiegel.de/politik/deutschland/afd-in-thueringen-herr-hoecke-und-das-haus-deutschland-a-d89f221c-ebd7-41b2-8c88-c2d90f4ece22

52 Maximilian Pichl: *Law statt Order. Der Kampf um den Rechtsstaat.* Berlin 2023.

53 Didier Eribon: *Rückkehr nach Reims.* Aus dem Französischen von Tobias Haberkorn. Berlin 2016.

54 Um hier an Francis Fukuyamas Buch zu erinnern, das nach dem Fall der Mauer den Sieg des Westens propagierte.

55 Nicola Gess: *Halbwahrheiten.* Berlin 2021, S. 21.

56 Ebd., S. 24.

57 Ebd., S. 95.

58 Ebd., S. 100.

59 *Die Schutzbefohlenen* hieß das gleichnamige Stück von Elfriede Jelinek, dessen Inszenierung von Identitären 2011 brutal gestört wurde. https://www.zeit.de/gesellschaft/zeitgeschehen/2016-04/identitaere-bewegung-wien-theater-elfriede-jelinek-die-schutzbefohlenen

60 Sylvia Sasse: *Verkehrungen ins Gegenteil.* Berlin 2023.

61 Sheldon S. Wolin: *Umgekehrter Totalitarismus. Faktische Machtverhältnisse und ihre zerstörerischen Auswirkungen auf unsere Demokratie.* Aus dem Englischen von Julien Karim Akerma. Neu-Isenburg 2022.

62 Was also suggeriert diese fehlgehende Metapher? Ärzte sind Mörder. Hier bereitet sich schon vor, was Hannah

Arendt in ihrer Totalitarismusstudie als falsche Projektion beschreibt.

63   Sasse: *Verkehrungen ins Gegenteil*, S. 96

64   Ebd.

65   https://www.spiegel.de/politik/deutschland/afd-erfolg-auf-social-media-warum-die-partei-ohne-rechte-influencer-nicht-vorstellbar-ist-a-dfe5d6b5-bd4b-46c4-9413-67de6ed9b706

66   Sasse: *Verkehrungen ins Gegenteil*, S. 36

67   Und über das Begehren, sich als Opfer darzustellen (und natürlich nicht zu sein), wurden schon viele Bücher geschrieben, nicht zuletzt das sehr kluge *Das Opfer ist der neue Held. Warum es heute Macht verleiht, sich machtlos zu geben* von Matthias Lohre (Gütersloh 2019).

68   So ist auch ein Text von Sylvia Sasse und Sandro Zanetti zu diesem Thema überschrieben.

69   Geoffroy de Lagasnerie: *Kafka misstrauen*. Aus dem Französischen von Andrea Hemminger. Frankfurt am Main 2024.

70   Gilles Deleuze u. Félix Guattari: *Kafka. Für eine kleine Literatur*. Frankfurt am Main 1976.

71   Interessanterweise hat der PENBerlin eine Tour im Osten unter diesem Namen organisiert. Der Versuch, durch ordentliches Streiten woanders hinzukommen. https://penberlin.de/landtagswahlen-im-osten-grosse-gespraechsreihe-des-pen-berlin/Immer mehr aktive Demokratiearbeit wird in diese Richtung unternommen. Auch Julia Reuschenbach und Korbinian Frenzel versuchen in *Defekte Debatten. Warum wir als Gesellschaft besser streiten müssen* (Berlin 2024) dabei zu helfen, eine bessere Streitfähigkeit zu entwickeln.

72   Im Gegensatz zur Ambivalenz kann Ambiguität eben nicht leicht aufgelöst werden, wie der Islamwissenschaftler Thomas Bauer feststellt. Der von ihm geprägte Begriff der »Ambiguitätstoleranz« ist für das Überleben unserer Gesellschaft notwendig. Vgl. Thomas Bauer: *Die Vereindeutigung der Welt. Über den Verlust an Mehrdeutigkeit und Vielfalt*. Stuttgart 2018.

73   Vgl. Joachim Wagner: *Rechte Richter*. Berlin 2021.

74   WDR-Doku *Höcke und seine Hintermänner* (abgerufen am 11.9.2024, Minute 41:04): https://www.youtube.com/watch?v=IyBia3AxIXw

75   So Milo Rau im September 2024 zur Eröffnung eines großen Theaterfestivals.https://www.freitag.de/autoren/der-freitag/milo-rau-kunst-muss-zur-waffe-werden-die-unsere-freiheit-verteidigt

76   https://www.spiegel.de/ausland/joerg-lange-wurde-2018-in-niger-entfuerht-wenn-ich-ein-donnern-hoere-kommt-die-angst-zurueck-a-a4bdf806-7743-4811-a0e8-f90841fd1b4e

77   Elizabeth Kolbert: *Wir Klimawandler. Wie der Mensch die Natur der Zukunft erschafft*. Aus dem Englischen von Ulrike Bischoff. Berlin 2021.

78   Ebd., S. 22.

79   https://www.der-theaterverlag.de/theater-heute/aktuelles-heft/artikel/enis-maci-mitwisser/

80   https://regenwasseragentur.berlin/woche-der-klimaanpassung-2024/

81   www.hoerspielundfeature.de/hoerspiel-serie-die-konferenz-der-fluesse-100.htmlwww.theater-des-anthropozän.de

82 Zum Beispiel: Robert Macfarlane: *Die verlorenen Wörter.* Aus dem Englischen von Daniela Seel. Berlin 2018.

83 In der Soziologie spricht man von *shifting baselines,* was auch auf die ständige Verschiebung der Verlustwahrnehmung verweist.

84 https://www.pik-potsdam.de/de/aktuelles/nachrichten/ oelkonzern-exxon-kannte-klimawirkung-ganz-genau-neue-studie-in-science

85 https://www.tangente-st-poelten.at/de/kalender/the-art-of-assembly/28865

86 Kolbert: *Wir Klimawandler*, S. 49

87 Ursula K. Le Guin: Die Tragetaschentheorie der Fiktion. In: *Carrier Bag Fiction.* Hrsg. von Sarah Shin u. Mathias Zeiske. Leipzig 2021, S. 36–45.

88 Albrecht Koschorke: *Wahrheit und Erfindung. Grundzüge einer allgemeinen Erzähltheorie.* Frankfurt am Main 2021.

89 Fritz Breithaupt: *Das narrative Gehirn. Was unsere Neuronen erzählen.* Frankfurt am Main 2022.

90 Samira El Ouassil u. Friedemann Karig: *Erzählende Affen. Mythen, Lügen, Utopien – wie Geschichten unser Leben bestimmen.* Berlin 2022.

91 https://www.zeit.de/kultur/2023-01/peter-brooks-geschichten-narrative-aufwertung, abgerufen am 16. 2. 23

92 https://www.mozilla.org/de/firefox/110.0/whatsnew/?old version=109.0.1&v=2, abgerufen am 16. 2. 2024. Vielleicht sollte man aber ganz anders danach fragen, wie nahe unsere medialen Erzählungen und die dadurch ins Leben gerufenen Narrative eigentlich noch an dem Realen dran sind, also an dem, was da draußen tatsächlich geschieht. Denn das haben wir in all der Faszination über

Narrative möglicherweise vergessen, dass wir nicht wirklich in den Geschichten leben. Oder gar in einer großen Welterzählung, die aus widersprüchlichen Narrativen besteht, dieser Gedanke wäre nahezu antiaufklärerisch. Denn es gibt ja das Reale, Ungebundene, Unzusammenhängende, die krude Wirklichkeit jenseits unserer Erzählungen und audiovisuellen Features, mit denen wir sie zu packen oder zu verfälschen versuchen. Und dieses Reale leidet im Moment unter Klimastress und einer massiven Artenvernichtung. Wobei die Begriffe »leiden« und »Klimastress« schon wieder dem narrativen Kosmos zuzurechnen sind. Aber Sie haben recht. Das führt uns nirgendwo hin, allenfalls in eine erkenntnistheoretische Sackgasse, dabei wollen Sie bloß an den Ort, an dem ich gut unterbrochen werden kann.

93   Adrian Daub: *Cancel Culture Transfer: Wie eine moralische Panik die Welt erfasst.* Berlin 2021.

94   Nils C. Kumkar: *Alternative Fakten. Zur Praxis der kommunikativen Erkenntnisverweigerung.* Berlin 2022.

95   Ebd., S. 54

96   Eva Horn: *Zukunft als Katastrophe.* Frankfurt am Main 2020.

97   Maja Göpel u. Eva von Redecker: *Schöpfen und Erschöpfen.* Berlin 2022.

98   Das heißt auch, diese vermeintlich auserzählten Stoffe wieder zurück ins Erzählbare zu bringen. Nur, welche erzählerischen Mittel sind dafür noch geeignet, die ihren Stoff und das heißt die in ihm liegende Dramatik nicht verraten?

99   Tatsächlich hatte Bertolt Brecht diesen Satz auf einen Dachbalken in seinem Exilarbeitszimmer in Schweden

gemalt. https://rp-online.de/nrw/staedte/duesseldorf/
die-wahrheit-ist-konkret_aid-19811687

100 Amitav Ghosh: *Die große Verblendung. Der Klimawandel als das Undenkbare.* Aus dem Englischen von Yvonne Badal. München 2017.

101 Rebecca Solnit: *Die Kunst, sich zu verlieren. Ein Wegweiser.* Aus dem Englischen von Michael Mundhenk. Berlin 2020, S. 19

102 Ebd., S. 30.

103 Anna Lowenhaupt Tsing: *Der Pilz am Ende der Welt. Über das Leben in den Ruinen des Kapitalismus.* Aus dem Englischen von Dirk Höfer. Berlin 2019.

104 Alexandra Schauer: *Mensch ohne Welt. Eine Soziologie spätmoderner Vergesellschaftung.* Berlin 2023.

105 Zur lexikalischen Vielfalt der hochalpinen Landschaft wird man in Bodo Hells *Begabte Bäume* (Graz 2023) fündig. Er widmet der Bezeichnung »ofen« ein eigenes Kapitel (ab S 46). Während ich diesen Text schrieb, verschwand der Autor zu meiner Bestürzung im Dachsteingebiet. Er ging verloren und wurde bis heute nicht gefunden.

106 Solnit: *Die Kunst, sich zu verlieren.*

107 Vgl. Amlinger u. Nachtwey: *Gekränkte Freiheit.*

108 Und nicht nur meine Hoffnung. Überlebensgeschichten faszinieren wie diese hier: https://www.spiegel.de/panorama/ueberlebenskuenstler-diese-menschen-haben-lange-in-der-wildnis-ueberlebt-a-6c9833d3-ee36-4e65-8406-57475ebd0598

109 Hell: *Begabte Bäume*, S. 79.

110 »Kunst muss einen – wie die Wissenschaft – gescheiter

machen, wenn man sich damit beschäftigt, und nicht nur Bestätigungen liefern für das, was man schon zu wissen glaubt«, sagte Bodo Hell laut https://buchmarkt.de/droschl-trauert-um-autor-bodo-hell/

111 Sie erinnern sich doch noch an den gleichnamigen US-Film von 1999?

112 Mark Fisher: *Gespenster meines Lebens. Depression, Hauntology und die verlorene Zukunft.* Aus dem Englischen von Thomas Atzert. Berlin 2015; Mark Fisher: *Das Seltsame und das Gespenstische.* Aus dem Englischen von Robert Zwarg. Berlin 2017.

113 https://de.wikipedia.org/wiki/Datei:K%C3%B6lner_Stadtwappen_Variation_-_Drei_Affen_(6994).jpg

114 Allerdings gibt es auch das umgekehrte Problem: keine Statistik, kein Problem, wie man aus Heike Kleffners Buch *Staatsgewalt* zum Umgang mit Rechtsextremismus in der Polizei als Reaktion des Innenministeriums erfahren kann.

115 https://de.wikipedia.org/wiki/Rundfunk_Berlin-Brandenburg#Mitarbeiter

116 In: *Trotzdem sprechen.* Hrsg. von Lena Gorelik, Miryam Schellbach u. Mirjam Zadoff. Berlin 2024, S. 53–65.

117 Martin Seel: *Spiele der Sprache.* Frankfurt am Main 2023, S. 7.

118 Der Soziologe Stephan Lessenich hat das anschaulich beschrieben in: *Grenzen der Demokratie. Teilhabe als Verteilungsproblem.* Stuttgart 2019.

119 Seel: *Spiele der Sprache*, S. 343.

120 https://www.deutscheakademie.de/de/aktivitaeten/tagungen/2023-11-02/herbsttagung-in-darmstadt/statements-texte/uljana-wolf-die-ablaeufe-behelligen

121 Aus dem alten Hörspielstudio des RBB, so erfuhr ich in der Rundfunkratssitzung vom 19.9.2024, wird gerade ein Studio für den Tiktokkanal gemacht. Und nein, das sind nicht »die Zeiten«. Hier fehlt eindeutig der Gegenalgorithmus, den Alexander Kluge erwähnt hat.

122 Gemeint war natürlich innerhalb eines kurzen Sendeformats, nicht im Privatkontakt. https://www.telepolis.de/features/ARD-TV-Desaster-Die-100-9885244.html

123 https://www.tu.berlin/ueber-die-tu-berlin/profil/presse mitteilungen-nachrichten/ueber-die-mechanisierung-von-sprache

124 Unvergessen jener Ausspruch vom ehemaligen Generalintendanten Tom Buhrow von 2022: Beethoven klinge in Heidelberg auch nicht anders wie in Halle oder Hamburg. https://www.faz.net/aktuell/feuilleton/medien/ard-und-zdf-tom-buhrow-schlaegt-eine-grundsatzreform-vor-18432251.html

125 Meron Mendel: *Über Israel reden. Eine deutsche Debatte.* Köln 2023.

126 Omri Boehm: *Israel – eine Utopie.* Aus dem Englischen von Michael Adrian. Berlin 2020.

127 Jean Améry: *Der neue Antisemitismus.* Stuttgart 2024.

128 Anton Jäger: *Hyperpolitik. Extreme Politisierung ohne politische Folgen.* Aus dem Englischen von Daniela Janser, Thomas Zimmermann u. Heinrich Geiselberger. Berlin 2023.

129 https://www.tagesschau.de/inland/innenpolitik/bundes tag-resolution-antisemitismus-100.html

130 An Björn Höcke ist nichts komisch, sagte der Journalist Martin Debes in der WDR-Doku *Höckes Hintermänner*:

https://www.youtube.com/watch?v=IyBia3AxIXw (abgerufen am 11.9.2024, Minute 41:37), und er sagte es so:
»Bei Björn Höcke hat man manchmal das Gefühl, er ist
irgendwie eine komische Figur, aber daran ist nichts komisch. An Björn Höcke ist nichts komisch.«

131 Valère Novarina: *Der Mensch außer sich*. Aus dem Französischen von Leopold von Verschuer. Berlin 2022, S. 5 ff.

132 Ebd., S. 70 f.

133 Björn Höcke, zitiert in der WDR-Doku *Höcke und seine
Hintermänner* (Minute 36:55, abgerufen am 11.9.2024
unter https://www.youtube.com/watch?v=IyBia3AxIXw.
Siehe auch: *Nie zweimal in denselben Fluss. Björn Höcke
im Gespräch mit Sebastian Hennig*. Lüdinghausen u. Berlin 2018, S. 257.

134 *Leave the World Behind* von Sam Esmail mit Julia Roberts
und Ethan Hawke ist die Verfilmung des Romans *Inmitten der Nacht* von Rumaan Alam (München 2023).

Inhalt